Michael Ignaz Schmidt

Katechist

Oder die rechte Weise die ersten Gründe der Religion zu lehren

Michael Ignaz Schmidt

Katechist
Oder die rechte Weise die ersten Gründe der Religion zu lehren

ISBN/EAN: 9783744618908

Hergestellt in Europa, USA, Kanada, Australien, Japan

Cover: Foto ©Lupo / pixelio.de

Weitere Bücher finden Sie auf **www.hansebooks.com**

Des Herrn
Michael Ignaz Schmidt
der heiligen Schrift Doctors, und der
Universität zu Würzburg Bibliothekars

Katechist,
oder

die rechte Weise
die ersten

Gründe der Religion
zu lehren

Neue nach dem lateinischen Originale
durchaus verbesserte Auflage.

Zweyter Theil.

Salzburg,
gedruckt mit akademischen Schriften. 1775.

Innhalt.

Zweyter Theil.

Innhalt.

§. 25

Innhalt.

)(3 §. 45.

Innhalt.

§. 67

Innhalt.

Innhalt.

Des Katechiſten,
zweyter Theil.

Von den Pflichten des Ka-
techeten in der Katecheſis.

Der erſte Abſchnitt

was in der Katecheſis überhaupt
geſchehen ſoll.

§. 1. Der Katechet ſoll ſich beſtreben, die Katechumenen bey der Aufmerkſamkeit zu erhalten. §. 2.
Damit er dieſe erhalte, muß er den Anfang
vom Herze machen. §. 3. Er muß ſich bemühen,
die chriſtliche Lehre beliebt zu machen. §. 4. Der
Vortrag muß der Sache, die er abhandelt, gemäß ſeyn. §. 5. Weder zu lang, noch zu kurz. §. 6.
Die katechetiſche Lehrart muß beybehalten werden. §. 7, 8. Es werden noch andere Mittel in
Vorſchlag gebracht,

§. I.

§. I.

Die erste Pflicht, ohne deren Beobachtung der Katechet niemals sein Amt
mit Nutzen verwalten wird, ist diese, daß
er sich befleiße, die Katechumenen aufmerksam zu machen, und sie bey dieser Aufmerksamkeit so lange zu erhalten, als die Katechesis dauert. *

* Die größte Hinderniß der katechetischen
Lehre ist die den Kindern anklebende Leichtsin-
nigkeit, welche keine Anstrengung verträgt.
Wenn die Kinder nicht durch besondere Kunst-
griffe und Fleiß bey der Aufmerksamkeit erhalten werden, so wird derselben Einbildungskraft sich gar bald zu ihren Spielwerken und
Ergötzlichkeiten verwenden, und anstatt den
Katecheten anzuhören, werden sie sich die Dinge vorstellen, mit welchen sie sich nach der Katechesis erlustigen wollen; und so wird aller
Nutzen, den die Katechesis schaffen sollte,
vereitelt. Es gehöret aber eine grosse Ge-
schicklichkeit dazu, diese Aufmerksamkeit zu erregen, und zu unterhalten; ja durch diese Ge-
schicklichkeit unterscheidet sich vornehmlich der
Katechet, der zu diesem Amte so zu sagen gebohren ist, von einem, der hiezu keine Fähigkeit hat. Zu diesem werden die Kinder ungern
gehen, ihn wider ihren Willen mit Zerstreuung

ung und ohne Nutzen anhören; jenen aber
werden sie ungezwungen besuchen, mit Lust
und grossen Nutzen anhören. Weil nun von
dieser Aufmerksamkeit das meiste abhängt, so
ist es auch der Mühe werth, zu untersuchen,
durch was für Mittel dieselbe kann erhalten
werden.

§. 2.

Vom Herze, das heißt vom Willen,
muß man den Anfang machen; ist dieses
wohl bestellt, so wird der Verstand ungezwungen das Seinige thun, und dasjenige, was gesagt wird, nicht nur aufmerksam, sondern auch begierig anhören. Diese gute Beschaffenheit des Herzes wird
durch folgende zwey Mittel zu Stande gebracht. Erstlich, wenn der Katechet die
Liebe seiner Katechumenen gewinnet. *
Zweytens, wenn er ihr Herz bessert, und
in Ordnung bringt. **

* Damit der Katechet gern gehöret werde,
muß er bey den Katechumenen beliebt seyn;
denn alles, was ein Mensch saget, welchen
man hasset, ist uns verdächtig, oder doch nicht
angenehm. Es giebt zwey Mittel, diese Liebe
zu gewinnen. Das erste, wovon schon gehandelt worden, ist dieses, daß der Katechet seine

a 2 Ka-

Katechumenen liebe.   Das zweyte Mittel aber
ist, daß er außer der Katechesis durch freund=
liche Gespräche die Gemüther seiner Katechu=
menen zu gewinnen suche, und sie vertraut ma=
che, wovon besser unten soll gehandelt werden.

** Der Anfang der Weisheit ist die Furcht
des Herrn.   Von dieser Wahrheit überzeuget
uns die tägliche Erfahrung; die Frömmsten
sind die Gelehrigsten.   Wenn die Katechumenen
den Herrn fürchten, so werden sie eine desto
größere Begierde haben, sich seinen Willen be=
kannt zu machen, damit sie sich keiner Strafe
würdig machen; und die Liebe, ohne welche
eine kindliche Furcht niemal ist, wird sie ge=
neigt machen, von Gott reden zu hören, wie
Kinder von ihrem Vater; sie werden mit Ver=
gnügen Gottes unendliche Güte, und die seinen
Kindern bereitete Erbschaft verkündigen hören.

§. 3.

Der Katechet muß die katechetische Lehre
daß heißt, die Religion bey den Katechu=
menen beliebt machen, und zwar dadurch,
daß er den Endzweck derselben, wie auch
ihren Nutzen, schon in diesem Leben zei=
ge. *

*Die

* Die meisten Katechumenen sehen die katechetische Lehre vielmehr für eine Sache an, die
mehr erfunden worden sie zu plagen, als sie
glücklich zu machen. Hieran ist meistentheils
die unangenehme Weise schuld, mit der sowohl in den Schulen, als auch in der Kirche
die katechetische Lehre pflegt vorgetragen zu
werden. Vielleicht kömmt es auch daher, weil die
Katecheten weder das Ziel und Ende dieser Lehre,
noch auch die enge Verbindung derselben mit
unserer Glückseligkeit den Katechumenen nicht
genug bekannt machen, sondern sich vielmehr damit abgeben, daß sie ihren Katechumenen dasjenige beständig vorpredigen, was
die Religion nur schreckliches kennet, und dem
Menschen natürlicher Weise unangenehm zu
hören ist, nämlich die höllischen Qualen, mit
welchen Gott den Sünder drohet. Es ist also
kein Wunder, wenn sich leider viele Leute
finden, welche in das Zeitliche so vertieft sind,
und an dem Gegenwärtigen so fest kleben,
daß sie auf die Glückseligkeit, welche die Religion verheißt, Verzicht thun würden, wenn
sie nur immer hier leben könnten; sie betrüben sich auch dergestalt in den Widerwärtigkeiten, wie Leute, welche keine Hoffnung haben. Sagen es diese Leute auch nicht mit
Worten, so wünschen sie es doch im Herze,
daß keine Religion, keine Offenbarung wäre;

a 3   weil

weil sie nur die Religion von der unangeneh=
men Seite kennen.

Warum zeigt der Katechet nicht vielmehr,
daß uns die Religion allein könne ewig glück=
selig machen; und daß in diesem Leben nichts
im Stande sey, uns die wahre Gemüthsruhe
und Zufriedenheit des Herzes zu verschaffen,
als die Hoffnung die uns die Religion dar=
beut? Diese Hoffnung steht dem rechtschaffenen
Christen in allen Vorfällen dieses Lebens bey,
sie tröstet ihn in den Widerwärtigkeiten, sie
erhält ihn beym Wohlergehen in der Demuth,
und flößt ihm noch in der äußersten Beklem=
mung Stärke und Muth ein, sie kann ihn in
diesem Leben glücklicher machen, als je ein irr=
disches Gut. Wenn wir die Sache beym Lich=
te betrachten, so müssen wir die Glückseligkeit
des Menschen nicht so wohl nach den Dingen,
die er jzt besitzet, berechnen, als vielmehr nach
denenjenigen, die er hoffet; denn die gegenwär=
tigen Dinge sind so leer und eitel, daß sie das
Herz, so sehr als es sich auch nach denselben
gesehnet hatte, niemals ersättigen, selbst wenn
es das Begehrte erlanget, sondern sie erregen
in demselben immer noch brünstigere Begier=
den; nur die Hoffnung der zukünftigen und
ewigen Güter ersetzet die Eitelkeit und Dürf=
tigkeit der gegenwärtigen, und erfüllet das
Herz mit einem desto kräftigern Troste, je grös=
ser

ser die Güter sind, die wir hoffen, und je ge-
gründeter die Hoffnung ist, dieselben zu `er-
langen.

Welche Güter können wohl mit den himmlischen verglichen werden, und was kann man
sicherer hoffen, als das Gott selbst versprochen
hat? Wenn diese Hoffnung den Gemüthern
der Katechumenen tief eingepräget wird, so
werden sie dem Unterrichte von himmlischen
Dingen, die sie nun selbst als ihre höchste Glückseligkeit mit Freuden betrachten, nicht ungerne
beywohnen; sie werden sich erfreuen, daß sie
Christen sind, und sich freywillig bestreben das
zu erlernen, was einem Christen nöthig zu wissen ist.

§. 4.

Die Katechumenen werden sich aufmerksam bezeigen, wenn der Katechet sich eines
Vortrags bedienet, welcher sich zu seiner
Abhandlung schicket, nämlich eine Rede,
wie sie im vertrauten Umgange gewöhnlich
ist, doch muß sie ein wenig lebhafter seyn,
damit sie nicht ins Frostige verfalle. Stellen wir uns einen Menschen vor, welcher
seinem innigst geliebten Freunde Nachricht
von einer Sache geben, und ihm dieselbe
anrathen will, von der, wie er glaubt,

sei-

ſeines Freundes ganzes Glück abhängt; wie
dieſer reden würde, ſo ſoll der Katechet reden, es ſoll ihn die nämliche Leidenſchaft,
nämlich die Liebe zu den Katechumenen,
beleben; denn er iſt nicht nur ihr Freund,
ſondern auch ihr Vater, welcher mit ſeinen Kindern von einer Sache handelt,
von welcher, wie er glaubt, ihr ganzes
Heil abhängt. *

* Der Vortrag des Katecheten wird froſtig,
wenn er ſo redet, als wäre er mit ſonſt irgend
einer Sache beſchäftiget, und hätte ſonſt etwas in den Gedanken; wenn er die Sache mit
einer matten Stimme herſaget, ohne mit derſelben, bisweilen zu ſteigen oder zu fallen, oder
ſonſt nach Erforderniß der vorgetragenen Sache abzuwechſeln, dieſer einförmige Ton fällt
dem Zuhörer gar ſehr verdrüßlich. Wiederum
wird der Vortrag froſtig, wenn der Katechet
ſo redet, als müßte er erſt die Worte zuſammen ſuchen, oder als ſagte ein Schüler die
auswendig gelernte Lektion her. Endlich auch,
wenn er unbeweglich daſteht wie eine Bildſäu-
le, oder affektirte Geberden macht; eine un-
natürliche Stimme, oder, um ſich Anſehen zu
geben, eine mehr finſtere als anſtändig ernſthaf-
te Mine annimmt. ꝛc. Das einige Mittel,
dieſe Fehler zu vermeiden, iſt, wenn der Katechet ſo redet, wie man in einem, jedoch nicht
zu

zu heftigen Affekt, im gemeinen Umgange zu
reden pfleget; der Affekt belebet die Stimme,
die Geberden, und die ganze Stellung des
Leibes; im Affekt redet man fast immer wohl,
der Affekt macht witzig, und Ausdrücke und
Gründe erfinden, die der Sache wohl anpassen,
und auch gemeiniglich überreden. Eben so wird
der Katechet, welcher von einer wahren Liebe
beseelet ist, und von einem ächten Eifer getrieben wird, reden, wohl reden, und gern
gehöret werden. Seine von der Liebe belebte
Rede, wenn sie mit einem heitern Angesichte,
und ohne Widerspruch seiner eigenen Sitten,
hergesaget wird, erhält das Ohr, und das Gemüth der Zuhörer bey der Aufmerksamkeit,
ohne daß er nöthig hat, andere Mittel anzu-
wenden.

§. 5.

Der Katechet muß, um die Katechumenen bey der Aufmerksamkeit zu erhalten,
vermeiden, damit seine Rede weder zu
kurz, * noch zu lang werde. **

* Eine zu kurze Rede hat gemeiniglich noch
zween andere Fehler an sich, nämlich die
Dunkelheit, und die Trockenheit; und diese
sind Ursache, daß eine solche Rede nicht verstanden, und nicht gern angehöret wird. Bre-

a 5   vis

vis esse laboro, obscurus fio, sagt der Poet.
a) Und was hilfts reden, wenn er nicht ver=
standen wird? In der Katechesis muß eine Sa=
che nicht schlechterdings angeführet, sondern
auch wiederholet werden. Die nämliche Sache
muß verschiedentlich vorgestellet werden, da=
mit, wenn sie nicht auf eine Weise verstan=
den wird, auf die andere Weise möge gefasset
werden; denn der Katechet hat nicht mit Leu=
ten zu thun, welche zu Hause die Lektion aufs
neue lesen und überlegen, und denen man es
überlassen kann, über das übrige nachzuden=
ken, sondern man muß sie dieser Mühe durch
wiederholte Erklärungen, so viel möglich über=
heben.

Mit der Kürze pflegt auch die Trockenheit
verbunden zu seyn. Wenn der Katechet wei=
ter nichts sagen will, als was blos nöthig ist,
um verstanden zu werden, so wird er wenig
ausrichten; er muß mit dem Unterrichte das
Vergnügen, und mit dem Vergnügen den Un=
terricht verbinden, diesem allen aber ist die
Trockenheit nachtheilig. Ja, es ist dem Ka=
techeten nicht einmal verboten, bisweilen sol=
che Anspielungen zu machen, wodurch seine
Katechumenen zum Lächeln gereizet werden,
besonders wenn von einem Laster die Rede ist,
welches nicht nur des Hasses, sondern auch
des Belachens würdig ist. Er muß aber in
die=

a) Horat. de arte poet.

diesem Stücke sehr bescheiden verfahren, damit er nicht einem Lustigmacher ähnlich werde, welches ihm besonders am Fuße des Altars sehr übel anstehen würde.

** Die Katechesis wird nicht gehalten, damit der Katechet sich als einen Gelehrten zeige, sondern damit die Katechumenen gelehrter werden; dieß muß das Ziel und die Absicht des Katecheten seyn. Er muß also nicht mehr reden, als dienlich ist, dieses Ziel zu erreichen; alles aber, was zu weiter nichts dienet, als seine Gelehrsamkeit an Tag zu legen, muß er gern und billig abbrechen, und auslassen. Er kann auch durch übermäßige Wiederholungen besonders der schon bekannten Sachen leicht seinen Katechumenen Eckel und Verdruß erregen, darum muß er in diesen Dingen die Weitläuftigkeit vermeiden, und sich bey den Wiederholungen nach den Umständen der Zuhörer und ihrer Fähigkeit richten.

§. 6.

Es trägt auch vieles zur Erhaltung der Aufmerksamkeit bey, wenn die Gestalt der Katechesis beybehalten wird, das ist der Unterricht durch Fragen und Antworten.*

* Die

* Die Lehrart durch Fragen und Antwor=
ten ist deswegen angenommen worden, in der
Religion Unterricht zu geben, und derselben
erste Gründe den Kindern beyzubringen, weil
sie die geschickteste ist, die Schüler bey der
Aufmerksamkeit zu erhalten. Darum sehe ich
nicht ein, warum einige davon abzugehen schei=
nen, indem sie die der Katechesis gewidmete
Zeit entweder ganz, oder doch die Hälfte mit
Auslegen zubringen, wo sie allein reden, oh=
ne die Katechumenen zu examiniren; die ersten
scheinen das Hauptziel und Ende der Kateche=
sis nicht zu kennen; zugleich widersprechen sie
der Erfahrung so vieler Jahrhunderte und so
vieler Menschen; die Katechumenen aber brin=
gen sie um vielen Nutzen und Frucht; es ist
auch weiter nichts nöthig, sie ihres Fehlers zu
überführen, als daß sie beyde Lehrarten ver=
suchen, und nachdem sie beyde eine Weile ge=
trieben haben, untersuchen, so werden sie gar
bald finden, was unter ihnen für ein grosser
Unterschied sey. Dem sey, wie ihm wolle,
wenn Katechumenen sich selbst überlassen wer=
den, und gleichsam in ihrer natürlichen Frey=
heit sich befinden, wo sie das Aufruffen und
Fragen nicht zu fürchten haben, so läßt der größte
Theil derselben der Einbildungskraft, und wenn
es nur ungestraft geschehen kann, auch der Zun=
ge den Ziegel schiessen.

Aus

Aus diesem Grunde verlangen einige, der Katechet soll Keinesweges in der Zeit, welche der Katechesis gewidmet ist, allein reden, sondern durch die ganze Zeit examiniren. Allein man wird einwenden: wie kann man über das eine Prüfung Anstellen, was nicht zuvor ist gelehret worden? Ist es nicht besser, wenn man einen Theil von dieser Zeit darauf verwendet, dasjenige zu wiederholen, was in der Katechesis ist gesagt worden (und diese Wiederholung könnte durch das Examiniren geschehen), die übrige Zeit aber werde verbrauchet, daß man diejenige Materie ausleget, welche in der nächstkommenden Katechesis mit Examiniren wird wiederholet werden? Allein nehmen wir an, daß vor jedem Examen eine Auslegung vorhergehen muß, warum soll dieses Examen bis über acht Tage verschoben werden? Ist es nicht besser, daß man gleich nach jeder Auslegung das Examen vornimmt, und daß, wenn eine Frage oder ein Punkt von Wichtigkeit erkläret worden ist, man alsogleich untersuche, ob die Katechumenen es gefasset haben? dadurch erhält man einen jeden derselben, so lange die Katechesis dauert, in der Erwartung oder in der Beysorge, daß er dörfte examiniret werden. Diese Weise zu katechisiren stimmet gewiß am besten mit dem Ziel und Ende der Katechesis überein, und ist sicherlich die nützlichste. Wenn der Katechet auf diesem

We-

Wege einher gehet, wird es nicht nöthig ſeyn, die Hälfte der Zeit auf die Wiederholung der vorigen Katecheſis zu verwenden, ſondern binnen einer viel kürzeren Zeit damit fertig werden, weil er ſie ſchon damals durch das Examiniren wiederholet hat, da ſie von ihm iſt ausgelegt worden.

§. 7.

Es giebt noch andere Mittel, die Aufmerkſamkeit bey den Katechumenen zu befördern, die zwar nicht ſo wichtig und nützlich zu ſeyn ſcheinen als die vorhergehenden, die man aber deswegen nicht vernachläßigen ſoll; denn bey der groſſen Verſchiedenheit der Gemüther muß man alle Mittel brauchen, durch die man nur ſeinen Endzweck erhalten kann, wenn auch manches fehlſchlägt.

1) Es wird nützlich ſeyn, wenn der Katechet öfters die Katechumenen ermahnet aufmerkſam zu ſeyn, vornämlich zum Anfange der Katecheſis, und ſo oft er eine neue Materie anfängt abzuhandeln. Damit aber die Begierde zu lernen in ihnen erwecket werde, kann er die Katechumenen erinnern, daß die Materie, welche abgehandelt wird, wichtig und nützlich ſey. Er kann ihnen ſagen, daß
wer

wer fein Heyl liebet, hier aufmerkſam ſeyn
müſſe, weil niemand ohne die Erkenntniß der
abzuhandelnden Materie das ewige Leben erlangen könne 2c. 2c.

2) Der Katechet laſſe es ſich von den Katechumenen verſprechen, daß ſie wollen aufmerkſam ſeyn; ſie machen keine Schwierigkeit, dieß
zu thun; damit ſie aber ihres gegebenen Wortes nicht ſo bald vergeſſen, ſetze er hinzu, daß
er wolle Achtung geben, wer unter ihnen zuerſt das gethanene Verſprechen brechen würde;
trägt es ſich nun zu, daß einer aus ihnen un-
aufmerkſam iſt, ſo erinnere er denſelben ſeiner
Zuſage, und beſchäme ihn dadurch, daß er zeiget, wie ſehr diejenigen ihrer Ehre ſchaden,
welche das gegebene Wort nicht halten 2c. 2c.

3) Wenn der Katechet ſich einen und den
andern zu katechiſiren vorgenommen hat, ſo
muß er manchesmal unvermuthet einen dritten fragen, damit ſie alle aufmerkſam bleiben,
weil auf dieſe Weiſe keiner ſicher ſeyn
kann, daß er nicht werde aufgerufen werden.
Auf die nämliche Weiſe können manchesmal
mehrere, manchesmal eine ganze Klaſſe aufge-
-rufen werden.

4) Der Katechet laſſe ſich manchesmal ſeine
Frage von allen, manchesmal von einigen wie-
der-

derholen; dieß kann er auch mit den Antworten thun, beſonders frage er manchesmal einen
von den entfernten, ehe er eine neue Frage auf-
wirft, was jtzt für eine Antwort ſey gegeben
worden ꝛc. was er von dieſer Antwort halte ꝛc.

5) Wenn von dem Katechumen recht iſt
geantwortet worden, ſo wiederhole der Katechet
die Antwort mit lauter Stimme, und mit Beyfall. Dieß macht den Katechumen beherzt,
und feuert ihn an, die Aufmerkſamkeit fortzu-
ſetzen, damit er dieſen Beyfall ein andermal
wieder verdienen möge, und zugleich werden
auch die übrigen zur Nachahmung gereitzet.

6) Es wird nicht übel gethan ſeyn, wenn
der Katechet auch manchesmal die Aeltern der
fleißig lernenden Katechumenen lobet: er könne, mag der Katechet ſprechen, daraus abnehmen, daß, weil er ſo geſchickt antwortet, ſeine Aeltern ihn zu lernen anhalten, und zu allen Guten ziehen. Wären auch die Aeltern
in dieſem Stücke nachläßig geweſen, ſo kann
ein ſolcher unverdienter Lobſpruch ſie ermuntern, daß ſie künftighin beſſer ihre Schuldigkeit in Acht nehmen.

§. 8.

Zu allen dieſen Hülfsmitteln, die Katechumenen bey der Aufmerkſamkeit zu erhalten,

ten, kommen noch andere von auſſen, welche die vorigen unterſtützen. Nicht alle,
welche in die Katecheſis kommen, ſind von
guter Art, und Beſchaffenheit, ſo, daß
ſie blos durch Liebe, oder durch Ehre und
Schamhaftigkeit könnten regieret werden;
ſondern es giebt grobe und rohe Gemüther, welche alle Hoffnung und Mühe ver-
eiteln, die man auf ſie wendet, wenn man
nicht Zwang und Gewalt braucht. Wie
nun dieſe zu ihrer Schuldigkeit angeführet
werden müſſen, wird das Folgende lehren.

Das erſte iſt eine genaue Aufſicht, die
der Katechet ſelbſt und auch andere auf die
Katechumenen haben müſſen.*

* Dieſe Aufſicht iſt eine der beſchwerlichſten
Bemühungen des Katecheten; er ſoll auf einen
ſo achtſam ſeyn, daß die übrigen dabey nicht
auſſer Acht gelaſſen werden. Waß iſt dieß nicht
beſchwerliches, zugleich aber auch nothwendiges, weil die Katechumenen alſogleich, wenn
ſie merken, daß man auf ſie nicht achtſam
iſt, entweder ſchwatzen, oder ſich ſonſt zerſtreu-
en? Gleichwie es die Erfahrung beweiſet, daß
der Herr in Abſicht auf ſein Eigenthum am
einſichtsvolleſten iſt, alſo findet der Katechet,
welcher ſeine Heerde lieb hat, allezeit mehr zu
verbeſſern, als viele andere Miethlinge.

b   In

Indessen ist doch auch nöthig, daß der Katechet, besonders, wenn er es nicht allein bestreiten kann, andere zu Hülfe rufe, vornämlich die Schulmeister, denn diese sind während der Katechesis ohnedem mit nichts andern beschäftiget, und vor ihnen fürchten sich die Kinder öfters mehr als vor andern Leuten. Es ist rathsam, daß der Katechet einem jeden Katechumenen seinen Ort anweise, und die frömmsten an die beiden Ende jeder Bank setze, damit sie die andern vom Schwatzen und dergleichen Zerstreuungen abmahnen, und wenn sie nicht folgen wollen, öffentlich dem Katecheten anzeigen. Damit aber diese jungen Gehülfen ihren Dienst wohl verrichten mögen, so muß sie der Katechet auf seine Seite zu bringen wissen, durch freundschaftliche Gespräche, kleine Geschenke, durch Vorstellungen, was sie Gutes stiften, was sie sich für Verdienste sammlen können, rc. Damit sie aber desto kräftiger angetrieben werden, ihr Amt wohl zu verrichten, ohne sich zugleich dem Hasse der andern auszusetzen, so kann ihnen der Katechet dieses Amt öffentlich auftragen, und fordern, daß sie für die andern Rechenschaft geben sollen, dergestalt, daß, wenn sie nicht eher von dem Schwatzen, und dergleichen Ausschweifungen abmahnen, als es der Katechet wahrnimmt, sie dafür, als wenn sie es selbst begangen hätten, sollen gestrafet werden.

Das

Das andere Mittel, die Katechumenen zur Aufmerksamkeit zu bringen, ist das Strafen.*

* Wer mit Kindern umgegangen ist, der zweifelt nicht daran, daß das Strafen bey vielen nöthig sey. Die Kinder sind leichtsinnig, unbeständig, vergeßlich, und zur Ausgelassenheit geneigt; sollten sie ungestraft bleiben, so würden sie unbändig werden. Hat man nun solche Kinder, derer es unter dem grossen Haufen immer einige giebt, zu Katechumenen, so muß man die Furcht zu Hülfe rufen, und durch dieselbe dasjenige ausrichten, was man nicht durch die Liebe allein zuwege bringen kann. Beym Strafen sind aber manche Dinge zu beobachten. Ich will auch anmerken, daß hier nicht die Rede von Bestrafung der Fehler ist, welche ausser der Katechesis sind begangen worden; ob und wie diese zu bestrafen sind, das wird an einem andern Orte untersuchet werden.

1) Die Bestrafung hat ihre Stufen. Der Katechet muß sich so lange der gelinden Worte bedienen, so lange er hoffen kann, daß er mit denselben etwas ausrichten wird; er soll niemals vergessen, daß er Vater sey, der Vater greift nur ungern zu härtern Mitteln, und alsdann erst, wenn die glimpflichen gar nichts

mehr

mehr verfangen wollen. Er muß auch nicht
bald an der guten Wirkung der glimpflichen
Mittel, wenn gleich einige fehlschlagen, ver-
zweifeln, wie es gemeiniglich diejenigen machen, welche von strengerer Gemüthsart sind;
der heilige Franciskus von Sales hält mit
andern grossen Männern dafür, daß die glim-
pflichsten Mittel die kräftigsten seyn; er pfleg-
te zu sagen: Mit einem Bißgen Hönig fängt
man mehr Fliegen, als mit hundert Fässern
Galle. Wer hievon mehreres lesen will, der
schlage dessen Philothea nach. a) .Der Pater
Segneri schreibt: b) Wer hat jemals die
Bienen mit Rauch herbeygelocket? Dazu ist süsser Wein nöthig. Einige Pfar-
ren thun nichts anders, als daß sie mit
harten Worten, und härben Reden wider die Kinder losziehen; anstatt daß
sie die, welche eine unrichtige Antwort
geben, entschuldigen sollten, nennen sie
dieselben Esel, schelten sie aus, und
schrecken sie, ja was noch schlimmer ist,
so schlagen sie dieselben wohl gar. Und in
diese so grausame und unmenschliche Schule sollen die Kinder gern und willig
kommen? Werden doch die Löwen auf
diese Weise nicht zahm gemacht, und
so sollte man die Lämmer können an sich
locken?   2)

a) P. 3. C. 8.
b) Instit. Par. C. 8.

2) Wenn der Katechet mit wiederholten gütigen Ermahnungen nichts ausrichtet, so kann
er sich harter, aber nicht anzüglich beißender
Worte bedienen, ja er kann sich der Strafe
gebrauchen, besonders gegen diejenigen, welche
andere zu Zerstreuungen reitzen, oder sonst
stöhren, daß sie nicht aufmerksam seyn können.
Es pflegen die meisten Katecheten diese Fehler
mit dem Knien zu bestrafen, oder mit gewiß-
sen Gebethen, die sie vor dem Altar kniend
verrichten lassen, ꝛc. Auch dieser Strafen soll
sich der Katechet bescheiden bedienen, er muß
Rücksicht auf das Alter, und andere Umstände haben; welche aber schon besser herangewachsen sind, werden dadurch nicht gebessert,
sondern verbittert. Manche wird man dadurch
verbessern, wenn man sie öffentlich fragt; wissen sie nichts zu antworten, so lasse man de-
nenselben die richtige Antwort von kleinen Katechumenen vorsagen, die selbige wissen; dieses bringt ihnen mehr zu Gemüth, als eine
andere Buße, und machet sie auch ämsiger
und aufmerksamer. Dabey ist noch zu beobachten, daß die Bußen nicht so oft sollen aufgeleget werden. Was zu oft geschieht, geräth
in Verachtung. Es ist besser, die Strafen
werden selten, und so gebraucht, daß diejenigen, welche man damit beleget, darüber scham-
roth werden.

Wenn

Wenn ein Katechiſmusſchüler bisweilen
ſich ſo weit vergeht, daß es nöthig iſt, ihn
noch härter, z. E. mit Schlägen zu ſtrafen, ſo
muß der Katechet ſich ſorgfältig in Obacht
nehmen, damit er nicht ſelber die Beſtrafung
vornehme, weil das Schlagen nicht allein ihm
höchſt übel anſteht, ſondern auch weil daſſelbe
nur gar zu ſehr die Liebe und das Vertrauen
der Katechumenen gegen ihn ſchwächet; für
nichts ſoll ſich der Katechet ſo ſehr hüten, als
für denjenigen Dingen, welche dieſe Liebe,
und dieſes Vertrauen vermindern, die ihm
zur glücklichen Führung ſeines Amtes ſo gar
nothwendig ſind. Daher muß der Spruch des
ſehr erfahrnen P. Segneri ſeine unveränderliche Richtſchnur ſeyn: a) Männer die in dieſen Sachen erfahren ſind, rathen an,
daß jemand ſolle beſtellet werden, welcher Amtswegen dasjenige thue, was
ſchmerzlich fällt. Der Pfarrer ſey einzig und allein befliſſen, daß die ihn lieb
haben, welche er unterrichten will.

a) Inſtit. Parochi. C. 8.

Der zweyte Abschnitt

von den

Pflichten gegen den Verstand,

§. 9. Was für Pflichten während der Katechesis vornehmlich ausgeübet werden sollen. §. 10, 11. Wie der Katechet sich gegen den Verstand verhalten soll. §. 12. Wie die Fragen einzurichten seyn, um diesen Endzweck zu erreichen. §. 13, 14, 15. Was sonst noch zu beobachten ist. §. 16. Durch was für Mittel es dahin zu bringen sey, daß die Katechumenen ihre Gedanken vortragen. §. 17. Das beßte Mittel ist die Veränderung der Fragen. §. 18, 19, 20. Wie diese Abänderung der Fragen geschehen müsse. §. 21. Was ferner zu beobachten sey. §. 22. Wie die Zergliederung des Subjekts und Prädikats vorgenommen werden solle.

§. 9.

Nachdem Gemüther auf die itzt beschriebene Weise sind vorbereitet worden, so liegt es dem Katecheten ob, die Pflichten seines Amtes auszuüben, welche, wie §. 2. Kap. 4. ist angemerket worden, aus der Absicht der Katechesis herzuholen sind.

b 4　　　　Der

Der ganze katechetiſche Unterricht muß ſo
eingerichtet werden, daß die Katechumenen alles lernen, was zu wiſſen und zu
thun nöthig iſt, das ewige Leben zu erlangen; daß heißt, ſie ſollen theoretiſch zur
Vereinigung mit Gott in dieſem Leben
gebracht werden, auf welche Vereinigung
im Himmel der Genuß folgen wird, der
in alle Ewigkeit fortdauert. Damit die
Katechumenen dieſes Ziel und Ende erlangen mögen, ſo werden in ihnen gewiſſe
Begriffe vorausgeſetzet, ſie müſſen nämlich wiſſen, was Gott ſey, von dem
ſie das Heil hoffen; welches die Mittel
ſind, zu ihm zu gelangen; welche Hinderniſſe im Wege ſtehen; auf was für Weiſe das Heil verlohren wird, und was der
Menſch überhaupt Gott, ſich, und dem
Nächſten ſchuldig ſey. Der Katechet muß
es ſich nicht genug ſeyn laſſen, wenn er
den Katechumenen dieſe Erkenntniß beygebracht hat; ſondern er muß ſich auch dahin
beſtreben, daß dieſe Erkenntniß nicht unfruchtbar bleibe, daß iſt, er muß auch den
Willen bewegen, damit dieſer die an die
Hand gegebenen Mittel ergreife, ſich mit
denſelben die Gnade Gottes erwerbe, und
auch die Gnade zu dadurch behaupten ſuche,
daß er treulich ſeine Pflichten gegen Gott, den
Nächſten, und ſich ſelbſt erfülle. Da auch
die

die Religion ein Geschäft des ganzen Lebens ist, so ist es nicht genug, daß man einmal gelernet hat, was zu wissen und zu
thun nöthig ist, um ewig selig zu werden,
sondern man muß es niemals mehr vergessen. *

* Es hat also der Katechet eine dreyfache
Pflicht gegen die Katechumenen; er ist schuldig,
ihrem Verstand Begriffe von denjenigen Dingen beyzubringen, welche sie glauben und thun
sollen; er ist schuldig, ihren Willen zu bewegen, und zur Ausübung ihrer Pflichten zu
bringen; er ist endlich auch schuldig, alle diese
Sachen tief in ihr Gedächtniß einzudrücken,
damit sie auf keine Weise wieder in Vergessenheit gerathen können. Hievon wird in folgenden
§.§. besonders und einzeln gehandelt werden.

§. 10.

Der Katechet soll sich den Verstand seiner Katechumenen am meisten angelegen seyn
lassen; denn von dem Verstande fängt der
ganze Gottesdienst an. Wenn der Verstand nicht den Willen erleuchtet, so wird
dieser auf die ungereimtesten Sachen verfallen, und auf tausenderley Aberglauben
gerathen. Es giebt aber zwey Dinge,
welche der Erkenntniß des menschlichen Ver-

b 5 stan-

standes äufferst schädlich sind, nämmlich
die Unwissenheit, und der Irrthum. Der,
welcher andere unterrichtet, soll beyden
Fehlern abhelfen; er soll seinen Schülern
Begriffe beybringen, damit er ihre Unwissenheit hebe; er soll ihre Begriffe verbessern, damit der Irrthum bey Seite geschaffet werde. Hieraus ist nun leicht zu schliessen, welche Pflicht der Katechet auf sich
habe. Vor allen andern soll sich der Katechet bemühen, daß, wenn der Katechumen nur die Worte des Katechismus im
Gedächtnisse, aber davon keine Begriffe
im Verstande hat, er ihm dieselben beybringe; hat er aber unrichtige, so muß er
ihn zu recht weisen; und endlich muß der
Katechet dafür sorgen, damit der Katechumen nicht so schlechterdings die Begriffe
annehme, sondern auch lerne nach seiner
Fähigkeit Rechenschaft seines Glaubens zu
geben, damit er nicht allein glaube, weil
es der Katechet gesagt hat, sondern damit
er den Grund seines Glaubens anzugeben
wisse.*

* Es geschieht nun gar zu oft, daß die Katechumenen weiter nichts als die Worte des
Katechismus aus dem Gedächtnisse herzusagen
wissen. Dieß bedauern die in dieser Sache er-

fahr-

fahrnen Männer: **Klaudius**, **Fleury** a)
und der P. **Paulus Segneri**. Es rühret dieses ohne Zweifel daher, weil sie die Worte
eher lernen, als sie die durch Worte ausge-
drückte Sachen kennen; und so gewöhnen sie
sich allmälich daran, daß sie sich statt der Sachen an Worten genügen lassen, und so oft
sie an Sachen gedenken, und sich von denselben eine richtige Vorstellung machen sollen, sie
nichts, als Worte in den Gedanken haben.

Dieß wäre noch zu vergeben, wenn solche
Leute, welche anfänglich es vernachläßiget haben, sich nachher wenigstens bemüheten, es
nachzuholen; allein so bleiben viele auch bis in
das späte Alter in der irrigen Meynung, daß
sie gelehrt genug seyn, wenn sie nur die Worte herzusagen wissen, ein ferneres nachdenken
an die Sachen selber, welche unter den Worten verstanden werden, wäre überflüßig.

Die zweyte Quelle ist die Trägheit der meisten Menschen. Es haben wohl alle Leute einen angebohrnen Trieb und Begierde alles zu
wissen; dieser Trieb ist von Gott in unsere
Natur geleget worden, damit der Verstand,
diese herrliche Seelenkraft, nicht ungeübt und
unfruchtbar bleibe; allein diesem Triebe wider-
steht der Abscheu vor Mühe und Arbeit, welcher

a) **Catech. Hiſtor. etc.**

cher ſich bey den meiſten Menſchen befindet.
Sie wollen zwar wiſſen, aber auch ſichs keine
Mühe koſten laſſen; dieſe Trägheit, welche
in den Menſchen verſchieden iſt, iſt bey eini=
gen ſo groß, daß ſie die natürliche Wißbegierde
gänzlich erſticket, und daß ſolche Leute beyna=
he keine Gedanken haben, als nur höchſtens
von Dingen, die um ſie herliegen. Indeſſen
iſt bey manchen auch die Begierde zu wiſſen
ſo groß, daß ſie derſelben ihre Muße, und Ru=
he, und manchesmal auch die Geſundheit mit
Vergnügen aufopfern. Sehen wir auf die Ju=
gend, ſo überwieget bey derſelben gemeiniglich
die Trägheit die Begierde zu wiſſen, vornehm=
lich in Abſicht auf die Religion, theils wegen
der Hoheit der Gegenſtände, welche die Reli=
gion darſtellet, theils auch, weil die Religion
den Leidenſchaften, welche ſonſt den menſch=
lichen Fleiß anfeuern, gar nicht günſtig iſt.
Daher kömmts, daß junge Leute ſo geſchwind,
als ſie nur können, ſich von dem Lernen der
Religion losmachen, und mit einer Erkennt=
niß zufrieden ſeyn, ein mehreres aber zu ler=
nen für unmöglich anſehen, oder auf künftige
Zeiten verſchieben.

Suchen wir die Quellen des Irrthums auf,
ſo finden wir, daß ſie nicht weit von den Quel=
len der Unwiſſenheit entlegen ſey. Weil ſie
bie

die Begriffe der Dinge, da sie die Worte erlernen, nicht ergründen, so geschiehts, daß sie
mit der Zeit falsche Begriffe von den Sachen
entweder anderswoher bekommen, oder sich selbst
machen, über denen sie um desto fester halten,
je länger sie dieselben für wahr gehalten haben.
Es hat aber auch der Irrthum mehr Liebha-
ber als die Wahrheit; da die Welt voller
Falschheiten, Irrthümer, Vorurtheile, und
Lügen ist, und nichts so schädliches ausgedacht
worden, daß nicht seine Anhänger gefunden
hätte, und noch fände, so muß man sich nicht
wundern, wenn das Reich des Irrthums von
einem grösseren Umfange ist, als das Reich
der Wahrheit. Unglückliche Menschen! die
von so vielen Irrthümern umhergetrieben werden; anstatt daß einer dem andern den Irrthum benehmen sollte, flössen sie einander die
Irrthümer ein, und pflanzen sie durch eine
beständige Ueberlieferung bis zu den spätesten
Nachkommen fort.

Wenn der Katechet diesem ernstlich nachben-
ket, so wird er ein sehr weites Feld zu bearbeiten vor sich finden, allwo er seinen Fleiß
ausüben kann, besonders wenn er Leute zu
Schülern bekommt, die noch gar keinen Unterricht erhalten haben, sondern in ihrer Unwissenheit und Irrthümern herangewachsen
sind. Wie nun zu verfahren sey, wollen wir
we-

wenigſtens mittelſt einiger allgemeiner Grundſätze beybringen.

§. 11.

Will der Katechet ſeiner Pflicht gegen
den Verſtand der Katechumenen in der Ausübung ſelber Genüge leiſten, ſo muß er
den Punkt, welchen er den Katechumenen
beybringen ſoll, kürzlich erklären, und darauf durchfragen. Die Erklärung, welche
der Katechet machet, iſt von dem Examen
in dieſem nur unterſchieden, daß dort der
Katechet fragt, und auch die Frage ſelber
beantwortet; * es mag aber der Katechet
thun was er will, ſo ſoll er allemal deutlich und verſtändlich reden. **

* Die Franzoſen heiſſen dieſe Abhandlungen
einer Materie, wlche durch Fragen und Antworten geſchehen, Konferenzen. Ich wünſch-
te einige gute Muſter hievon zu ſehen, denn
durch Regeln läßt ſich wenig ausmachen. Sie
würden aber vielleicht von einem gröſſern Nutzen für den gemeinen Mann ſeyn, als die nun
ſo häuffig überſetzten Predigten.

Dieſe Weiſe zu erklären, muntert die Aufmerkſamkeit der Katechumenen mehr auf, als
wenn der Katechet in einer ordentlichen Rede
die

die Erklärung machet; denn beym Fragen des
Katecheten, ohngeachtet die Katechumenen wiſſen, daß er ſich ſelber die Frage beantworten
wird, denken ſie dennoch bey ſich ſelbſt nach,
was ſie antworten würden, oder werden doch
begierig gemacht, die Antwort zu hören. Es
läuft auch der Katechet bey dieſer Weiſe zu erklären nicht Gefahr, in die verdrüßliche Monotonie zu fallen, oder froſtig zu werden, denn
die wiederholten Fragen, welche vorkommen,
beleben die Rede und Stimme. Wie die Erklärungen an ſich müſſen beſchaffen ſeyn,
und die Begriffe können gefunden werden,
wird im dritten Abſchnitt dieſes Kapitels gezeigt
werden. Hier will ich nur noch einen Plan
verzeichnen, den nach Beſchaffenheit der Sache
der Katechet überhaupt befolgen kann.

1) Nachdem der Katechet kürzlich dasjenige
wiederholet, was er in der jüngſt gehaltenen
Katecheſis abgehandelt hat, ſo zeiget er klar
und deutlich an, wovon er nun handeln will.
Hat er die Materie ſeiner Katecheſis in gewiſſe Punkte abgetheilet ſo trägt er ebenfalls
dieſe abgetheilten Punkte deutlich einigemal vor, damit es die Katechumenen deſto beſſer behalten; er zeiget auch nicht weniger den
Nutzen und die Nothwendigkeit der abzuhandelnden Materie an, damit ſie gleich vom Anfange deſto aufmerkſamer gemacht werden.

2)

2) Hernach sagt er die im Katechismus vorkommende Frage, und liest aus dem Katechismus
die darauf gehörige Antwort, oder sagt selbige aus dem Gedächtniße mit einer vernehmli-
chen Stimme her, so, daß sein Herlesen oder
Hersagen den Katechumenen zum Muster dienen möge, wie sie antworten sollen; man
kann es den Katechumenen nicht genug einprägen, daß sie langsam, deutlich und vernehmlich antworten.

3) Der Katechet verändert die nämliche
Frage, und trägt sie mit andern Worten zu
wiederholtenmalen vor, wie §. 18. in diesem
Abschnitte soll gemeldet werden, und giebt die
Antwort auf diese Frage wieder selbst.

4) Die vorgegangene Frage zergliedert der
Katechet nach Gutbefinden in andere einzelne
Fragen, und Antworten, die darinnen liegen,
wie unten §.§. 19, 20, und 21. gemeldet wird.

5) Der Katechet erkläret, was zu erklären
ist, und das so lange, bis er vernünftiger
Weise vermuthen kann, daß seine Katechumenen jedes Wort verstehen.

6) Sind die Beweise in der Antwort enthalten, so entwickelt sie der Katechet; und wie
im 5ten Abschnitte vorkommen wird, läßt er
sei-

seine Katechumenen den Nachdruck dieser Beweise empfinden und einsehen.

7) Wenn aus der abgehandelten Materie eine Lehre zur Bildung der Sitten kann gezogen werden, so trägt der Katechet diese Sittenlehre kurz und nachdrücklich vor.

8) Nach allem diesem fängt der Katechet an, die Katechumenen so zu examiniren, wie in folgenden §.§en. wird gemeldet werden.

Es ist aber nicht so zu verstehen, als wenn diese Weise ohne die geringste Aenderung immer und überall so gehalten werden müßte. Wenn die Fragen mit ihren Antworten sehr kurz sind, so können alle diejenigen, welche sich auf einen und den nämlichen Punkt beziehen, hintereinander erkläret, und alsdenn erst durchgefragt werden. Es ist auch nicht nöthig, daß die Erklärung allemal durch Fragen und Antworten geschehe; dieß ist zwar meistentheils, wie es die Erfahrung ausweist, nützlich, indessen leidet auch dieß bisweilen seine Ausnahme. Z. E. wenn eine Geschichte zu erzählen ist, so wird der, welcher die Gabe zum Erzählen hat, besser thun, wenn er die Geschichte unterbrochen erzählet; dieselbe durch Fragen unterbrechen, würde die Gemüther der Katechumenen nur ermüden, die begierig sind, das

C   En-

Ende der Geſchichte zu vernehmen. Man muß
vieles der Erfahrung und den vernünftigen
Einſichten des Katecheten anheimſtellen, weil
ſich auch hier nicht alles unter eine unveränderliche Regel bringen läßt.

** Siehe §. 5. dieſes Kapit. und §. 14. Kap.
2. Um dieſe Abſicht zu erreichen, muß man
vornehmlich alle Kunſtwörter ſo wohl aus der
Philoſophie, als andern Wiſſenſchaften weg-
laſſen, welche die Katechumenen nicht verſtehen können; desgleichen muß man alle figür-
liche Redensarten vermeiden, weil ſie gemeiniglich auch nicht von allen verſtanden werden, und leicht den Katechumenen irrige Begriffe beybringen können, z. B. wenn man
ſagte: die allmächtige Hand Gottes ꝛc.

Der Katechet ſollte mit möglichſter Ueberlegung reden, alle Worte, die er ſpricht, wohl
erwägen, und ſeine Rede allemal nach der Fähigkeit ſeiner Katechumenen einrichten. Nichts
wäre lächerlicher, als wenn der Katechet ſeine
Rede in einem erhabenen Style halten wollte,
damit er ſich von dem gemeinen Manne un-
terſchiede, dabey aber Gefahr lief, von ſeinen
Katechumenen nicht verſtanden zu werden.
Warum redet man denn, als um verſtanden
zu werden? Es iſt ſehr merkwürdig, was der
heil.

heil. Augustinus hievon geschrieben hat: a)
Die Ausleger sollen bey Ausarbeitung
ihrer Reden ihren Fleiß vornehmlich dahin richten, ihre Reden so klar und
deutlich zu machen, daß entweder derjenige einen sehr schwachen Verstand habe, der sie nicht verstehet, oder die Sache, welche vorgetragen wird, ist so
schwer und fein, daß sie nicht leicht von
jederman verstanden werden könne; nur
muß die Beschaffenheit unserer Rede
niemals schuld daran seyn, daß die Sachen schwer oder langsam von einigen
verstanden werden ⸱ ⸱ ⸱ Es giebt bisweilen Gelegenheiten, in welchen man,
unserem Amte ein Genüge zu thun,
Wahrheiten, die äufferst schwer zu verstehen sind, dennoch vortragen muß,
ohngeachtet es sehr viel Mühe kostet,
den Vortrag so einzurichten, damit man
verstanden werde; ist der Zuhörer begierig zu lernen, und mangelt es ihm nur
sonst nicht an der Fähigkeit es zu fassen, so darf sich der Lehrer nicht angelegen seyn lassen, gekünstelt, wohl aber
deutlich zu reden. Das Verlangen deutlich zu reden, vernachläßiget bisweilen
alle Zierathen der Rede, es höret nicht
darauf, ob die Rede wohl klinge, son-

.dern

a) L. 4. de Doct. Christ. c. 9. 10.

dern ob die Rede das wohl vorstelle und
ausdrücke, was begreiflich gemacht werden will. Darum sagt auch jener, als
er von dieser Art des Vortrags handelte, es befinde sich in derselben eine fleis-
sige Nachläßigkeit. Wenn sie gleich den
Schmuck ableget, so erscheint sie doch
nicht schmutzig. Dieses Verlangen deutlich zu reden, erfordert auch, sich solcher Worte zu bedienen, die der gemeine Mann versteht, wenn sie gleich
den Sprachlehrern anstößig sind. Was
kann die Reinigkeit der Sprache nutzen,
wenn sie nicht den Zuhörer verständiger
macht, nachdem wir aus keiner andern
Ursache sprechen als damit wir von denen, zu welchen wir reden, verstanden
werden. Wer demnach unterrichtet, der
muß alle Worte weglassen, welche nicht
unterrichten.

§. 12.

Damit der Katechet seine Fragen bey
dem Examen, welches er nach der Erklärung vornimmt, wohl einrichten möge,
soll er das Ziel und Ende dieser Fragen
niemals aus dem Gesichte lassen. Von
daher entspringt das erste Gesetz: Der Katechet soll durch diese Fragen ausforschen,
ob

ob die Katechumenen seine Auslegung verstanden haben; ob sie sich von der Sache, welche ist abgehandelt worden, einen Begriff gemacht haben; und ob dieser Begriff ein richtiger, oder unrichtiger sey.*

* Aus dieser Absicht ist der Unterricht durch Fragen und Antworten allen andern Lehrarten vorgezogen worden, damit die Katechumenen könnten geprüfet werden, ob, und wie sie das, was der Lehrer vorgetragen hat, gefasset haben; wie kann der Katechet dem Katechumen den Irrthum benehmen, und ihn eines bessern belehren, wenn er nicht weis, wie dessen Religionsbegriffe beschaffen sind? und wie übel ist dem Katechumenus gerathen, wenn er in den Grundwahrheiten noch unwissend ist, da der Katechet zu höhern Wahrheiten sich erhebt?

§. 13.

Das zweyte Gesetz fließt unmittelbar aus dem ersten, und lautet also: Der Katechet soll auf die Antwort des Katechumens sehr aufmerksam seyn. *

* Hierzu ist Klugheit nöthig, die durch Erfahrung und Beobachtungen erlanget wird.

Wenn

Wenn die Katechumenen zu geschwind und eilfertig antworten, wenn die Antwort keinen
oder einen verstümmelten Verstand hat, wenn
sie die Worte des Katechismus zum Theil und
ohne Zusammenhang hersagen, wenn sie niemals anders, auch da die Frage ist geändert
worden, als mit den Worten des Katechismus
antworten; wenn sie bey einer kleinen Aenderung der Frage gar nicht zu antworten wissen,
oder wenn man bisweilen eine Frage überhü-
pfet, und die Katechumenen beantworten die
ausgelassene Frage ꝛc. Aus allem diesen kann
der Katechet leicht abnehmen, daß der Katechumen blos die Worte im Gedächtnisse habe, und seinen Verstand nicht brauche.

§. 14.

Ferner folget aus dem nämlichen Gesetze: 1) Die Katechumenen müssen beständig angehalten werden, daß sie laut und
vernehmlich reden.* 2) Die Katechesis geht
eigentlich nur einen, nicht aber viele an.**

* Wenn der Katechet die Antwort nicht
vernimmt, so ist er nicht im Stande, von den
Einsichten des Katechumens zu urtheilen. Es
giebt aber auch andere Gründe, aus denen man
dieß fordern muß. Antwortet der Katechumen, welcher gefragt wird, richtig, so werden

ben alle übrige dadurch unterrichtet, wenn er
die Antwort mit einer lauten, und vernehmli-
chen Stimme giebt; antwortet er aber falsch,
so werden auch alle übrige, welche den nämlichen falschen Begriff haben, durch die richtige
Antwort, welche der Katechet selber, oder ein
anderer Katechumenus statt der falschen giebt,
eines besseren belehret. Weil die Katechumenen gemeiniglich entweder aus einer natürlichen
Furcht und Schamhaftigkeit, oder auch aus
Mistrauen zu sich selbst laut zu reden unterlassen, so muß man sie durch alles dasjenige dazu bringen, was dienlich ist, ihr Vertrauen
zu gewinnen. Der Katechet kann auch einige
und zwar die, welche beherzter sind, aufrufen,
und von diesen die Antwort geben lassen, damit die, welche schüchtern sind, von diesen
lernen mit lauter und vernehmlicher Stimme
zu antworten; thun sie es nach, so lobe er sie;
thun sie es nicht nach, so bestehe er so lange
auf seine Forderung, bis sie es thun, sollte
er auch Verheissungen dazu gebrauchen müssen;
da sich die Katechumenen fürchten laut zu antworten, weil sie ihrer Sache nicht gewiß sind,
so versichere sie der Katechet, daß es ihm lieber sey, wenn sie laut antworten, obschon sie
nicht richtige Antwort geben, als wenn sie
richtig antworten, ohne daß sie jemand versteht.

C 4   Da

Da die Katechumenen auch oft deswegen nicht verstanden werden, weil sie zu geschwind und zu eilfertig antworten, so muß der Katechet darauf bestehen, daß die Katechumenen sich angewöhnen, jedes Wort langsam, deutlich, und ganz auszusprechen. Darum muß der Katechet darauf bringen, daß die Katechumenen nach den Unterscheidungszeichen antworten, bey einem Punkte, wo der Sinn der Rede sich endiget, eine Weile inne halten; damit er sie so antworten gewohne, kann er ihnen allenfalls anfänglich mit der Hand ein Zeichen geben, wenn sie absetzen, und wenn sie wieder anfangen, und die Rede weiter fortsetzen sollen.

Anmerkung: Bey Kindern, welche beym Lesenlernen sind angehalten worden, die Unterscheidungszeichen wohl zu beobachten, findet sich dieß von sich selbst, auch wenn sie etwas aus dem Gedächtnisse hersagen sollen.

** Wenn ihrer viele zugleich reden, kann man keines seinen Sinn genau erkennen; denn entweder wird die Frage, wie sie im Katechismus steht, vorgetragen, und diejenigen, welche die Antwort wissen, geben sie so, wie sie sich im Katechismus befindet, die andern sagen einige Worte davon nur nach, so gut als sie dieselben von andern hören. Wird aber die

Fra=

Frage anders, als sie im Katechismus steht, vorgetragen, so giebt ein jeder Katechumenus eine andere Antwort, wenigstens was die Worte betrift, und so ist allemal die Verwirrung vorhanden. Ich sagte in dem §. mit gutem Vorbedachte: eigentlich geht die Katechesis nur einen, nicht aber viele an. Es ist aber deswegen nicht verbothen, damit alle bey der Aufmerksamkeit erhalten werden, bisweilen alle auf einmal zu fragen, besonders wenn ein Spruch recht tief in das Gedächtniß soll eingedrücket werden. Dieß wird weiter unten umständlicher angepriesen werden.

§. 15.

Auch folget aus dem nämlichen Gesetze, daß der Katechet niemals mit dem blossen Hersagen der Worte, welche im Katechismus stehen, soll zufrieden seyn, sondern die Katechumenen müssen dahin gebracht werden, daß sie es mit ihren Worten zu sagen wissen; * dieß zu bewirken, muß der Katechet die erforderliche Mittel anwenden. **

* Es ist nöthig, daß die Katechumenen etwas mehr als die Worte des Katechismus herzusagen wissen, und daß sie es wagen, eine kleine Auslegung zu machen, aus der man

ab

c 5

abnehmen kann, was ſie für Begriffe mit den
Worten des Katechiſmus verknüpfen; ſonſt
wird der oft angeprieſene Endzweck nicht erreichet werden. Die Katechumenen pflegen ſich
der Worte des Katechiſmus als einer Schan-
ze zu bedienen, hinter die ſie ſich zurück ziehen, um allen Fragen auszuweichen, und auch
ihre Einſichten zu verbergen, man muß ſie,
ſo gut als es immer geſchehen kann, herauslo-
cken. ·Der Katechet iſt ſchon weit gekommen,
wenn er die Katechumenen dahin gebracht hat,
daß ſie alles, was ſie denken, frey heraus ſagen. Dieß gehöret allemal zu einem freund-
ſchaftlichen Geſpräche, unter deſſen Benennung
auch die Katecheſis vorkömmt, daß einer dem
andern ſeine Gedanken ohne Verſtellung, Zu-
rückhaltung und Mistrauen offenbare.

** Man denke nicht, daß dieß etwas leichtes ſey; es hat ſeine beſondern Schwierigkeiten. Was macht dem Katecheten nicht die
natürliche Schamhaftigkeit der Kinder zu thun,
als welche von Natur viel ſchüchterner ſind,
beſonders wenn ſie etwas öffentlich herſagen
ſollen? oder ſie getrauen ſich nicht, ihre Gedanken an das Tageslicht zu bringen, weil
ſie vermuthen, ſie möchten etwa wieder, wie
ehedem manchesmal geſchehen, unrichtig ſeyn,
und alſo etwas an ihrer Ehre leiden.

Man

Man sollte es nicht glauben, daß auch in den kleinsten Kindern die Eitelkeit so groß sey. Ohngeachtet sie alle Augenblicke Fehler begehen, so wollen sie doch niemals scheinen gefehlet zu haben. Oder sie scheuen sich auch deswegen zu antworten, weil sie einen Verweiß zu bekommen besorgen; oder weil sie nicht im Stande sind, sich deutlich genug auszudrücken, obschon sie gern wollten, und dieß kann sich wieder aus mancherley Ursachen zutragen: Bisweilen ist die Ehrfurcht gegen die Person, mit der man umgeht, oder die Erhabenheit der Sachen, von denen gehandelt wird, Ursache, daß sich die Kinder nicht ausdrücken können, welchen es überdieß wie am Begriffen, also auch an Worten gebricht. Bisweilen fällt ihnen auch plötzlich etwas in die Sinne, welches sie hindert, dasjenige gehörig vorzubringen, was sie gedenken; oft stellen sich auch viele Begriffe auf einmal ihrem Gemüthe dar, und sie können sich nicht entschliessen, welchen sie zuerst vorbringen sollen; dieß begegnet gemeiniglich denenjenigen, bey welchen sich die Wahrheiten noch nicht tief genug in das Gemüthe eingedrücket haben, und welche die Verbindung der Begriffe und der Wahrheiten unter einander noch nicht einzusehen im Stande sind, oder welche noch nicht gewohnt sind, ihre Aufmerksamkeit lange mit einem Gegenstande allein zu beschäftigen.

§. 16.

§. 16.

Ein allgemeines Mittel, diesen Endzweck zu erreichen, ist das Vertrauen der Katechumenen gegen den Katecheten. Sind die Katechumenen einmal überzeugt, daß es der Katechet mit ihnen gut meynet, so werden sie nicht Anstand nehmen, ihre Meynungen an Tag zu bringen.* Besondere Mittel, diesen Endzweck zu erreichen, sind diese: Wenn der Katechet bisweilen als ein Schüler seine Fragen anstellet,** oder sich als einen Gegner stellet.***

* Nachdem diese Furcht aus, ich weis nicht, welcher Einbildung entsteht, so verschwindet sie, wenn die Katechumenen treuherzig gemacht werden. Diese Treuherzigkeit ist die Mutter der Liebe, und macht die Katechumenen so dreiste, daß sie sich nicht scheuen, ihre Meynungen heraus zu sagen. Wenn sie wissen, daß sie ihr Herz vor einem Freunde ausschütten, der ihnen nichts übel nimmt, so sagen sie alles heraus, was, und wie sie es wissen. Die erste Frucht der Freundschaft ist diese, daß einer dem andern seine Gedanken bekannt machen, seine Heimlichkeiten offenbaren, und in zweifelhaften Umständen um Rath fragen kann; daß er sich seine Fehler weisen lasse, und es für eine Wohlthat ansieht, wenn er
ei=

eines befferen belehret wird. Niemals ift die
Wahrheit fo beliebt und fo wirkfam, als wenn
fie aus dem Munde eines guten Freundes
kömmt; ift fie fonft meiftentheils verdächtig
und verhaßt, fo wird fie dennoch gern angehöret, und auch fleißig befolget, wenn fie von
einem guten Freunde vorgetragen wird.

** Das heißt: der Katechet foll fich ftellen,
als wenn er die Sache, von welcher gehandelt
wird, felbft nicht wüßte, und als wenn er
von dem Katecheten davon wollte unterrichtet
werden. Dieß macht die Katechumenen beherzt, und treibt fie an, daß, wenn fie auch
nur den geringften Begriff von der Sache haben, fie denfelben alfogleich an Tag legen, damit fie ihre Perfon, und ihr Anfehen, als
Leute, die fchon etwas verftehen, behaupten
mögen.

Die Sache wird einen guten Fortgang gewinnen, fo fern nur die erfte Antwort des
Katechumens gut ausfällt, fo, daß fie der
Katechet loben, und verfichern kann, wie er
dadurch fey unterrichtet worden. Ift aber die
Antwort nicht gerathen; fo wird es nicht ohne allen Nutzen feyn, wenn der Katechet die
Unwiffenheit des Katechumenen überfieht, ohne felbige ihm anders zu zeigen, als daß er
durch gefchickte Fragen, und wohl angebrachte

te Einwürfe die Sache ſo einleite, daß der Katechumen ſelber ſeinen Irrthum einſehe. Er
wird froh ſeyn, daß er ohne Beyhülfe eines
andern die Wahrheit entdecket, und daß er ſie
ſeiner Meynung nach niemanden anders als
ſeinem Nachdenken zu verdanken habe.ᵃ

Hiebey iſt noch dieſe Bequemlichkeit, daß
man unter dem Scheine der Unwiſſenheit mit
dem Fragen ſo lange fortfahren, und abwech-
ſeln könne, wie es einem nur beliebet, bis
man ſeine Abſicht erreichet hat. Der Katechet
muß mit der Antwort nicht zufrieden ſeyn,
welche in den bloſſen Katechismusworten beſteht, ſondern ſich ſtellen, als wenn er die
Antwort nicht einſähe, und dadurch wird der
Katechumenus bemüßiget, eine Auslegung zu
machen. Weit anders verhält es ſich, wenn
der Katechet als Lehrer fragt, da muß er dem
Katechumen keine unrichtige Antwort nach-
ſehen, denn die Erfahrung lehret es, daß,
wenn die Katechumenen nur bloßhin die Ka-
techiſmusworte herſagen, und oft nur verſtüm-
melt, ohne daß ſie einen vollſtändigen Sinn
haben, ſie dennoch glauben, ihrer Schuldigkeit ein Genüge geleiſtet zu haben.

*** Dieſes Mittel wird vornehmlich da gut
thun, wo man ſich der Katechiſmuſſe bedienet,
in welchen auch die zwiſchen Katholiken und
Pro-

Protestanten obschwebende Glaubensstreitigkei-
ten abgehandelt werden, dergleichen sind der
Würzburger, und der Maynzer ꝛc. Dieses
Mittel bemüßiget die Katechumenen, sich ihres
Verstandes zu gebrauchen, denselben anzustrengen, und freyer zu reden; weil niemand so
blöde ist, daß er, wenn er mit seinem Wider-
sacher zu thun hat, schweigen, oder weichen
will, wenn er nicht muß. Man soll sich aber
dieses Mittel bescheiden bedienen, damit nicht
bey den Katechumenen eine gewisse Zank- und
Disputirsucht erreget werde; oder sie sich, wer
weis wie sehr gelehrt zu seyn einbilden, und
glauben, als wenn sie die ganze Religion über-
sähen, wenn sie nur mit einigen Hauptgrün-
den den Feind anzugreifen, und seine Angriffe
zu widerlegen wissen.

§. 17.

Unter allen Mitteln, die Katechumenen
auszunehmen, ihre Begriffe auszuforschen,
und sie zu bemüßigen, ihre Gedanken mit
eigenen Worten vorzutragen, ist die Abwechselung und Veränderung der Fragen
gewißlich das allerbequemste: Wenn dieses Mittel recht angewendet wird, so erreicht man nicht nur die obgesagten Absichten, sondern man wird auch in den Stand
gesetzet, der Katechumenen Unwissenheit
zu

zu belehren, ihnen Begriffe von Dingen beyzubringen, von denen sie keine haben, und ihre irrigen Begriffe zu verbessern; man kann sicher behaupten, daß hievon beynahe die ganze Kunst zu katechisiren abhange. Da alles dieses aus dem, was schon ist gesagt worden, und noch in folgenden §§. wird gesagt werden, klar erhellet, so wollen wir uns hier nur noch um die Weise, wie dieses Mittel soll gebraucht werden, erkundigen.

§. 18.

Erstens können die Fragen abgewechselt werden, indem man die im Katechismus vorkommende Frage mit andern Worten, die eben das ausdrücken, vorträgt. Dieß mag die erste der Abwechselung seyn, weil nur die Frage, nicht aber auch die Antwort verändert wird, welche im Katechismus vorkömmt.* Wenn die Katechumenen auf eine abgeänderte Frage nicht antworten können, so ist es gewiß, daß sie den Katechismus blos im Gedächtnisse haben.

* Dieß kann erstlich auf eine bejahende Art geschehen. Z. E. die Frage im Katechismus lautet also: Soll der Mensch Gottes Gebote halten? Diese kann also verändert werden:
Sol

Sollen wir thun, was Gott gebietet? Sollen wir unsern Willen dem göttlichen unterwerfen? ꝛc. Zweytens kann es auf verneinende Art geschehen, und zwar also: Ist es nicht erlaubt, das zu unterlassen, was Gott geboten hat? darf nicht jeder leben wie er will? ꝛc. So kann auch die erste Frage im Katechismus des Kanisius: Wer ist ein katholischer Christ zu nennen? also geändert werden: Kann man nicht alle Menschen katholische Christen nennen? Ist zwischen den Christen ein Unterschied? Was für Bedingnisse werden erfordert, daß jemand ein katholischer Christ könne genannt werden? Wiederum kann auch die Frage: Ob Gott ein Geist sey, also geändert werden: Hat nicht Gott einen Leib, oder eine menschliche Gestalt, einen Kopf, Arme, ꝛc.

Wenn nun jemand seine Sprache in der Gewalt hat, und sich ein wenig übet, so wird er keine Schwierigkeit finden, die Fragen abzuwechseln; er sieht bey iedem Worte, was für gleichvielbedeutende Worte anstatt dessen, welches im Katechismus vorkommt, können gesetzet werden, und so wiederholet er die Frage mit andern Worten.

Hieraus aber muß niemand den Schluß machen, als wenn man niemals mit den Worten,

b

en, welche im Katechismus vorkommen, fragen sollte. Ja dieß ist vielmehr nöthig, damit man kundig werde, ob die Katechumenen einen Punkt sich gut in das Gedächtniß gedrücket haben, aber dieß ist auch der einzige Nutzen davon; hat man diesen Nutzen erlanget, so muß man gleich darauf die nämliche Frage verändern, damit man kundig werde, ob die Katechumenen auch die Sache verstehen.

§. 19.

Die zweyte Art der Abwechselung der Fragen ist die Zergliederung der Antwort, welche in dem Katechismus vorkömmt, oder die Entwickelung besonderer Fragen, und Antworten, welche in der Antwort des Katechismus enthalten sind. Enthält die Antwort verschiedene Sätze, so wird einer nach dem andern vorgenommen. Die Fragen aber, welche einen Satz zu zergliedern dienen, sind folgende: 1) Wer etwas entweder a) sey, oder b) gethan, oder c) gelitten habe. 2) Im Gegentheile, wiederum was jemand entweder a) sey, oder b) gethan, oder c) gelitten habe; andere Fragen werden kaum nöthig* seyn, weil sich alles übrige, das von einer Sache kann gesaget werden, gar leicht in diese Klasse bringen läßt. Diese Fragen können und

sol=

sollen auch auf verneinende Art angebracht
werden, wenn es nämlich ein verneinen-
der Satz ist. In diesem Falle kann wieder nichts anders gefragt werden, als wer
etwas entweder a) nicht sey, oder b) nicht
gethan, oder c) nicht gelitten habe; und
umgekehrt: was jemand entweder a) nicht
sey, oder b) nicht gethan, oder c) nicht gelitten habe.**

* Es ist öfters nöthig, noch mehrere und
andere Fragen zu machen, als diejenigen, welche das Subiekt, oder das Prädikat angehen.
Es ist nicht selten nöthig zu erforschen, ob
auch die Bestimmungen, und Umstände der
Sache verstanden und bemerket worden. Z.B.
sey der Satz: Christus ist am Kreutze gestorben,
um uns mit seinem Vater auszusöhnen, uns
von der Sünde, und der Gewalt des Teufels
zu befreyen. Dieser Satz wird nicht genug
zergliedert, wenn man blos fragt: wer gestorben, was Christus gethan habe; sondern man
muß auch fragen: warum er gestorben, warum erstlich, warum noch mehr, endlich auch
für wen, und wie, auch allenfalls wo er gestorben.

** Bey dieser Art kann zwar die Antwort
aus dem Katechismus gegeben werden, aber
der Katechumenus muß sie aufsuchen, denn
b 2   bis-

bisweilen steckt sie in dem Subjekte, bisweilen in dem Prädikate des Satzes, bisweilen in einem beygefügten Wörtchen desselben. Diese Art der Fragen dienet dazu, daß man erkenne, ob die Katechumenen auch ihren Verstand brauchen; und wenn sie es bis dahin nicht gethan haben, werden sie dadurch angehalten, daß sie es thun; weil sie nachdenken müssen, welcher Theil des Satzes sich als eine Antwort auf die an sie gethane Frage schicke, folglich müssen sie den ganzen Satz überdencken. Der Katechet hat schon viel gewonnen, wenn er es dahin gebracht hat, daß die Katechumenen den Verstand brauchen; weil, ohne Gebrauch und Anstrengung des Verstandes, die Religion keinesweges kann erlernet, noch auch, wie es nöthig ist, im Werke befolget werden.

Damit das, was jtzt ist gesagt worden, besser möge verstanden werden; so ist Folgendes zu merken: Erstlich kann jeder Satz in diejenigen Theile zerleget werden, aus welchen er zusammen gesetzet ist. Jeder Satz enthält eine Sache, von welcher etwas gesagt wird, oder wie es die Logiker zu nennen belieben, jeder Satz hat sein Subjekt oder Hauptsache, und Prädikat oder Nebensache. Daher folget, daß man allemal, es mag ein Satz vorkommen, welcher nur wolle, eine zweyfache Frage anstellen könne. Es soll z. E. der Satz: Christus

ſtus iſt gekreuziget worden, abgehandelt
werden. Die erſte Frage, welche kann ge=
macht werden, geht das Subjekt des Sazes
an: Wer iſt gekreuziget worden? Die zweyte
Frage geht das Prädikat des Sazes an, die=
ſes giebt die Materie zu der folgenden Frage:
Was iſt Chriſto wiederfahren? Was hat
Chriſtus gelitten? Und ſo iſt kein Saz mög=
lich, noch auch eine Schriftſtelle zu finden, bey
welcher man nicht auf die nämliche Weiſe ver=
fahren könnte. Wenn der Saz vorkömmt:
Gott hat Himmel und Erde erſchaffen;
ſo kannſt du erſtlich fragen: Wer hat Him=
mel und Erde erſchaffen? hernach bringe die
Frage bey dem Prädikat an: Was hat Gott
gemacht? Eben ſo bey dem Saze: **Chriſtus**
iſt Gottes Sohn. Die erſte Frage ſey die=
ſe: Wer iſt Gottes Sohn? die zweyte: Was
iſt Chriſtus? Hier kann man nun ſehen, daß
ſich alles auf die drey Fragen einſchränken laſ=
ſe, wer etwas entweder ſey, oder gethan,
oder gelitten habe, und umgekehrt: Was je=
mand ſey, oder gethan, oder gelitten habe.

Weil in vielen Säzen das Subjekt oder
auch das Prädikat ein Beywort (Adiectivum)
hat, oder auch Nebenwörter (Adverbia) und
andere Beſtimmungswörter eingeſträuet ſind,
ſo kann man füglich auch von dieſen Anlaß
nehmen, noch mehrere Fragen anzuſtellen; z. E.

Der

Der allmächtige Gott hat freywillig aus nichts Himmel und Erde erschaffen. Neben den schon oben gemachten Fragen, kann man ferner fragen: Was ist Gott? Wie hat der allmächtige Gott Himmel und Erde erschaffen? Aus was hat der allmächtige Gott freywillig Himmel und Erde erschaffen? Und wiederum in diesem Satze: Christus, Gottes Sohn, ist für uns gekreuziget worden. Wer ist Christus, der für uns ist gekreuziget worden? Wessen Sohn ist er? Für wen ist Christus gekreuziget worden? Selbst die Redetheilchen, durch die ein Satz mit dem andern verbunden wird, können zu neuen Fragen Anlaß geben. Dieß geschieht, wenn z. E. die verursachende Redetheilchen (particulae causales) denn, weil, und dergleichen vorkommen. Folgender Satz soll uns zum Beyspiele dienen: Gott will uns selig machen, weil er unendlich gut ist. Hier fraget man erstlich gewöhnlichermassen: Wer will uns selig machen? Was will Gott thun? Wen will Gott selig machen? Zum zweyten Satze schreitet man folgendergestalt: Warum will er uns selig machen? Alsdenn werden die übrigen Fragen angebracht: Wer ist unendlich gut? Was ist Gott? u. s. w. Auf ähnliche Art verfährt man, wenn ein bedingendes Redetheilchen (particula conditionalis) vorhanden ist. Z. E. Gott wird uns erhören, wofern es unserem
See-

Seelenheile nützlich ist. Hier sind die ge=
wöhnlichen Fragen diese: Wer wird uns er=
hören? Antw. Gott Frag. Was wird Gott
thun? Antw. Er wird uns erhören.

Der Uebergang zum folgenden Satze ge=
schieht, indem man fraget: Was wird aber
erfordert? welche Bedingniß? Wird uns Gott
allezeit und ohne Ausnahme erhören? Die
schliessenden oder folgende Bindewörter (par=
ticulae illativae) also, daher, und dergleich=
chen werden vorgetragen, umgekehrt, da man
folgende Fragen anstellet. Z. E. Was folget
nun aus diesen Worten? Was für ein Schluß
kann aus dem Vorhergehenden gemacht wer=
den? Wenn aber ein verknüpfendes Redetheil=
chen (particula copulativa) z. E. und oder
dergleichen vorkömmt, so frage man also: Was
wird ausser diesen noch erfordert? Was ist je=
mand sonst noch? Was hat er ferner gethan
und gelitten?

Ein Exempel, wie Antworten, welche aus
vielen Sätzen bestehen, in ihre Theile sollen
zerleget werden, mag die erste Antwort, wel=
che im Katechismus des Kanisius vorkömmt,
abgeben, wo gefraget wird: Wer ist ein
katholischer Christ zu nennen? Sie lautet
also: „ Der nach seiner empfangenen Taufe
„ die heilsame Lehre Jesu Christi des wahren

Got=

„ Gottes und Menschen in seiner Kirche und
„ Versammlung bekennet, und nicht anhänget
„ einigen Sekten, Spaltungen, oder irrigen
„ Lehren, so wider die christliche Lehre und
„ katholische Kirche streben. “ Diese Antwort
kann also zergliedert werden: Was ist der,
welcher die Lehre Jesu Christi bekennet? Wer
soll die heilsame Lehre Jesu Christi bekennen?
Der katholische Christ! Was soll der katholische Christ thun? Er soll bekennen die Lehre ꝛc.
Was für eine Lehre soll der katholische Christ
bekennen? Die Lehre Jesu Christi! Wer ist
Jesus Christus? Der wahre Gott und Mensch!
Wo soll der Christ diese Lehre bekennen? In
seiner Kirche! Was muß er empfangen haben? Die Taufe! Was muß er ferner 'thun,
oder lassen? Er soll nicht einigen Sekten,
Spaltungen, oder irrigen Lehren anhängen!
Was für Lehren soll er nicht anhängen? irrigen,
so wider die christlichen Lehre, und die katholische Kirche streiten! ꝛc.

Wenn der Katechet es für nöthig hält, kann
er die so zergliederten Fragen noch verändern,
wie im vorigen §. ist gewiesen worden, damit
er um desto sicherer seyn könne, daß seine Katechumenen die Sache verstehen.

Ueberdieß ist noch anzumerken, daß auch die
Fragen, welche im Katechismus vorkommen,
bis=

bisweilen auf diese Weise in andere Fragen
können zerleget werden, und diese Vervielfäl=
tigung der Fragen kann statt der Abwechselung
derselben dienen. So kann die zweyte Frage
im Würzburger Katechismus (welche also lau=
tet: Warum muß der Christ getauft
seyn?) in diese zwo Fragen zerlegt werden:
Muß denn der Christ getauft seyn? Und wa=
rum muß denn der Christ getaufet seyn? Der=
gleichen Fragen kommen in den Katechismen
häufig vor.

§. 20.

Was hier von den Antworten ist ge=
saget worden, welche aus einem oder nur
einigen Sätzen bestehen, gielt um so viel
mehr von denen, welche mehrere Sätze in
sich enthalten, ja auch von den Geschich=
ten; diese können durch wohl angebrachte
Fragen füglich in ihre Theile zerleget, und
wenigstens die vornehmsten Sätze mögen
nach der im vorigen §. angezeigten Weise
zergliedert werden.*

* Nebst dem im vorigen §. angezeigten Nu=
tzen, daß die Katechumenen auf diese Weise ge=
nöthiget werden, sammt dem Gedächtnisse auch
den Verstand anzustrengen, ist es gewiß, daß
diese Weise unvergleichliche Dienste thut, die

D 5   Ge=

Gedanken der Katechumenen immer klärer und deutlicher zu machen. Hören sie eine lange Periode, oder eine Geschichte, so sind sie gemeiniglich nicht auf alle Theile derselben aufmerksam, oft überhören sie das Merkwürdigste; allein durch die darüber angestellten Fragen werden die merkwürdigsten Stücke ins Licht gesetzet, daß sie den Katechumenen einleuchten müssen. Mann stelle sich einen Menschen vor, welcher in ein Zimmer geführt wird, welches voll verschiedener Schildereyen ist; wenn er sie bloshin mit einem Blicke alle übersieht, so werden gewißlich viele merkwürdige Sachen von ihm unbemerkt bleiben, viele hat er auch nur sehr undeutlich gesehen.

Diesem stelle man einen andern entgegen, mit welchem man alles genau durchsieht, wenn etwas merkwürdiges vorkömmt, heißt man ihn darauf aufmerksam seyn, man zeigt es ihm, und erzählet ihm viel davon; gewißlich, dieser wird alles besser wissen, als der erste, er wird sich auch wieder vorstellen können, was in dem Zimmer aufbehalten wird.

Diese Anmerkung geht nicht allein die langen Fragen und Antworten an, welche im Katechismus vorkommen, sondern alles das, was der Katechet vortragen, erklären, abhandeln, oder erzählen wird; dieß alles kann er die Kate=

techumenen durchfragen, und damit er sehe, ob
sie sich etwas gemerket haben, so zergliedere er
es auch allenfalls durch Fragen in kleine Theile,
das Merkwürdigste lasse er am meisten in die
Augen fallen, und so bemühe er sich, es den
Katechumenen recht tief einzubrücken.   Den
Nutzen dieser Lehrart hat niemand besser eingesehen,   als der berühmte Abbt Klaudius
Fleury in seinem historischen Katechismus, von
daher können die Beyspiele in dieser Sache genommen werden.

§. 21.

Bishieher haben wir von den ersten,
gewöhnlichsten, und leichtesten Arten der
Abwechselung der Fragen gehandelt. Wir
wollen uns der Sache nähern.   Was ist
zu thun,   wenn die Katechumenen stecken
bleiben, wenn sie das Gedächtniß verläßt,
oder gar nichts von der gewöhnlichen Antwort wissen? Soll der Katechet alsogleich
ihnen die Antwort sagen, oder von einem
andern sagen lassen? Thut er dieß allzu-
oft, so fürchte ich mit Grunde, daß er den
gehofften Nutzen nicht erlangen werde. Es
ist viel vortheilhafter, wenn der Katechet
seine Fragen also an die Katechumenen
stellet, daß sie die Antwort endlich selber
finden, und einsehen, daß sie gefehlet haben.

ben.* Damit dieses desto besser von statten gehe, muß er ihnen auf alle Weise helfen.**

* Wenn der Katechet auf diese Weise verfährt, so werden die Katechumenen nicht leicht der katechetischen Lehre überdrüßig werden, sondern daran ihr Vergnügen finden, weil sie Gelegenheit bekommen, sich mit ihrem Verstande und ihrer Wissenschaft hervor zu thun, und mit leichter Mühe Lob zu verdienen, nach welchem alle ein Verlangen tragen. Wenn aber der Katechet selber die Antwort, so, wie sie da liegt, giebt oder geben läßt, so fällt dieß den Schülern schon verdrüßlich, weil es einer Bestrafung ähnlich sieht. Auch Kindern, die von einer guten Gemüthsart sind, thut es wehe, wenn sie öffentlich auf diese Weise von ihrer Unwissenheit überzeuget werden; und die andern nehmen daher Anlaß, ihre Unwissenheit zu beschönigen, und sich derselben nicht mehr zu schämen, weil diejenigen ihnen gleich sind, die sie sonst für gelehrter, als sich selbst, gehalten haben. Es pflegt sich auch dasjenige tiefer in das Gemüth einzudrücken, was man selbst erfunden, als was man von andern gehöret hat; denn weil die Seelenkräfte sich selbst angestrenget haben, um es zu erfinden, so lassen sie das Erfundene nicht wiederum so leicht fahren, als wenn sie ohne Mühe dazu gekommen
men

men wären. Die selbst erfundene Wahrheit
überredet, und überführet nns auch weit kräftiger, sie nimmt den Willen mehr ein, und
bewegt eher zum Wirken, als wenn sie von
andern ohne Mühe uud eigenes Nachdenken erhalten wird.

** Die meisten Menschen sind Reisenden
ähnlich, die, wenn sie von ihrem Wegweiser
verlassen werden, sich nicht weiter getrauen,
sondern (ich weis nicht wegen welcher eingebildeter Beschwerlichkeiten, Gefahren, und Aben-
theueren) da stehen bleiben, wo sie der Wegweiser verlassen hat. Eben so verhalten sie sich,
wenn es darauf ankbmmt, die Wahrheit aufzusuchen. Die Wahrheit ist ihnen ein unbe-
kanntes Land, in welches sie allein zu reisen oder
in demselben einen Schritt allein zu thun sich
fürchten. Da man zu derselben nicht gelangen kann, wenn man nicht nachdenket, und
das Gemüthe anstrenget, (eine Sache, die sie
verabscheuen) so hat es die Wahrheit verschul-
det, sie sehen selbige als ein unzugängliches
Land an, in welchem tausend Ungeheuer und
Gefahren auf sie schon warten. Sie haben eines Wegweisers nöthig, der sie so gar bey der
Hand führet. Einige jedoch folgen ihm freywillig, sie sind beflissen, die Wahrheit zu erlernen, aber sie sind nicht im Stande, sich
von den Sacheu Begriffe zu machen, und ihre

Ge-

Gedanken auszudrücken. Dieſe, wenn man
mit Sokrates, dem geſchickteſten Lehrer der
Wahrheit, ſo reden darf, haben einer Hebamme nöthig, um ihre Gedanken zur Welt bringen zu kömmen. Sokrates ſaget es mehr denn
an einem Orte, daß er das Hebammenamt
verrichte, und macht hiemit eine Anſpielung
auf ſeine Mutter, welche zu Athen Hebamme
geweſen war.

§. 22.

Eine der leichteſten Weiſen, den Katechumenen zu Hülfe zu kommen, damit ſie
die Antwort finden, oder ihren Irrthum
einſehen, iſt die Zergliederung (Analyſis)
des Subjekts oder des Prädikats, daß man
nämlich die in den höheren Begriffen enthaltenen untergeordneten Begriffe (per evolu-
tionem inferiorum ſub illis contentorum)
auseinander ſetzt. Wie die Fragen in
Abſicht auf das Subjekt und Prädikat
ſollen angeſtellet werden, iſt in den vorhergehenden §. §. angezeiget worden; erſtens,
nämlich ſoll gefraget werden: Wer etwas
entweder ſey, oder gethan, oder gelitten
habe; weis dieß der Katechumen nicht
zu ſagen, ſo führe der Katechet diejenigen
Subjekte an, welchen das Prädikat zukommen könnte, oder welches Subjekt
der

der Katechumen vielleicht vermuthen mag.
Sind die Leute nur nicht gar zu roh, und
unwissend, so werden sie wenigstens wissen,
zu welcher Art von Dingen das Subjekt
gehöret, dem entweder das Thun, oder
das Leiden zugeschrieben wird; darum zäh=
le man allerley Subjekte von dieser Art
her, und auch solche, welche eine Aehnlich=
keit mit demselben haben; man frage von
jedem derselben, ob es dasjenige sey, wel=
chem das Thun oder Leiden zugeeignet wird.
bis man auf das kömmt, welchem wirklich
das Prädikat zugehöret; * lege erstlich dem
Katechumen solche Subjekte vor, denen
es nicht zugehöret, und letztens dasjenige,
welchem es zukömmt. Auf solche Weise
muß wohl alles demselben wieder ins Ge=
dächtniß gebracht werden, was er nur je=
mals von der Sache gehört, oder gewußt
hat. **

* Das, was hier ist gesaget worden, wer=
den Beyspiel klärer machen. Das erste
wollen wir von der ersten Frage aus dem
Katechismus des Kanisius hernehmen, allwo ge=
fraget wird: Wer ist ein katholischer
Christ zu nennen? Hier muß man voraus
setzen, daß der Katechumenus es aus dem Prä=
dikat erkennet, daß die Rede weder von En=
geln, noch von unvernünftigen Thieren, son=

dern

dern von Menschen sey; es wäre also überflüßig,
von jenen die Frage anzustellen. Zweytens,
man muß auch voraus sezen, daß der Katechumen es einsehe, daß die Frage nicht von
Menschen ist, in wie weit sie sich durch poli-
tische und andere Eintheilungen von einander
unterscheiden, sondern in so fern Menschen zu
dieser oder jener Religion sich bekennen; darum wäre es wieder überflüßig, wenn jemand
fragen wollte: Ist der Asiat, oder der Euro-
päer ꝛc. ein Katholischer? Es ist also nur nöthig,
die Menschen nach den verschiedenen Religionen
herzuzählen, und zu fragen, welchen der Name der katholischen Christen zukömmt. Man
frage also: Ob die Heiden, Mahometaner,
und um der Antwort immer näher zu kommen,
ob die Protestanten katholische Christen können genannt werden; wenn man also fragt,
so wird der Katechumenus gar leicht errathen,
welchen Menschen dieser Name zukömmt.

Allein dieß ist noch nicht genug. Man kann
noch einen anderweitigen Nuzen aus dieser
Lehrart ziehen. Hat der Katechumen einen
irrigen Begriff, so kann man ihn auf diese
Weise berichtigen; hat er aber blos einen un-
deutlichen, so kann er deutlich gemacht werden.
Dieß kann geschehen, wenn man ihn um die
Ursache seiner Antwort fragt; verneint ers,
daß der Jude ein katholischer Christ sey, so
fra-

frage man, warum er keiner seyn könne; weiß er die wahre Ursache anzugeben, so kann man zufrieden seyn; denn es ist gewiß, daß er auch wisse, was zu einem katholischen Christen erfordert wird.

Weis der Katechumenus aber nicht, warum der Jude kein katholischer Christ seyn könne, so verlange man von ihm eine Beschreibung des Judens, oder man gebe selber eine an, mit Beyfügung der verschiedenen Merkmaalen eines Judens, und dann frage man wiederum, welche Merkmaale des Judens es verhindern, daß er kein Christ könne genennet werden. Das letzte Mittel, wenn man von dem Kate=chumen wegen Blödigkeit seines Verstandes nicht ein mehreres hoffen kann, ist dieß, daß man die Fragen so anstelle, daß er weiter nichts nöthig hat, als mit Ja oder Nein zu antworten; z. E. kann der Jude vielleicht des=wegen nicht ein Christ genennet werden, weil er nicht getaufet ist, oder weil er die Lehre Christi nicht bekennet? Hievon siehe unten den 36. §. allwo von dieser Sache ein mehreres wird gehandelt werden.

Wir wollen noch einige Exempel anführen, damit die Sache noch klärer werde. Das er=ste mag die Frage seyn: Wer hat Himmel und Erde erschaffen? Wenn die Katechu=

menen nur einige Erkenntniß von dem haben,
was schaffen heißt, so werden sie schon voraussetzen, daß von einem vernünftigen Wesen
die Rede seyn müsse; darum wäre es überflüßig zu fragen, ob dieses oder jenes unver-
nünftige oder leblose Wesen Himmel und Erde erschaffen habe, sondern man kann gleich
von dem vernünftigen Wesen anfangen, nämlich von Gott, den Engeln und Menschen.
Nach der schon gegebenen Anweisung fange man
gleich von den Menschen und Engeln an zu fragen: Wer hat Himmel und Erde erschaffen?
Vielleicht ein Engel, oder ein Mensch, ein
Kaiser, ein König re. Darnach frage man weiter, warum nicht könne gesagt werden, daß
ein Engel oder ein Mensch Himmel und Erde
erschaffen habe? bis die Katechumenen einen
deutlichen Begriff erlanget haben. Eben so
kann der Katechet mit der Frage: Wer hat
uns erlöset? verfahren. Diese Frage kann
so gestellet werden: Hat uns nicht ein Engel,
oder ein heiliger Mensch, oder der himmlische
Vater, oder der heilige Geist erlöset? Und
allenfalls kann bey jeder Antwort auf diese
Fragen der Katechumen angehalten werden,
den Grund seiner Antwort anzugeben. Bey
dieser Frage: Wer hat die Sakramente
eingesetzet, frage man den Katechumen, ob
die Aposteln, die Kirche, oder einer aus den
Päbsten sie eingesetzet habe re.re. Und warum
nicht

nicht könne gesaget werden, daß sie die Sakramente eingesetzet haben.

Mit dem Prädikat wird auf die nämliche
Weise verfahren; die erste Frage ist allemal
diese: Was jemand entweder sey, gethan, oder
gelitten habe. Wenn es seyn kann, so führe
man ein verschiedenes Thun, und Leiden an,
vornehmlich solche Sachen, von welchen der
Katechumen vermuthen dürfte, daß sie dem
Subjekte zukommen. Man frage den Katechumen, ob dieß die Handlung oder das Leiden
sey, welches dem Subjekte zugeeignet wird, bis
er auf die wahre und eigentliche Handlung oder
das Leiden herabkömmt. Eben so verhält es
sich mit den Fragen, welche aus Veranlassung
der Bey-und Nebenwörter gemacht werden.
Beydes mögen die Exempel klar machen. Christus, Gottes Sohn, hat uns erlöset.
Bey diesem Satze frage man in Absicht auf
das Prädikat: Was hat Christus gethan? Hat
er uns vielleicht erschaffen, oder geheiliget?
Was hat er denn gethan? ꝛc. In Absicht auf
die andern im Satze enthaltenen Sachen frage
man: Wessen Sohn ist er - - - eines Menschen - - - wessen denn? Vielleicht des heiligen Josephs - - - oder ist er der Sohn Gottes? Wen hat er erlöset? Die Engel? Die
Teufel? Die Menschen? Vielleicht nur die Ge-

rechten

rechten und Auserwählten, oder auch die Ver-
worfenen? re.

Ich sage, wenn es nöthig ist. Die Einsichten des Katecheten müssen die Sache entscheiden. Es wäre eine überflüßige Sache,
wenn man mit den ohnehin schon bekannten
Dingen eine solche Zergliederung vornehmen,
und solche Fragen anstellen wollte, die alle
Leute zu beantworten im Stande sind.

Daß aber diese Weise geschickt sey, der Unwissenheit und dem Irrthum abzuhelfen, ist
wohl keinem Zweifel unterworfen. Der Katechumen, damit er es einsehen möge, welchem
Subjekte vor andern das Prädikat zukömmt,
muß seinen Verstand anstrengen; und auf diese Weise leben nach den Imaginations Gesetzen alle Begriffe wieder auf, die er sich ehedem schon von der Sache gemacht hatte, von
der die Rede ist, wenn die Fragen solche Gegenstände berühren, welche mit der Sache, um
die es eigentlich zu thun ist, einige Verwand-
schaft und Aehnlichkeit haben. Es wird
auch der Katechet den Irrthum des Katechumens nicht leichter, als durch diese Zergliederung entdecken; denn so gleich als er die
Frage vorbringet, mit welcher die Begriff desselben ein Verhältniß hat, wird dieser alsbald,
damit er das Ansehen habe, daß er auch etwas

ver-

verstehe, die Antwort heraussagen, weil er sich
einbildet, daß er die Sache getroffen habe, und
daß der Katechet der nämlichen Meynung sey,
als welcher die Antwort gleichsam an die Hand
gegeben hat.

Aus diesem Grunde wird es, meines Erachtens, auch nützlich seyn, wenn die Subjekte,
welchen das Thun, oder das Leiden nicht zukömmt, eher hergezählet werden, als diejenigen, denen es zukömmt, damit der Irrthum,
wenn einer vorhanden ist, eher bey Seite ge-
räumet, als die Wahrheit gelehret werde. Wenn
dieß nicht geschähe, so dörfte es sich eräugen,
daß die Katechumenen die Sache entweder nicht
wohl fassen, die ihnen gesagt wird, und zwar
aus dem Grunde, weil sie mit ihren Vorurtheilen, die sie noch nicht abgeleget haben, nicht
genugsam übereinstimmet ; oder daß sie die
Wahrheit nicht fest genug behalten, und daß
der Irrthum sie wieder verdrängen werde.
Die Menschen lassen schwerlich diejenigen Irrthümer fahren, welchen sie lange nachgehangen
haben; und wenn sie die Wahrheit nicht klar
und deutlich einsehen, so ist immer zu befürchten, daß bey der Zurückkunft eines alten irrigen
Begriffes, alle vorher mit demselben in Verbindung gestandene irrige Vorstellungen wieder
aufleben möchten: denn es pflegt ein Begriff
nicht ohne dem andern, mit welchem er lange
in Verbindung gestanden ist, zurück zu kommen.

Der

Der dritte Abschnitt,

von

den Begriffen, wie sie den Katechumenen sollen beygebracht werden.

§. 23. Wie nöthig es sey, den Katechumenen deutliche Begriffe von allen den Dingen beyzubringen, welche im Katechismus vorkommen. §. 24. Wie die Begriffe, welche sonst im Umgange nicht vorkommen, beygebracht werden sollen. §. 25. Wie die Begriffe von den Geheimnissen. §. 26, 27, 28. Wie die Begriffe von Affekten. §. 29. Was von Begriffen zu merken, die ihr Entstehen den Sinnen zu danken haben. §. 30, 31, 32. Was von den sinnlichen Begriffen zu merken, die nachgehends durch Vernunftschlüsse vollkommen gemacht werden. §. 33. Was in Ansehung der allgemeinen oder abgezogenen Begriffe zu beobachten.

S. 23.

Nun ist noch eine Art von Fragen übrig, welche so wenig der Katechist Mühe hat, dieselbe anzustellen, desto schwerer den Katechumenen sind, wenn sie darauf antworten sollen. Was nämlich die Sache

che sey, welcher ein Thun oder Leiden zukömmt; oder was das Thun und Leiden selber sey, von dem die Rede ist. Gleichwie meistentheils sehr viel daran gelegen
ist, dieses zu wissen, also muß es sich auch
der Katechet angelegen seyn lassen, daß
er den Katechumenen so deutliche Begriffe, als nur möglich ist, von allen den
katechetischen Sachen beybringe, die man
glauben und thun soll.*

* Die Veränderung der Fragen und die Zergliederung der Sätze, von welchen in dem vorigen Abschnitt ist gehandelt worden, schaffen
zwar sehr viel Nutzen; indessen ist er dennoch
nicht so beschaffen, daß, wenn man die Sache
auch fleißig getrieben hat, man seiner Pflicht
in Absicht auf den Verstand ein Genüge gelei-
stet zu haben sich schmeicheln darf. Die Katechumenen können durch eine lange Uebung dahin gebracht werden, daß sie alle Fragen richtig beantworten, ohne die Sache selbst zu verstehen; darum muß der Katechet solche Fragen
anbringen, durch die er dahinter kömmt, ob
sie alle Theile des zergliederten Satzes verstehen,
und was sie für Begriffe davon haben. Bey
diesem Geschäfte will es mit den Katechumenen am wenigsten fort, sie haben hier besonders der Hülfe und des Fleißes eines andern
nöthig. Man frage z. E. wer uns erschaffen,

e 4   wer

wer uns erlöset habe, so werden fast alle
die gehörige Antwort geben; aber frage sie nur:
was die Schöpfung, was die Erlösung
sey, da werden sie fast alle verstummen, weil
sie sich entweder nicht um den Sinn der Worte besorgen, oder weil sie mit einer dunkeln,
verworrenen, und viel zu unbestimmten Erkänntniß zufrieden sind; haben sie nun keinen
erfahrnen Lehrer, so ist wenig von ihnen zu
hoffen.

Daß es aber nothwendig sey, den Katechumenen Begriffe von den im Katechismus vorkommenden Sachen beyzubringen, daran wird
wohl niemand zweifeln. Wie kann man der
Wahrheit Beyfall geben, die man nicht erkennt,
und wie kann man seiner Schuldigkeit in der
That ein Genüge leisten, wenn man nicht
weis, was man zu thun schuldig ist? Was
hilfts, den ganzen Tag die Buße, die Demuth rc. anpreisen, wenn der Zuhörer nicht
weis, worinnen die Buße, die Demuth rc. besteht; oder wenn man den Kindern noch so bald
beybringt, daß Gott das Gute belohne, und
das Böse strafe, wenn sie nicht wissen, was
unter dem Guten oder unter dem Bösen verstanden wird. Kurz! Die Katechumenen müssen das verstehen, was sie lernen; was ist
aber dieß anders, als sie müssen wissen, was
für Begriffe sie mit den Worten verknüpfen
sollen.

Daß aber auch hierinn das gehörige Maaß leicht könne überschritten werden, ist eben so gewiß, wenn entweder von Sachen Erklärung gefordert wird, von denen keine zu geben ist, oder von denen die Katechumenen ohnehin so viel wissen, als sie brauchen.

Indessen wenn doch ein Irrthum vorgehen sollte, ist es, meines Erachtens, allezeit besser, eher zu viel, als zu wenig zu thun; ein erfahrner Katechet, der selbst zu denken gelernet hat, der auch weis, wo und wie man denken kann, wird hierinn nicht zu viel thun können. Die Religion bleibt doch noch immer der einzige vernünftige Umgang, den der gemeine Mann hat, und dasjenige Erziehungsstück, welches fast allein, wenigstens nach unserm heutigen Plane, methodisch bearbeitet wird, und wo er zugleich zum Denken angeführet werden kann. Vermittelst derselben kann ihm sein ganzer Sprachvorrath aufgeklärt und über sein ganzes Gedankensystem Licht verbreitet werden. Der Misbrauch der Worte ist doch immer eine der Hauptquellen seines Irrthums. Nur müssen die Begriffe, die man ihm beybringt, eben nicht eine philosophische Miene haben.

Wenn sie oft gefragt werden, was ein Wort sagen wolle, was eine Sache sey rc. so bekommen sie auch nach und nach viel Leichtig-

keit,

keit, sich auszudrücken, welches gewiß ein
grosser Vortheil für sie ist. Man stelle sich
nur die Sache nicht zu schwer vor, ehe man
genugsame Proben davon gemacht hat. Ich
könnte hier gleich Leute anführen, die ihr Amt
wohl verstehen, und sich ein wahres Geschäfte
daraus machen, die das Gegentheil bezeugen,
und nach überwundenen ersten Schwierigkeiten
täglich mehr Nutzen und Frucht bey den Katechumenen verspüren.

§. 24.

Will der Katechet nun zum Werk selber schreiten, so richte er sein Hauptau-
genmerk auf die Ausdrücke, womit eine
Glaubenslehre oder Lebenspflicht vorgetragen wird, und sehe, ob sie in ihrer gewöhnlichen und eigentlichen Bedeutung,
die sie im gemeinen Umgang haben, genommen werden, oder nicht. Wenn keine Ausnahme vorhanden ist, so gilt allezeit das erste. Es kömmt also darauf an,
ob solche Ausdrücke auch seinen Katechumenen geläufig seyn oder nicht, und ob sie
solche auch verstehen, wenn sie zu Bezeich-
nung der Religionswahrheiten gebraucht
werden.*

*Der

* Der Katechet muß mit den Theologen annehmen, daß die im gemeinen Leben üblichen
Redensarten, wenn sie in der heiligen Schrift
oder in dem Katechismus vorkommen, keinen
andern Verstand leiden, als den sie im gemeinen Leben haben, wenn nicht etwa eine andere Schriftstelle, oder eine Auslegung der Kirche dagegen ist. Wenn dieses nicht eingeräu-
met würde, so könnte niemand die heilige
Schrift verstehen.

Doch hierinn besteht die größte Schwierigkeit nicht; sie liegt vielmehr darinn, daß die
Katechumenen Wörter, die sie sonst verstehen,
aufhören zu verstehen, wenn sie ausser der ihnen gewohnten Verbindung vorkommen, und
bey den nämlichen Worten, wo sie sonst etwas gedacht, nichts mehr denken. Nirgends
aber geschieht solches öfter, als bey Religionssachen, wo es doch nöthiger wäre zu denken,
als bey andern; da blos symbolische Ausbrü-
cke nicht auf das Herz wirken, folglich dasselbe durch blosse nicht verstandene Worte niemals in eine dem Geiste der Religion ange-
messene Fassung wird gebracht werden.

Das einzige Mittel, diesen Misbrauch zu
steuren, ist, daß man sie zurück führe auf solche Gegenstände, wo sie die nämliche Worte
brauchen, und auch den wahren Begriff damit
ver-

verbinden. Es werden einige unter den Katechumenen seyn, die nicht wissen, was ein Gabe sey; sagt man ihnen aber: der Glaube ist
eine Gabe Gottes, so werden sie nichts mehr
denken, weil die wenigsten den Gegenstand
selber, dem wir diese Eigenschaft beylegen, anschauend denken; und dieß ist doch gewiß einer der Begriffe, die auf das Herz wirken müssen. Man wird aber niemals den dazu erfor-
derlichen Grad der Deutlichkeit in ihnen hervorbringen, wenn man sie nicht einerseits den
Gegenstand selber genau kennen lehrt, und
zwar besonders auf jener Seite, die den Grund
der Eigenschaft, die man ihm beylegt, enthält,
anderseits aber wenn man sie nicht auf die ihnen gewohnte Fälle, und Gegenstände, wo
sie die nämliche Eigenschaft mit den nämlichen
Worten bezeichnen, zurück führt, und dabey
zeigt, warum man dem Gegenstand eine solche
Eigenschaft beylege, oder dergleichen Worte
brauche. Hat man mehrere Objekte und Fälle
vor sich, so wird man um so leichter auskommen, da man ihnen zeigt, worinn sie übereinkommen.

Will er sie hernach prüfen, ob sie die Worte verstehen, so frage er nur nach der Ursache,
z. B. warum der Glaube eine Gabe genennt
werde; hieraus wird sich natürlich jene Frage
ergeben, was eine Gabe sey, bey was für
Fäl-

Fällen und Gelegenheiten man dieses Wort
gebrauche, ob es vielleicht da geschehe, wo man
aus bloßer Willkühr und Güte dem andern
etwas giebt. Wenn man nur einen einzigen
besondern Fall vor sich hat, so läßt sich schon
viel damit ausrichten; denn dieß wird doch
allezeit erfordert, um die Sache anschauend
denken zu machen. Er muß freylich allezeit
das meiste dabey thun, sowohl solche Fälle
ihnen in das Gedächtniß zu bringen, als auch
die besondern, hauptsächlich die unterscheiden-
den Merkmale zu entwickeln.

Zuletzt wird er allezeit wohl thun, wenn er
den entgegenstehenden Begriff in eine Frage
einkleidet, um zu sehen, ob sie den rechten haben oder nicht. Z. E. bekommen wir den Glauben nicht wegen unserer Verdienste, haben wir
kein Recht dazu ꝛc. oder aber, welches gleich-
fals von grossen Nutzen seyn wird, wenn er
einen etwas ähnlichen und angränzenden Fall
anführet, und fragt, warum man hier nicht
das nämliche sagen könne, z. E. kann man
nicht auch dieses eine Gabe nennen, wenn einem das für seine Arbeit gezahlt wird, wor-
über man mit ihm einig worden ist ꝛc.? Wenn
einer ein Haus bauet, warum sagt man nicht,
er habe es erschaffen? Die Hauptsache bey den
Begriffen besteht doch allemal darinn, daß
man im Stande sey, eine Sache von jener,

so

so ihr am ähnlichsten ist, zu unterscheiden.
Wenn dieß einmal erreicht ist, wird man sie
gewiß auch um so mehr von jenen unterscheiden können, die weniger mit ihr gemein haben.

2) Manche Wörter behalten zwar ihre
sonst gewöhnliche Bedeutung, bekommen
aber nebst dieser noch eine neue, z. B. die
Wörter Gnade, Erlösung rc. *

* Hier ist ein doppelter Fleiß und Behutsamkeit nothwendig, weil sie die nur angeregte
Schwierigkeit mit allen übrigen, und nebst dieser noch ihre eigene haben. In diese wissen
sich die Katechumenen fast am wenigsten zu
schicken. Nur gar zu oft geschiehet es, daß sie
entweder gar nichts denken, oder sich eine dritte Sache vorstellen, die mit beyden gar nichts
gemein hat; oder es geschiehet fast immer, daß
was man auf einer Seite gewinnt, auf der
andern wieder verliert, daß wenn sie sich die
Sache zum Theil vorstellen, sie den andern
Theil ausser Acht lassen.

Man hat nämlich, wo es nöthig war, für
besondere Religionsgegenstände besondere Worte zu haben, doch diejenigen aus der gemeinen
Sprache gewählt, deren Bedeutung dieser am
nächsten kömmt, oder gar die Sache zum Theil
schon ausdrückt. Zum Beyspiel kann uns das
Wort

Wort Gnade dienen, wodurch etwas, so wir
aus bloſſer Güte des andern empfangen, woran wir kein Recht haben, bedeutet wird. Dieſe Bedeutung hat es auch im Theologiſchen Verſtande beybehalten, aber nicht allein; es hat
dabey noch dieſe neue bekommen, daß es jenes
beſondere Hülfsmittel bedeutet, wodurch wir in
den Stand geſetzet werden, gute Werke zu
verrichten, wodurch unſer Seelenzuſtand, beſonders der Verſtand und Wille, gebeſſert
werden.

Hier läßt ſich nichts anders thun, als daß
man ihnen jene Merkmaale, die ſie aus dem gemeinen Sprachgebrauche beybehalten, auf die
zuvor gemeldete Weiſe aufkläre; bey den andern aber ſich genau an den Sinn der heiligen
Schrift halte, oder der Kirche, wenn dieſe dergleichen Wörter zuerſt gebraucht hat, wovon
aber doch immer die Erklärung aus ſolchen
Wörtern beſtehen muß, die ſonſten aus dem
Sprachgebrauche bekannt ſind, mithin die Erklärung ſowohl, als die Prüfung nach der erſten Regel zu behandeln ſind.

3) Manche behalten zwar die ganze Bedeutung, werden aber in der beſondern
Verbindung, worinne ſie vorkommen, im
uneigentlichen Verſtande genommen, nämlich die tropiſchen Ausdrücke. *

* So

* So wie bey dem vorigen das Nichtdenken, so ist bey diesen das Irrigdenken zu besorgen. Bilder stellt man sich leicht und gerne vor; und Leute, die alles in der Verbindung lassen, wie ihnen die Begriffe zuerst entstanden sind, ohne darüber nachzudenken, werden fortfahren, sie im eigentlichen Sinne zu nehmen, weil ihnen solcher allezeit zuerst beyfällt. Die tropischen Ausdrücke sind also eine Hauptquelle der Irrthümer in Religionssachen. Die erste Veranlassung dazu war die Armuth der Sprachen, wodurch man ist benöthiget worden, von sinnlichen Dingen die Begriffe auf solche überzutragen, die nicht in die Sinne fallen. Die andere war das angenehme, so die Bilder an sich haben, wenn ein guter Gebrauch davon gemacht wird. Sie verbreiten Licht auf das Objekt, das durch sie ausgedrückt werden soll, und tragen ungemein viel dazu bey, daß man dasselbe anschauend denken könne. Sie machen noch, daß das Gedächtniß dasselbe um so besser behalte. Ihre Anwendung war nicht willkührlich, zwischen ihnen und dem Objekt mußte eine Aehnlichkeit seyn, welche den Grund dazu enthielte.

Es kömmt nur also darauf an, daß der Katechet diese Aehnlichkeit auf eine geschickte Art zu entwickeln weis. Er muß Merkmaale mit Merkmaalen vergleichen, Eigenschaften mit Eigen-

genschaften, und alsdenn zeigen, welche sie unter sich gemein haben, in welchen sie unterschieden sind. Man muß hierin um so besser
geübt seyn, da die tropischen Ausdrücke sehr
häufig vorkommen. Christus nennt sich z. E.
das Lamm, den Weg, die Thüre ꝛc. Der Glaube wird ein Licht genennt. In den Katechismen kommen noch Ausdrücke vor, an welchen
man billig zweifeln sollte, ob es nicht besser
wäre gewesen, sie wegzulassen, wenn auch
die Theologen sich solcher Ausdrücke bedienen.
Die Liebe, heißt es, ist eine von Gott ein-
gegossene Tugend ꝛc.

Will er die Katechumenen prüfen, ob sie
die Erklärung gefaßt haben, so frage er sie:
ist denn Christus wahrhaftig ein Lamm,
eine wahre Thüre ꝛc. ꝛc. Ist denn der Glaube ein Licht, dergleichen wir brauchen ꝛc. Wenn
sie es bis dahin geglaubt haben, werden sie die
Frage bald bejahen; er muß ihnen alsdenn den
offenbaren Widerspruch aus der Natur dieser
Dinge selber zeigen. Verneinen sie aber auch
die Frage, so folgt darum noch nicht, daß sie
auch die Sache verstehen. Er muß also ferner
fragen, warum den dieses nicht könne gesagt
werden, ob denn nicht also die Schrift die Un-
wahrheit rede, da sie sagt: Christus sey ein
Lamm, woher es denn komme, daß ihm dieser Name beygelegt worden? Hier muß er wie-

f   der

der helfen die Eigenſchaften entwickeln, bis er
auf jene kömmt, die den Grund der Aehnlichkeit enthalten.

Will der Katechumen ſich ſelber prüfen, ob
er ſolche Ausdrücke wahrhaftig verſtehe, ſo
muß er die nämliche Art beybehalten; Erſtlich
ſehen, ob nichts widerſprechendes heraus komme, wenn man den Ausdruck im eigentlichen
Verſtande nimmt; wenn dieſes iſt, ſo folgt
von ſich ſchon, daß der Ausdruck tropiſch ſey.
Hier aber wird er nicht fortkommen, wenn er
nicht Eigenſchaften mit Eigenſchaften vergleicht,
oder wenn er nicht die Natur der Dinge, zwiſchen welchen der Vergleich vorkömmt, kennet.

Damit es aber niemanden ungereimt vorkömmt, daß dergleichen Redensarten ſowohl
in der heiligen Schrift, als in den Katechiſmen vorkommen, wird der Katechet noch wohl
thun, wenn er ihnen zeigt, daß auch ſolche in
dem gemeinen Umgange häufig vorkommen,
und daß ſie allezeit einen Nutzen haben, wenn
ſie nur am rechten Orte ſtehen. Er kann anfangen, jene ihnen vorzulegen, die wir brauchen, um die Wirkungen des Verſtandes an-
zudeuten, z. B. eine Sache begreiffen, einſehen, obſchon der Verſtand weder Hände noch
Augen hat; wir ſehen aber auch hier, wie
leicht es dem Katecheten ſey, dieſe Ausdrücke,

die

die sonst kaum zu erklären sind, durch Entwickelung der Aehnlichkeit mit dem Greiffen
und sehen ihnen deutlich zu machen. Wie
oft sagt man nicht ferner von einem, der geschwind herbey geeilt, daß er herbeygeflogen,
von einem, der sehr zornig war, daß er vor
Zorn gebrannt hat, ohne daß es jemanden
ungereimt vorkomme?

4) Endlich kommen solche vor, die der
Religion ganz eigen, und wenigstens in
unserer Sprache ganz fremde sind, wenn
sie auch in irgend einer andern eine Bedeutung haben, z. B. das Wort Sakrament ꝛc. *

*Die Erklärungen solcher Worte können nir-
gendswo hergenommen werden, als von denen,
so sie gebraucht haben, nämlich aus der Schrift,
und zuletzt, wenn solche nicht deutlich genug ist,
von der Kirche; da aber die Erklärungen selbst
aus Worten, die sonst gebraucht werden, bestehen müssen, so findet hier wieder statt, was
zu Anfang dieses §. ist gesagt worden.

§. 25.

Wenn es auf die Sacherklärung ankömmt, so müssen wir erstlich bemerken,
daß in dem Katechismus solche Sachen

vor-

vorkommen, die vermöge ihrer Natur nicht
können erkläret werden, weil sie alle menschliche Vernunft übersteigen; aus dieser Zahl
sind die so genannten Geheimnisse z. B. das
Geheimniß der hochheiligsten Dreyfaltigkeit,
die Menschwerdung, die Gegenwart Christi
im Sakramente des Altars 2c. Der un-
ternähme eine vergebliche Arbeit, welcher
sie begreiflich machen wollte. Wenn sie
begreiflich gemacht werden könnten, so
wären sie schon keine Geheimnisse mehr.*
Die allgemeine Regel bey den Geheimnissen ist, daß der Katechet den Katechumenen
den Bewegungsgrund des Glaubens wohl
einpräge, nämlich, weil Gott, der nicht
trügen kann, das Geheimniß geoffenbaret
hat; dabey muß man es beruhen lassen,
wie es die Vernunft selber lehret.**

* Einige bemühen sich durch Gleichnisse,
die Geheimnisse einigermassen zu erklären, und
den Ungelehrten verständlicher zu machen; allein hier ist die größte Behutsamkeit nöthig.
Ueberhaupt sollte bey einem Geheimnisse niemals einiges Gleichniß angebracht werden, damit die Katechumenen nicht Anlaß bekommen,
sich irrige Begriffe zu machen; sie sind ohnedem schon sehr geneigt, die höchsten Geheimnisse unter sinnlichen Bildern sich vorzustellen,
und alles auf eine sinnliche Weise zu beurtheilen.

len. Ohngeachtet durch die Gleichnisse das Geheimniß von einer Seite ins Licht gesetzet werden könnte, so können doch von der andern Seite die Katechumenen gar leicht durch die Gleichnisse in Irrthümer gestürzet werden; weil die wenigsten es zu unterscheiden im Stande sind, wie weit das Gleichniß geht, wo es anfängt, und wo es aufhöret, worinne die verglichenen Sachen mit einander übereinkommen, und in was sie von einander abgehen. Anders verhält es sich mit den Gleichnissen, allwo die Aehnlichkeit schon in der Benennung selber ausgedrücket wird, wie bey den tropischen Redensarten, wo es ganz gut kann benutzet werden.

** Dieß muß einem jeden genug seyn, daß es Gott gesaget habe, mag auch nachgehends der menschliche Verstand das, was Gott gesagt hat, fassen können, oder nicht. Der Katechet kann in dieser Absicht zeigen, daß aus dem, weil ein Geheimniß unbegreiflich ist, kein Beweis wider die Wahrheit könne hergenommen werden, sonst müßten wir das Daseyn vieler Dinge läugnen, an deren Wirklichkeit doch niemand zweifelt; nur hat der menschliche Verstand zu enge Gränzen. Der Katechet kann dieß mit Exempeln, die den Katechumenen bekannt sind, beweisen: es mag jemand erklären, wie seine Gedanken entstehen; wie der Leib mit der Seele verbunden

f 3   sey;

sey; wie aus einer Eichel ein so grosser Baum,
aus einem Waitzenkorne so viele andere herkommen können ꝛc. Wenn wir nun diese uns
vor den Augen liegende Sachen nicht einmal
fassen können, warum wollen wir unsere Vernunft nicht gern den höchsten Geheimnissen
unterwerfen, die uns der wahrhafte und un-
trügliche Gott geoffenbaret hat? Es mag also
genug seyn, wenn die Katechumenen ausdrück-
lich wissen, was sie von den Geheimnissen glauben sollen, und wenn sie die Bewegungsgründe kennen, aus welchen sie die Geheimnisse für
wahr halten müssen; sie mögen nachgehends
die innerliche Möglichkeit und Natur dieser Sachen einsehen, oder nicht, darauf kömmt es
nicht an.

§. 26.

Es giebt bey den Religionssätzen auch
Dinge, die erklärt werden können, solche
aber müssen sich wie alle unsere Begriffe
zuletzt in Empfindungen auflösen lassen.
Die Quelle davon sind also der innere und
äussere Sinn.*

Wenn nämlich von den Wirkungen, Bewegungen, Leidenschaften und Affekten der Seele die Rede ist, so können die Begriffe davon
unmöglich durch eine Erklärung beygebracht
wer-

werden. Das einzige Mittel, den Katechumenen wissend zu machen, was dieselbe sind, besteht darinne, daß sie angewiesen werden, zurücke zu denken, und mit Hülse der Einbildungskraft sich zu erinnern, was sie ehedem
empfungen haben, als sie die nämlichen oder
ähnlichen Wirkungen oder Affekten in eben
den oder andern Umständen hervorbrach-
ten oder fühlten.

Man erkläre es noch so lange, was die Liebe,
was der Schmerz sey; wenn der andere niemals etwas dergleichen empfunden hat, so wird
er nicht mehr davon verstehen, als der Blinde
nach den längsten Beschreibungen von der Far-
be. Die Erklärungen können Gelegenheit geben, daß der schon ehedem gehabte Begriff
sich wieder herstelle; wenn aber niemals einer
vorhanden gewesen ist, so wird man mit aller
Mühe keinen hervorbringen. Das einzige Mittel in Absicht auf die Affekten ist also dieses,
daß der Katechumen lerne zurücke denken,
und sich erinnern, was er zu gewissen Zeiten
an sich empfand, als er Liebe fühlte, oder Leid
trug. Wenn der Katechumen z. E. wissen
soll, was er zu thun hat, da er einer Wahrheit seinen Beyfall geben soll; so muß er seinen Verstand zu Rathe ziehen, und sich erinnern, was in ihm vorgieng, da er andern
Wahrheiten seinen Beyfall gab; dieß hat er

f 4

aber

aber täglich vielmal gethan; ist es aber um
das Wollen und nicht Wollen einer Sache zu
thun, so muß er seinen Willen zu Rathe ziehen; wenn aber mit dem Wollen und nicht
Wollen etwas angenehmes oder Unangenehmes
verbunden ist, wie bey den Affekten, z. E. der
Liebe, oder der Reue, so muß er das Herz zu
Rathe ziehen, und sich erinnern, was in demselben vorgieng, da es in dem nämlichen Affekte war. Ein anderer wird ihm dieß nicht
erklären können; kann man es doch andern
nicht erklären, was in uns vorgeht, wenn
man sich selber in diesen Umständen befindet.
Am besten wird der Katechet thun, wenn er
seinen Schülern einzelne Fälle zu Gemüthe führet, in welchen er schon einstens gewesen zu
seyn, und die nämlichen Affekte gefühlet zu
haben vermuthen kann; hernach sage man ihnen, sie sollen sich vorstellen, als wenn die
nämlichen Umstände wirklich vorhanden wären, von welchen sie eheben in den Affekt sind
gesetzet worden, und das, was sie in diesen
Umständen empfinden, und auch jehedem empfunden haben, sey der Affekt.

§. 27.

Was die Affekten insbesondere angeht,
ist noch wohl zu beobachten, daß der Katechet die Katechumenen die Weise wohl
lehre,

lehre, die Affekten zu erwecken; nur
schmeichele er sich nicht, daß er seinem Am=
te ein Genüge gethan habe, wenn er den
Katechumenen gewisse Formeln, welche die
Affekten ausdrücken, in das Gedächtniß gebracht hat.*

* Unter einem Affekte versteht man jene an=
genehme oder unangenehme Gemüthsbewegung,
Gefühl, oder empfindung, die bey der Vor=
stellung eines Gutes oder eines Uebels in uns
entsteht. Sie muß zwar schon auf eine ge=
wisse Größe gebracht seyn, wenn sie eigentlich
diesen Namen verdienen soll; doch hier neh=
men wir die Sache nicht so streng, und dieser
Name wird doch immer der schicklichste seyn
zu unserm Vorhaben. Diese Materie ist un=
sern Katecheten heut zu Tage, wo so viel von
Erweckung des Glaubens, der Hoffnung und
Liebe gesprochen wird, sehr wichtig; denn Hoff=
nung und Liebe sind unstreitig Affekten, oder
können leicht in Affekten übergehen. Die so=
genannte Erweckung des Glaubens aber muß
auf eine ähnliche Art betrieben werden. Die
ersten Christen beteten ohne Gebethbücher, sie
liebten Gott ohne nach einer gewissen Formel
sich zu richten, und hofften eben so. Nachdem
die Päbste Alexander VII. Innozentius
XI. und Alexander VIII. verschiedene Sätze,
welche die Erweckung des Glaubens, der Hoff=

f 5   nung

nung und der Liebe angehen, verdammt haben,
sind die Gottesgelehrten erst aufmerksamer geworden, und so fort auch die Katecheten. Vieles mögen auch die von dem Pabste Benedikt
dem vierzehenden gegebene Abläße für jene, die
täglich Glaube, Hoffnung und Liebe erwecken,
dazu beygetragen haben. Und nun sind auch
die Formeln dazu häufiger zum Vorschein
gekommen, und man hat sie auch in die Ra-
techismen eingerückt, wobey sich die Katecheten ungemein angelegen seyn lassen, sie frühzeitig den Katechumenen in das Gedächtniß zu
bringen. Allein dieß ist gewiß noch nicht genug.

Die Affekten haben, vermöge ihrer Natur,
gar keine Verbindung mit den Worten. Ich
kann tausendmal die Wörte, welche einen Affekt ausdrücken, sprechen, ohne daß ich
mich in diesem Affekte befinde, ohne daß ich
das im Herzen fühle, was ich mit dem Munde vorbringe. Ein Exempel wird die Sache
klärer machen. Ich kann jemanden auf das
zärtlichste lieben, ohne daß ich dieser Liebe mit
einem Worte Meldung thue, so wie die Aeltern ihre Kinder lieben, sie drücken ihre Liebe
nicht sowohl mit Worten als mit Werken
aus; also kann ich auch im Gegentheil Ver-
sicherungen der Liebe mit Worten geben, so
oft mir dieß gefällt, ohne daß ich wirklich die
Lie-

Liebe im Herzen habe, so betrügen die Leute
einander täglich. Wenn die Leute nicht das
wirklich im Herze fühlen, als worinne die
Liebe eigentlich besteht, so mögen sie sagen,
was sie wollen, alles ist nichts.

Ja es ist noch zu merken, wenn auch jemand die Formel des Affekts mit Aufmerksamkeit auf den Verstand aller Worte hersagte,
so kann man dennoch nicht behaupten, daß er
deswegen in diesem Affekte sey; denn der Affekt steht nicht unter der Botmäßigkeit des
Willens, noch ist er durch das Hersagen einer
Formel gleich erzeuget, es wäre denn, daß
jemand schon zuvor von der Gewißheit des Be-
wegungsgrundes, welcher in der Formel ausgedrücket ist, überzeuget, oder sonst sehr wohl
unterrichtet wäre, oder einen gewissen Grad
der Aufmerksamkeit darauf verwendete.

§. 28.

Damit der Katechet sehr genau und bestimmt die Weise lehre, die Affekten zu
erwecken, soll er folgende Stücke beobachten. Wenn wir auf uns selber aufmerksam sind, werden wir gewahr werden, daß
vor dem Affekte allemal eine Vorstellung
hergehe; und hat man diese Vorstellung,
so geräth man, ohne zu wissen wie, in den
Af-

Affekt. Nach Verſchiedenheit der Vorſtellung, iſt auch der Affekt verſchieden; je
klärer anſchauender und rührender die Vorſtellung einer Sache iſt, deſto heftiger und
ſtärker iſt auch der Affekt, der darauf erfolget. Dieß alles ſetzen wir als bekannte
Sachen voraus. Hier wollen wir blos
unterſuchen, welchen Nutzen ſie in der Katecheſis haben. 1) Da alles bey den Affekten auf die Vorſtellung ankömmt, ſo
ſoll der Katechet ſich vornämlich angelegen
ſeyn laſſen, daß er die Katechumenen ge-
wöhne, die Bewegungsgründe aufmerkſam
zu betrachten.* 2) Daß er ihnen ſo deutlich als möglich erkläre, welche Bewegungsgründe für jeden Affekt gehören.**
3) Daß er ihnen die Weiſe zeige, auf
welche die Affekten immer höher getrieben
werden können.***

* Siehe da, was hier die größte Beſchwer-
niß ausmachet! Wie viel giebt es wohl Leute
unter dem gemeinen Pöbel, welche ihr Gemüth
lange mit einer Sache beſchäftigen können, und
die gewohnt ſind, einen Gegenſtand aufmerkſam zu betrachten, beſonders einen ſolchen, der
nicht unter die Sinne fällt, den blos der Glaube bekannt macht? Und von dieſer Art ſind
die Bewegungsgründe der Affekten, wovon hier
die Rede iſt. Ohne Zweifel iſt es, daß alles,

was

was diese Leute ohne die Vorstellung, und ohne reifliche Betrachtung der Beweggründe immer reden, nichts heiße, und nichts zu bedeuten habe; daher muß ihnen zuvor die Nothwendigkeit dieser Erwägung der Beweggründe wohl empfohlen werden. Weit anders verhält es sich, wenn die Affekten aus zeitlichen Bewegursachen herkommen, denn da entstehen ihre Vorstellungen meistentheils ohne unser Zuthun, sie werden uns durch die Sinne, durch andere Leute, durch eine ungezwungene Wirkung der Einbildungskraft herbeygeschaffet; wenn aber von übernatürlichen Affekten die Rede ist, so muß der Verstand allein die Bewegungsgründe aufsuchen, und reiflich erwägen. Es hilft aber gar sehr, wenn der Katechet diese Bewegungsgründe zuvor, so viel als sich thun läßt, deutlich seinen Katechumenen ausleget; denn auf diese Weise werden sich die Katechumenen allemal, wenn es nöthig seyn wird, leichter derselben erinnern, und sich selbige deutlich vorstellen.

Der Katechet soll aus eben dem Grunde sich befleissen, daß er durch den Vortrag und die Erklärung der Bewegungsgründe die Katechumenen in den Affekt versetze; thut er dieses, so wird ihnen das innerliche Gefühl helfen, daß sie verstehen, was er saget; dieses innerliche Gefühl ist in dieser Sache der beste und der ein-

einzige Lehrmeister. Wenn die Katechumenen
diese Bewegungsgründe nur klar einsehen, so
kann ihr Gemüth nicht anders als beweget werden, besonders wenn der Katechet sie so vorträgt, daß sie ihn selbst davon inniglich gerühret sehen. Nachgehends muß er hinzusetzen,
daß die Katechumenen, wenn sie diese Affekte
erwecken wollen, sich das zu Gemüthe führen,
und reiflich erwägen müssen, was er ihnen
vorgetragen, und erkläret hat; und daß die
Affekten in ihnen, obschon sie nichts reden,
dennoch von sich selber entstehen werden. Wenn
sie z. E. ernstlich bedenken, wie groß der Schaden ist, den sie sich durch die Sünde zugezogen haben, wenn sie die ewige Strafe der
Verdammten, und anderer Seits die Güte
Gottes, und die unzählbaren göttlichen Wohlthaten in Erwägung ziehen, so wird gewiß in
ihren Herzen Reue und Traurigkeit wegen der
begangenen Sünden entstehen. Aus diesem
wird ihnen klar gezeiget werden können, daß
die Affekten, z. E. der Reue, nicht in Worten
bestehe; und dieses kann ihnen nicht genug gesagt werden.

** Die gewöhnlichsten Formeln, welche den
Katechumenen beygebracht werden, und in den
Katechismen vorkommen, sind die Erweckung
des Glaubens, der Hoffnung, der Liebe, der
Reue. Weil das menschliche Gedächtniß schwach
ist,

ist, und zu befürchten steht, daß die Leute
sich auf die Bewegungsgründe, wenn sie die
Affekten erwecken wollen, oder sollen, nicht
möchten erinnern können, so thun die Formeln gute Dienste; denn wenn sie einmal gut
in das Gedächtniß eingedrücket sind, so hat
man die Bewegungsgründe zu diesen Affekten
immer beyräthig, man darf sie nur zu Herze
nehmen.

Die Katechumenen werden die Bewegungsgründe besser fassen, wenn der Katechet mit
Anführung der Affekten, welche aus zeitlichen
Bewegungsgründen entstehen, die Sache zu erklären bemühet ist. Der Unterschied zwischen
den natürlichen und übernatürlichen Affekten
ist dieser, daß jene aus blos natürlichen Bewegungsgründen, welche die Vernunft und
Sinne an die Hand geben, entstehen; diese
aber rühren von solchen Bewegungsgründen
her, welche der Glaube allein uns darbietet.
Indessen haben sie gewissermassen einerley Bewegungsgründe; die unangenehmen Affekten,
z. E. der Schmerz oder die Furcht, entstehen
aus der Vorstellung des entweder gegenwärtigen oder bevorstehenden Uebels, mit dem Unterschiede, daß der Glaube den Bewegungsgrund eines übernatürlichen Schmerzes, die
Vernunft aber den Bewegungsgrund eines natürlichen Grams an die Hand giebt; übrigens
ist

ist es immer einerley Bewegungsgrund, nämlich entweder das bevorstehende, oder gegenwärtige Uebel.

*** Da die Sitten der Christen größtentheils von den Affekten abhängen, so versteht es sich, daß es nöthig ist, dieselben immer höher zu treiben. Wenn die Menschen Gott mehr lieben, als alle geschaffene Dinge, wenn sie die den Sünden gedroheten Strafen mehr fürchten als alle zeitliche Uebel, so werden sie gewiß in keine Sünde willigen. Obschon es nach der Meynung der Theologen genug ist, wenn man Gott höher schätzet, als je eine zeitliche Sache, so, daß der Mensch bereit sey, lieber alles Zeitliche einzubüssen, als Gott zu beleidigen; und obschon auch die aus natürlichen Bewegungsgründen entstandene Affekten gemeiniglich heftiger zu seyn pflegen, als die, so aus übernatürlichen Bewegungsgründen entstehen; so soll man sich dennoch bestreben, damit diese in dem Menschen immer größer und größer werden. Hieran kann niemand zweifeln, als nur der, welcher nicht weiß, wie sehr der Mensch von seinen Affekten beherrschet wird.

Nachdem aber die Affekten um so viel heftiger sind, je deutlicher und lebhafter die Vorstellung der Bewegungsgründe ist, aus welchen

chen sie entstehen, so folget daraus, daß man
in Absicht auf die Affekten alle Mittel anwenden müsse, welche die Vorstellungen am klä-
resten und deutlichsten machen. Die ordentlichen
Mittel, welche unsere Vorstellungen am kläre-
sten und deutlichsten machen, sind die auf-
merksame und wiederholte Betrachtung einer
Sache. Mann ist auf eine Sache aufmerksam,
wenn man sich eine Sache besser bekannt machet, als eine andere, wenn man sich bey derselben länger aufhält, derselben vornehmste
Eigenschaften, Merkmaale, Beziehungen erwäget, hierdurch werden unsere Begriffe ohne Widerrede, wie es die Erfahrung ausweiset, am besten aufgekläret. Und die nämliche Erfahrung lehret uns, daß die Deutlichkeit unserer Begriffe um desto mehr zunehme, je
öfter wir eine Sache auf diese Weise betrachten.

Wenn die Christen dahin gebracht werden
könnten, daß sie ernstlicher, und öfter an die
grossen Wahrheiten der christlichen Religion ge-
dächten, oder doch wenigstens eben so, wie sie
an ihre häusliche Angelegenheiten zu denken pflegen, wie groß würde doch die Veränderung der
Sitten, und die Zahl der wahren Christen seyn?
Und was ist billiger, als daß die Menschen,
so bald als sie den Gebrauch ihres Verstandes
erlanget haben, erstlich an das vornehmste und
wichtigste Geschäfte gedenken, von welchem ihre ganze Glückseligkeit, und das ewige Heil ab-

abhängt? Es ist äusserst viel daran gelegen,
daß die Menschen von Kindheit an zu dieser
Uebung angewiesen werden, und daß ihnen so
oft, als von Affekten die Rede ist, die nämliche Lehre eingepräget werde.

Damit die Katechumenen zu dieser Uebung
aufgeleget werden, soll der Katechet darauf
bringen, daß sie alle ihre Gebete niemal ohne
vorhergehender Betrachtung ihrer Dürftigkeit,
ihres Unvermögens, in sich selbst oder in an-
deren Menschen, Hülfe zu finden; ihrer Un-
würdigkeit wegen so vieler Sünden, Untreue,
Undankbarkeit und Ungehorsam gegen Gott,
und Thorheit gegen sich selbst, niemal ohne
Erinnerung so unendlich vieler von Gott schon
empfangener Wohlthaten, und Erweckung der
Hoffnung und eines kindlichen Vertrauens auf
die allzeit liebreiche Fürsorge Gottes; mit völ-
liger Ergebenheit in die allzeit väterliche Anordnung des unendlich gütigen Gottes; mit ernstlichen Fürsatze, durch Gehorsam, durch Tugend
und Rechtschaffaffenheit sich der göttlichen Gnade fähig zu machen; mit Aufmerksamkeit und
Andacht verrichten, und also immer an dasjenige denken, was sie mit dem Munde sagen.
Das deutsche Wort andächtig drückt die Sache vollkommen gut aus; es wird von dem
Worte denken, an etwas denken hergeleitet.
Es kann also keine Andacht ohne Aufmerksamkeit

keit seyn; die Aufmerksamkeit ist die Quelle,
und der Ursprung aller Andacht, aller Affekten, und aller heilsamen Rührungen. Und so
werden die Katechumenen allmählig die Fertigkeit erlangen, auf die Gegenstände aufmerksam zu seyn, und über dieselben Betrachtungen anzustellen.

§. 29.

Sehr viele unsrer Begriffe entstehen aus
der äussern Empfindung, oder der Aufmerksamkeit auf das, was man sieht oder
hört, oder durch irgend einen andern Sinn
empfindet. Wenn die Begriffe, welche
die Religion angehen, von den äussern
Sinnen herrühren, so setzt es hiebey keine
Schwierigkeit; wenn der Katechet sich nur
verständlich ausdrückt, und nicht etwa einen Gegenstand mit dem andern verwech-
selt, so ist keine Gefahr zu irren zu besorgen.*

* In die Reihe dieser Begriffe kommt beynahe alles, was in der heil. Schrift, Geschichte oder Begebenheit, wie auch, was den äusserlichen Gottesdienst, und die Zucht angeht ꝛc.
Entweder haben die Katechumenen die Handlungen und Sachen gesehen, von welchen geredet wird, und so haben sie sich davon einen

g 2 Be-

Begriff gemacht, oder ſie können ihnen ſo be=
ſchrieben werden, daß ſie mit Beyhülfe der
Einbildungskraft, weil ſie ähnliche Dinge ge=
ſehen haben, ſich die Sache, oder die Hand=
lung leicht als gegenwärtig vorſtellen können,
ohne noch an andere Mittel zu gedenken, welche
die Begriffe ſolcher Dinge ausbilden helfen,
z. E. Abbildungen ꝛc.

§. 30.

Es giebt Begriffe, welche zwar einiger=
maſſen ihren Urſprung von den Sinnen
nehmen, im Grunde aber ſind ſie Wirkun=
gen der Vernunftſchlüſſe.   Der Begriff
von Gott behauptet unter denſelben den er=
ſten Rang; denn wenn der Menſch die
unvergleichliche ſchöne Ordnung der erſchaf=
fenen Dinge, ihre unendliche Verſchieden=
heit, ihren Zuſammenhang, und ihre Ue=
bereinſtimmung zu einem und dem nämli=
chen Endzwecke betrachtet, ſo ſchließt er
hieraus, daß ein Gott ſey, und daß Gott
ein unendlich vollkommenes Weſen ſeyn
müſſe.   Der Katechet ſoll ſich den größten
Fleiß geben, dieſen Begriff ſeinen Kate=
chumenen beyzubringen, und in das größ=
te Licht zu ſetzen, weil kein Begriff ſo noth=
wendig iſt, * und weil es eine ſchwere Sa=
che iſt, ſich von Gott einen würdigen Be=
griff zu machen.**

* Man muß sich billig wundern, daß unsere Katechumenen entweder gar nicht hieran denken, oder diese Sache nur so obenhin berühren; ja es giebt Katecheten, welche dieselbe
als bekannt annehmen, und sich einbilden, daß
die Aeltern, und die Schulmeister den Kindern
den gehörigen Begriff von Gott schon werden
beygebracht haben, sie erheben sich also ihrer
Meynung nach zu höheren Dingen. Sind diese Leute nicht einem Baumeister ähnlich, welcher es den Lehrjungen überließe den Grund
zu legen, er aber wollte alsdenn schon das
Uebrige vom Gebäude besorgen? Wie aber,
wenn der Grund untüchtig ist, muß nicht das
ganze Haus einstürzen? Was ist dem Menschen nothwendiger zu wissen, als woher, und
warum er da sey? Wer der sey, welcher ihn
aus dem Grunde des Nichts heraus gezogen
hat, damit er denselben anbethen, lieben und
fürchten könne, und damit er seiner Bestim-
mung gemäß sein Leben einrichte?

Der Mensch ist ohne Zweifel erschaffen worden, daß er mit Gott vereiniget seyn soll. Gott
allein kann, und will den Menschen vollkommen glücklich machen. Wenn der Mensch dieses höchste und wesentliche Gut nicht kennet,
was folget hieraus anders, als daß er sich ein
System von eingebildeter Glückseligkeit macht,
und nach dieser mit allen seinen Gedanken und

Be-

Bemühungen strebet, ohne daß er jemals wirklich glücklich wird. Es ist kein Zweifel, daß die Unwissenheit und Gottesvergessenheit die Ursache der meisten Ausschweifungen unter den Christen seyn. Wenn den Christen ein so deutlicher Begriff von Gott, als möglich ist, beygebracht, und tief in ihre Gemüther eingedrücket würde, so würde sich gewiß ein Himmelweiter Unterschied zwischen ihren und den Sitten der Heiden äuffern.

** Es wäre lächerlich, wenn jemand behaupten wollte, daß man nur mit den jüngsten Katechumenen von Gott reden sollte, und daß es genug sey, wenn sie die Frage: Wie viel sind Götter? zu beantworten wüßten. Der Begriff von Gott wird nicht ein Werk einiger Augenblicke, Tage, oder Jahre, sondern des ganzen Lebens. Dieß ist unser erstes und unser letztes Geschäfte, daß wir Gott lernen kennen; und wenn wir auch hierinnen alles werden gethan haben, so werden wir dennoch am Ende mit dem heiligen Augustin aus ganzem Herze seufzen müssen: O daß ich dich, daß ich mich kennen möge! Wir wollen nicht von weiten die Ursachen davon auffuchen. Wer da weiß, wie schwer es Menschen fällt, die immer in ihre Begriffe etwas Sinnliches einzumischen pflegen, an ein Wesen zu denken, welches gar nichts sinnliches an sich hat, der

der wird auch leicht einsehen, warum sie in dem
Begriffe von Gott so oft irren. Hiezu kömmt
noch die Unendlichteit Gottes und seine andern
unumschränkten Eigenschaften; welchen Begriff
von dem Unendlichen wird sich wohl der menschliche eingeschränkte Verstand machen können?
Nun bedenke man auch das Alter, in welchem
die Menschen in die Katechesis kommen. Wenn
es die geübtesten Köpfe, die nachzudenken gewohnt sind, Mühe kostet, sich einen würdigen Begriff von Gott zu machen, was darf
man von Kindern erwarten?

§. 31.

Unter die verschiedenen Weisen, zur Erkenntniß Gottes zu gelangen, ist keine kräftiger, und dem menschlichen Verstande an-
gemessener, als die Betrachtung dieser
Welt, und der um uns her sich befinden-
den Sachen;* diese Weise soll der Katechet um sovielmehr den Katechumenen anpreisen, weil die Gewohnheit die herrlich-
sten und bewundernswürdigsten Sachen
den Menschen gleichgültig und gering
macht. Der Katechet kann in diesem Stücke sich keinen besseren Führer wählen, als
den Erzbischof Fenelon, welcher sich in einem deswegen verfertigten Büchlein bemü-

g 4   het,

het, das Daseyn Gottes aus den Wer=
ken der Natur zu erweisen. **

* Die Betrachtung der Werke Gottes ist
diejenige Weise zur Erkenntniß desselben zu
gelangen, welche noch am meisten dazu bey=
trägt, daß wir uns Gott anschauend denken
können. Selbst Cicero, mitten in der Fin=
sterniß der Abgötterey, schreibt: a) „Wenn
„ das Gemüth den Himmel, die Erde, das
„ Meer, und die ganze Natur betrachtet, so
„ erreicht dasselbe beynahe denjenigen, wel=
„ cher alles beherrschet, und regieret." Es ist
auch keine Weise und kein Beweiß vorhanden,
welcher uns einen erhabenern und würdigern
Begriff von Gott beybrächte. Der Katechet
hat nur Kunst und Fleiß nöthig, die überall
vorhandenen Spuren der höchsten Weisheit,
und die erhabensten Absichten anzuzeigen, und
sichtbar zu machen. Die Menschen sind so be=
schaffen, daß sie die erstaunlichsten Sachen,
wenn diese ihnen beständig vor Augen liegen,
fast gar nicht achten. Der heil. Augustin
spricht hievon gar schön, daß die größten Wun=
der der Natur durch die Gewohnheit sie zu se=
hen geringschätzig geworden seyn. Dieß hat
auch Cicero schon vor ihm angemerket: b)
„ Wegen ihrem täglichen Daseyn, und weil
„ die

a) De leg. c. 23.
b) Lib. 2. De nat. deor,

„ die Augen sie immer vor sich sehen, gewöh-
„ nen sich auch die Gemüther daran, sie be-
„ wundern dieselben nicht, noch forschen sie
„ nach den Ursachen dieser Dinge, die sie im-
„ mer vor sich haben, gleichsam als wenn uns
„ die Seltenheit mehr, als die Wichtigkeit der
„ Dinge ermunterte, nach ihren Ursachen zu
„ forschen. " Die meisten Menschen beschäftigen sich zu sehr mit sich selbsten, und mit
ihren eingebildeten und natürlichen Bedürfnissen,
als daß sie die neben sich liegenden Sachen genau betrachten sollten. Die Merkmaale des
unendlich weisen Schöpfers aller Dinge sind
an allen seinen Werken so sichtbar wahrzunehmen, daß sie, so bald sie nur von einem erfahrnen Manne gezeiget werden, den Verstand,
und das Gemüth mit der größten Verwun-
derung erfüllen; sie drücken sich auch um be-
sto tiefer in das Gemüth ein, je mehr man sie
vorher vernachläßiget, und je weniger man an
dieselben gedacht hat; da im Gegentheile die
metaphysische Betrachtungen sich entweder nicht
genugsam fassen lassen, oder sonst unfruchtbar bleiben, und in den Willen keinen Eindruck
machen.

** Es haben sich viele um die Erkenntniß
Gottes, in so ferne sie aus den Geschöpfen geschöpfet wird, verdient gemacht; das Ver-
zeichniß derselben hat Albert Fabricius sei-

g 5   ner

ner deutschen Uebersetzung der Astro=Theologie
von Willhelm Derham vordrucken lassen;
es scheint aber, als wenn Fenelon, Erzbi=
schof von Kammerich, was die Deutlichkeit und
die Schönheit der Schreibart anlanget, nieman=
den weichen dürfte. Dieses sein Werk, wel=
ches er französisch unter dem Titel: Demon-
stration de l'existence de Dieu tirèe de la
connoisance de la nature, geschrieben hat, ist
oft aufgelegt worden; 1713 ist es zu London
englisch erschienen; 1715 zu Amsterdam hollän=
disch; 1714, 1728 zu Hamburg deutsch. Der
jzt angeführte Fabricius hat eine lateinische
Uebersetzung versprochen, ob sie aber heraus=
gekommen sey, kann ich nicht wissen; ich
wünschte sehr, daß es die Katecheten fleißig lä=
sen; denn es enthält Betrachtungen, welche
über die gewöhnlichsten, und selbst den Kin=
dern bekannte Sachen angestellet worden; und
es entdecket die darinne liegenden Absichten
der göttlichen Weißheit so glücklich, daß sie
von allen eingesehen werden können. Die Be=
trachtungen selber sind so neu und für Men=
schen, welche diese Welt niemals anders als
mit körperlichen Augen angesehen haben, so
unerwartet, daß sie meynen, eine neue Welt,
und eine neue Erde zu erblicken. Wenn der
Katechet diese Betrachtungen sich bekannt und
geläufig machet, so wird es ihm niemals an
Mitteln gebrechen, seine Katechumenen auf ei=

ne

ne nützliche und zugleich angenehme Art auf
Gott zu verweisen, er wird sie nicht ermüden,
noch bemüßiget seyn, die Sache, wer weiß,
wie weit herzuholen. Ein freundschaftliches
Gespräch, ein Spaziergang, und alles, was
um ihn her ist, wird ihm Gelegenheit an die
Hand geben, dieses zu bewerkstelligen.

Ich stelle hier aus dem angerühmten Buche
den 11. §. zur Probe dar, er lautet deutsch also:
„ Wer ists, der unsere Erdkugel so fest und
„ unbeweglich aufgehenket hat? Wer hat denn
„ den Grund dazu geleget? Nichts scheinet ge-
„ ringer zu seyn, als die Erde, die elendesten
„ Menschen treten sie mit Füssen. Indessen
„ läßt man es sich die größten Schätze kosten
„ sie zu besitzen. Wenn sie härter wäre, so
„ könnte kein Mensch sie bearbeiten und an-
„ bauen. Wenn sie aber nicht so hart wäre,
„ so könnte sie den Menschen nicht tragen, er wür-
„ de immer zu gleiten, oder zu versinken Gefahr
„ laufen, wie im Sande oder im Schlamme zu
„ geschehen pflegt. Aus dem unerschöpflichen
„ Schooße der Erde kommen alle Kostbarkeiten
„ hervor. Dieser schlechte, grobe und ungestallte
„ Klumpe nimmt alle mögliche Gestalten an;
„ und liefert uns nach Verschiedenheit der Zei-
„ ten die Güter, welche wir von ihm verlan-
„ gen. Dieser Erdklumpe verwandelt sich in
„ tausend schöne Sachen, woran sich die Au-

g 5   „ gen

„ gen ergötzen. In einem einzigen Jahre
„ wird sie zu Aesten, Knospen, Blättern, Blu-
„ men, Früchten und Samen, um ihre Frey-
„ gebigkeit auch künftighin gegen die Menschen
„ zu erneuern. Nichts kann sie erschöpfen. Je
„ mehr man in ihrem Eingeweide wühlet, je
„ freygebiger ist sie. Nach so vielen Jahr-
„ hunderten, binnen welchen alles aus ihr her-
„ gekommen, ist sie noch nicht erschöpfet wor-
„ den. Man spüret an ihr kein Veralten, ihr
„ Inneres ist noch wie ehedem voller Schä-
„ ze. Tausend Geschlechte sind in ihren Schooß
„ zurücke gegangen. Alles wird alt, nur sie
„ nicht; sie verjüngt sich alle Jahre im Früh-
„ linge. Sie höret nicht auf, den Menschen
„ zu dienen; aber die unverständigen Men-
„ schen wollen nicht allemal ihre Dienste nü-
„ zen, indem sie selbige zu bauen unterlassen.
„ Ihre Faulheit und Unachtsamkeit ist schuld,
„ daß Disteln und Dörner dort wachsen, wo
„ man eine reiche Weinlese oder Getreide-
„ ärnte halten könnte. Sie kriegen um ein
„ Gut, das sie hernach verwildern lassen. Die
„ Eroberer lassen das Land wüste liegen, wel-
„ ches sie viel tausend Menschen und so ent-
„ sezliche Sorgen und Kummer gekostet hat.
„ Es giebt noch öde und wüste Länder genug,
„ wo Menschen ruhig wohnen, und vergnügt
„ leben könnten, und Eroberer brechen sich ein-
„ ander selbst die Hälse, um einen Winkel die-

„ ser

„ser ohnedem noch sehr wüsten Erde zu be-
„haupten. Würde die Erde besser angebauet,
„so würde sie hundertmal so viel Menschen
„ernähren, als sie izt erhält. Selbst die Un-
„gleichheit einer Landesgegend, welche beym
„ersten Anblicke ein Fehler zu seyn scheint,
„gereicht der Erde zur Zierde, und uns zum
„Nuzen. Die Berge haben sich so hoch
„erhoben, und die Thäler so tief gesenket,
„als es ihnen der Herr angewiesen hat. Die-
„se Verschiedenheit der Ländereyen hat wegen
„ihrer verschiedenen Lage gegen die Sonne ih-
„ren besonderen Nuzen. In den tiefen Thä-
„lern wächst Gras für das Vieh. An die
„Thäler schliessen sich die weiten und breiten
„Felder an, welche mit reichen Saaten be-
„kleidet sind. Hier steigen Hügel in die Höhe,
„welche mit Weingärten und Fruchtbäumen
„prangen, sie fallen wie ein Amphitheater in
„die Augen. Dort erheben hohe Berge ihre
„mit Eis beschwerten Gipfel bis in die Wol-
„ken, und die davon herabrinnenden Bäche
„sind die Quellen der Flüsse. Die Felsen,
„derer schroffe Spizen in den Gebürgen allent-
„halben hervorragen, halten die Erde beysam-
„men, wie die Knochen am menschlichen Lei-
„be das Fleisch aneinander halten. Diese Ver-
„schiedenheit giebt den Ländern ein schönes An-
„sehen, und leistet so mancher menschlichen
„Bedürfniß ein Genüge. Es ist kein Boden
„so

„ so unfruchtbar, der nicht eine gute Eigen=
„ schaft an sich hätte. Nicht allein der schwarze
„ und fruchtbare, sondern auch der sandigte
„ und thonigte Boden bezahlet dem Menschen
„ seine Mühe und Arbeit. Die ausgetrockne=
„ ten Moräste werden ein fruchtbares Feld,
„ und der Sand bedecket gemeiniglich nur die
„ Oberfläche der Erde; wenn der Ackersmann
„ sich die Mühe giebt, tiefer zu graben, so
„ findet er neuen Boden, der um so viel frucht=
„ barer wird, je mehr man ihn durcharbei=
„ tet, und alle seine Flächen den Sonnen=
„ strahlen blosstellet. Es giebt kaum ein Erd=
„ reich, welches ganz und gar unfruchtbar wä=
„ re, wenn der Mensch nur nicht zu träge ist,
„ selbiges umzugraben, daß es von der Son=
„ ne kann beschienen werden, und wenn er von
„ demselben nur nichts anders fordert, als
„ was es zu bringen im Stande ist. Wo dieß
„ entfernte Auge nichts als Steine und Felsen
„ erblickt, trift man vortrefliche Viehweiden
„ an; und die Sonne schwängeret die verbor=
„ genen Wasseradern mit geistigeren Bestand=
„ theilen, welche hernach die Kräuter veredlen,
„ und dadurch den Heerden die schmackhafte=
„ ste Nahrung zubereiten. Selbst die unfrucht=
„ baresten und ödesten Seeufer bieten oft die
„ nieblichsten Früchte, oder die heilsamsten
„ Arzneymittel dar, an welchen es in den
„ fruchtbarsten Ländern gebricht.

„ Ue=

„ Uebrigens ist es ein besonderes Werk der
„ göttlichen Vorsehung, daß kein Land alles
„ trägt, was zum menschlichen Leben nöthig
„ ist; denn der Mangel gewisser Dinge treibt
„ die Menschen zum Handel an, daß sie ein-
„ ander das wechselweise verschaffen, was ih-
„ nen abgeht; und dieser Mangel ist das na-
„ türliche Band der Geschellschaft unter den
„ Völkern; wenn dieß nicht wäre, so hätten
„ alle Völker einerley Kost und Kleidung, nichts
„ würde sie reizen können, einander zu besu-
„ chen und kennen zu lernen 2c. 2c.

§. 32.

Weil aber der Katechet aus seinen Katechumenen nicht allein vernünftige Menschen zu bilden hat, sondern auch Christen, so muß er auf diese vernünftige Kenntniß von Gott noch diejenigen bauen, die
ein wahrer Christ haben soll, * dabey aber
auch äusserst bemüht seyn, um allen unäch-
ten Begriffen vorzubeugen. **

* Hauptsächlich kömmt es darauf an, daß
er sie genau mit jenen besondern Verhältnissen,
worein sie als Christen mit Gott treten, bekannt macht; welche als das wichtigste Stück
der Religion vor allen zu wissen nöthig sind,
um ihren Herzen die gehörige Richtung, die

ein

ein Christenherz haben sollte, zu geben. Die
meisten Christen sind wie unmündige Kinder,
auf welche Zepter und Kronen warten, ohne
daß sie es missen. Sie entbehren des edelsten
Vergnügens, welches das Gefühl ihrer wahren
Würde und Hoheit in ihnen hervorbringen
müßte; indem sie nicht wissen, oder wenigstens nicht fühlen, daß sie Kinder und Erben
des Allerhöchsten, daß sie Glieder Jesu Christi, und daß sie Wohnungen des heiligen Gei-
stes sind, welches sie doch um so eher wissen
sollten, wie viel mehrern Einfluß dieses Be-
wußtseyn auf die Sitten haben sollte.

Eben daher ist auch nothwendig, daß sich
der Katechet am meisten mit jenen Eigenschaften Gottes beschäftige, derer lebendige Erkenntniß vermögend ist, sie von dem Bösen
abzuhalten, und sie hingegen zu dem Guten zu
ermuntern, als z. B. die Allgegenwart Gottes,
dessen Gerechtigkeit, unveränderliche Liebe,
väterliche Fürsorge, Gedult, Barmherzigkeit,
Güte 2c.

** Hier geschieht es vielleicht am meisten,
daß sie sich irren, wo es am wenigsten geschehen sollte. Nebst den schon berührten Ursachen,
tragen auch manchesmal jene Schriftstellen etwas dazu bey, wo Gott dem Herrn entweder
menschliche Glieder, oder Leidenschaften beygelegt

legt werden, zu benen manchesmal unbeschei-
dene Prediger und Katecheten noch neue hinzu-
sezen, oder sie dort brauchen, wo Sie sie gar nicht
brauchen sollten. Wozu noch die sinnlichen
Abbildungen der göttlichen Personen kommen,
die man den Kindern gleich Anfangs in die
Hände giebt: fürwahr Gründe genug zu einer
Menge Irrthümer!

Der Katechet kann also die Frage nicht oft
genug wiederholen: ist denn Gott dem Menschen ähnlich? Hat er eine menschliche Figur?
Kann Gott etwas bereuen? Kann er wahrhaftig zürnen? ꝛ ꝛ ꝛ und warum nicht? Sie geben auf das erste, ihren Katechismen gemäß,
die Antwort, weil er ein purer Geist ist. Nun
was ist denn ein Geist? Will man sie etwas
bey diesem Worte denkend machen, so bleibt
nichts anders übrig, als daß man sie auf sich
selber aufmerksam mache, als auf ihr Denken und
Wollen, und hernach ihnen zeige, daß Gott
ein solches Wesen sey, welches einen Verstand
und Willen, aber einen unendlich vollkommenen Verstand habe, der alles Mögliche, alles
Vergangene, Gegenwärtige, und Zukünftige
zugleich übersieht, und einen unendlich vollkommenen Willen, der nur das Gute liebt und
schätzet; der blos durch seinen Endschluß Wel-
ten schaffen, und zernichten kann, der alles
aus Nichts hervor gerufen, und erhält. Gleich-

H   wie

wie wir aber unser Denken und Wollen nicht unserer Hande oder einem andern Gliede zuschreiben; sondern wie wir fühlen, daß etwas von allen diesen verschiedenes in uns ist, das denkt und will, so viel weniger kann Gott etwas dergleichen seyn, das wir hören oder sehen.

Bey den andern kann er ihnen leicht zeigen, daß Gott keiner Leidenschaften, z. E. der Reue oder des Zorns, fähig sey. Er kann ihnen aus ihrem eigenen Gefühle darthun, daß es Schwachheiten und Unvollkommenheiten seyn, oder solche wenigstens voraussetzen. Wir bereuen eine Sache, wenn wir entweder die Folgen nicht vorher gesehen haben, oder wenn wir sie zwar vorher gesehen haben, uns aber durch die Macht des Gegenwärtigen haben hinreissen lassen, wenn wir uns nämlich einem weit grössern Uebel ausgesetzet haben, um den Genuß eines geringen Gutes zu erhalten. Auch Kinder fühlen, daß dieses Schwäche sey, absonderlich wenn es ihnen durch einzelne Fälle sinnlich gemacht wird. Mit dem Zorne verhält es sich eben so. Wir zürnen, weil man uns schaden kann, weil wir zu schwach sind, solches zu verhindern; den Kindern wird sich leicht zeigen lassen, daß der Mensch zu viel gering sey, als daß er Gott einen wahren Schaden zufügen könne. Warum zürnen wir nicht über einen Wurm, wenn er sich noch so sehr ge-

gegen uns auflehnt? und soll sich Gott über
den Menschen erzürnen? Dabey zeige er ihnen,
wie jene Stellen zu nehmen sind; daß sich Gott
dabey auf die Denkungsart der Menschen herab
gelassen, daß die Menschen sich so betragen,
daß, wenn Gott eines Zorns fähig wäre, er
sich über sie erzürnen müßte 2c. 2c.

§. 33.

Da nichts, was nicht wirklich vorhanden ist, der Gegenstand des äusserlichen
so wohl als des innerlichen Sinnes seyn
kann; da aber auch alles, was sein Daseyn hat, auf alle Weise bestimmt ist: so
folget daraus, daß man nur die Begriffe
einzelner Dinge durch dir Sinne erlangen
könne. Es kommen aber in unsern Katechismen auch allgemeine Begriffe vor, welche verschiedenen einzelnen Dingen gemein
sind; und diese fordern von dem Katecheten einen besondern Fleiß.*

* Zuerst gehören hieher die Erklärungen (Definitionen), durch welche begreiflich gemacht
wird, was die Sache ist. Es ist hier nicht der
Ort zu untersuchen, ob sie alle nothwendig
sind, und ob derer nicht viele füglich könnten
aus den Katechismen ausgelassen werden. Genug, sie sind einmal da, und sie haben ihren

wah-

wahren Nutzen, wenn ſie nur wohl verſtanden
werden. Gleichwie es in dem täglichen Umgange nöthig geweſen iſt, Dinge von einer Art
mit einem allgemeinen Namen zu belegen, weil
es nicht möglich iſt, von allen einzelnen Dingen
einzelne Namen in dem Gedächtniſſe zu behalten, alſo war es aus dem nämlichen Grunde
nöthig, in der Religion auf ähnliche Weiſe
zu verfahren; nachdem man aber allgemeine
Namen angenommen hat, ſo iſt auch nöthig
geweſen, mit denſelben allgemeine Begriffe zu
verknüpfen, damit ſie nicht ein bloſſer und un-
verſtändlicher Laut wären.

§. 34.

Damit aber der Katechet mit Nutzen
arbeite, ſoll er vor allen andern Dingen
auf den Fortgang des menſchlichen Erkennt-
niſſes aufmerkſam ſeyn. Wenn wir dieſen
Fortgang aufmerkſam betrachten, werden
wir wahrnehmen, daß ſich meiſtentheils
zweyerley eräuget, wenn einem Ungelehrten allgemeine Begriffe ſollen beygebracht
werden. Entweder wird er ſich blos eine
einzelne Sache vorſtellen, was ihm auch
immer vorgeſaget wird, * oder er wird ſich
blos ein allgemeines Prädikat merken, durch
welches die Sache, von welcher die Rede

iſt,

ist, noch nicht genau genug von Sachen unterschieden wird. **

* Die ersten Begriffe der Dinge werden durch die Sinne erlanget; da aber diese Begriffe sich auf lauter einzelne Dinge beziehen, so pflegen auch die ersten Begriffe des Menschen lauter einzelne Sachen vorzustellen, nämlich die verschiedenen Weisen der Dinge, wie sie in die Sinne fallen; von diesen einzelnen Begriffen gelanget man mit vieler Mühe zu den allgemeinen und abgesonderten Begriffen. Erkläre man einem Ungelehrten, so lange man will, die Definition des Menschen, so wird er, da er an den Menschen überhaupt denken soll, sich immer entweder den Titius oder den Kajus ꝛc. vorstellen, nämlich einen solchen, welchen er ehedem gesehen hat. Eben so geschiehts, wenn von geistlichen Sachen die Rede ist. Z. E. Man frage einen Ungelehrten: Was ist die Tugend? so wird er antworten: Die Tugend ist die Demuth, oder die Keuschheit ꝛc. Man frage: Was ist ein Sakrament? so wird er antworten: Ein Sakrament ist die Taufe, oder die Firmung ꝛc. Wenn sie aber auch die Worte der Definition, wie sie im Katechismus vorkommen, aus dem Gedächtnisse hersagen, so stellen sie sich dabey nichts anders vor, als eine Ceremonie, die sie haben verrichten sehen, als dieses oder jenes Sakrament verwaltet

H 3

tet wurde. Hierüber darf man sich aber nicht
verwundern; denn als einstens Sokrates den
Theätetus fragte: a) Was die Wissenschaft
sey? antwortete dieser, die Wissenschaft sey
dasjenige, was sein Lehrmeister Theodorus
lehret, nämlich die Geometrie, die Musik, die
Logik ꝛc. So ähnlich sind die Leute einander
zu allen Zeiten, und in allen Orten; die Ursache hievon ist oben berühret worden. Die
Ungelehrten erheben ihren Verstand selten über
sinnliche und einzelne Dinge. Wie sie die Sachen ehedem empfunden haben, so stellen sie
sich dieselben wieder vor, auch wenn nicht von
einzelnen, sondern allgemeinen Sachen gehandelt wird.

** Im andern Falle behalten sich die Ungelehrten ein und andere Merkmaale, aber nicht
alle, noch auch so viele, als nöthig, um die
Sache von allen übrigen zu unterscheiden, das
heißt, sie haben einen unvollständigen Begriff,
welcher vielen und merklich verschiedenen Sachen zukommen kann. Nichts ist gewöhnlicher
als dieser Fall, besonders bey denen, welche
schon einige Zeit hindurch die Schule und die
Katechesis besuchet haben. Denn da sie eine
Sache vielmals gehöret haben, so haben sie sich
wenigstens etwas davon behalten, obschon sie
nicht deutlich einsehen, was eigentlich die Sache

a) Beym Plato im Theätetus.

che sey. Z. E. Fast alle wissen es, daß ein Sakrament eine heilige Sache sey; aber welches eigentlich die Merkmaale eines Sakraments sind, durch die sich das Sakrament von andern heiligen Sachen unterscheidet, das wissen wenige; indessen sind die meisten mit jener allgemeinen Erkänntniß zufrieden, und halten sich schon für gelehrt genug. Wenn man auch nachforschet, was ein jeder für einen Begriff sich von der Tugend überhaupt, und ein jeder insbesondere gemacht habe; so wird man ebenfalls finden, daß sie nur undeutliche Begriffe davon haben; nämlich, die Tugend sey etwas löbliches, und den Christen nothwendiges: und hierauf schränket sich gemeiniglich ihre ganze Erkänntniß ein. Ein Beyspiel hierüber liefert Platons zweytes Gespräch, Theages genannt.

§. 35.

Der Katechet muß wohl verstehen, wie man zu den allgemeinen Begriffen gelanget, damit er den obigen Mängeln abzuhelfen im Stande sey. Man kann aber nur auf zweyerley Weise zu allgemeinen Begriffen gelangen, nämlich wenn man von einzelnen Dingen bis auf den allgemeinen Begriff hinauf steiget, oder wenn man von Allgemeinen aufs Besondere herabsteiget, jenes heisset Analysis, und dieses

ses

ſes Syntheſis, auf beydes muß ſich der Katechet wohl verſtehen. Dieſe zwo Weiſen
dienen eigentlich dazu, den zween Mängeln der Erkänntniß abzuhelfen, von welchen in dem vorigen J. iſt geredet worden.
Trift der Katechet einen an, welcher mit
dem erſten Mangel behaftet iſt, ſo ſoll er
denſelben von den vielen einzelnen Dingen
einer Art, welche er ihm vorgeſtellet hat,
zu dem allgemeinen Begriff hinauf führen.
* Im andern Falle aber ſoll er ihm vermöge
der Syntheſis einen richtigen Begriff beyzubringen ſuchen. **

* Der geneigte Leſer wundere ſich nicht,
daß er hier, wo vom Unterrichte der Kinder
die Rede iſt, Worte höret, die nur unter den
Gelehrten üblich ſind; einmal für allemal giebt
es doch kein ander Mittel, ſich allgemeine Begriffe zu verſchaffen. Dieß iſt der einzige Unterſchied zwiſchen Kindern und Gelehrten, daß
der Gelehrte durch eigenes Nachſinnen auf die
allgemeinen und richtigen Begriffe kömmt,
Kinder aber von ihrem Lehrmeiſter dahin geführet werden müſſen. Wir wollen aber einmal von der erſten Weiſe, der Analyſis, reden: Ich betrachte mehrere einzelne Gegenſtände; ich finde daß ſie eine oder mehrere Eigenſchaften mit einander gemein haben; eine
ſolche Eigenſchaft denke ich mir durch die Ab-

ſtrak-

straktion als einen allgemeinen Begriff; hiemit
habe ich also durch die Analysis einen allgemeinen Begriff erhalten. Z. E. der, welcher sich
zuerst einen Begriff von den Sakramenten machen wollte, müßte nachsehen, welche Dinge
Sakramente genennt werden, und untersuchen,
welche Eigenschaften allezeit allen und jeden
Sakramenten zukommen, und aus denselben
sich einen allgemeinen Begriff machen. Dieses
nun muß der Katechet auch mit dem Katechumenen thun. Man muß sich hiebey nicht eine
grössere Schwierigkeit einbilden, als wirklich
vorhanden ist; denn wenn der Katechet alle
einzelne Gegenstände genau beschreibt, den
Katechumenen vor Augen leget, und derselben
Merkmaale angiebet, so thut er gewiß nichts,
was über derselben Fähigkeit geht, sondern
hilft nur ihrer gewöhnlichen Denkungsart nach.
Wenn dieß geschehen ist, so ist es auch eine
leichte Sache, bis zu einem allgemeinen Begriffe
hinaufzusteigen, weil sie die Eigenschaften, die
allen einzelnen Dingen gemein sind, und aus
denen der allgemeine Begriff entstanden ist,
wirklich an allen einzelnen Dingen wahrgenommen haben, und also der allgemeine Begriff
denselben gleichsam fühlbar gemachet worden ist.

** Zu einem Begriffe durch die Synthesis
gelanget man, wenn man so lange die Eigenschaften einer Sache untersuchet, bis man eine

H 5 oder

oder mehrere entdecket, welche an andern Sachen nicht gefunden werden. Man fängt aber diese Untersuchung hiemit an, daß man erstlich diejenigen Eigenschaften seines Gegenstandes in Betrachtung zieht, durch welche sich der Gegenstand zwar von vielen Sachen unterscheidet, die er aber dennoch immer mit vielen andern gemein hat; und so geht man in der Untersuchung immer weiter, bis man auf solche Eigenschaften herab kömmt, durch die sich der Gegenstand von allen übrigen Sachen unterscheidet, weil ihm allein, und keinem andern diese Eigenschaften zukommen. Wer diese Weise, sich Begriffe zu machen, reiflich erwäget, wird finden, daß sie von einem grossen Nutzen sey. Sie ist aber auch geschickt, den Katechumen zu ermuntern; denn da anfänglich nur von Eigenschaften die Frage ist, welche der Gegenstand mit vielen andern gemein hat, so kann der Katechumen leicht eine oder die andern Eigenschaften treffen, und dieß macht ihm Muth, daß er es wagt, die nicht eben so sehr in die Augen fallende Eigenschaften aufzusuchen, durch die sich der Gegenstand von allen übrigen Sachen unterscheidet. Diese Weise treibt Sokrates stark, wie man aus des Plato Werken ersehen kann. Vor allen andern aber kann das Gespräch, Theages genannt, zum Beweise und zum Muster dienen.

§. 36.

§. 36.

Damit aber das, was bishieher ist ge-
saget worden, besser möge verstanden wer-
den, so wird es nicht undienlich seyn, die
Analyse sowohl als die Synthese durch
Exempel zu erklären. Der erste Fall mag
dieser seyn: Wenn jemand auf die Frage:
Was ist ein Sakrament? antwortete: Die
Taufe oder Firmung 2c. Was muß der
Katechet alsdenn thun?

1) Er soll dem Katechumen zeigen,
daß er unrecht geantwortet habe; damit
aber der Katechumen diese Weisung desto
lieber annehme, so mag der Katechet die
gegebene Antwort erstlich loben, und sagen, daß es zwar wahr sey, daß die Taufe ein Sakrament sey 2c. indessen wäre
dieß nicht die Sache, um welche gefragt
wird, sondern, da die Taufe ein Sakrament ist, so müßte man zuvor wissen, was
ein Sakrament sey, ehe als man der Taufe wegen zu fragen anfange.*

* Der Katechet kann durch Exempel dem
Katechumen seinen Irrthum zeigen, so daß
er ihn selber einsehe. Z. E. Es fragte jemand,
der noch niemals eine Blume gesehen hätte,
was die Blume sey, und der andere ant-
wor-

wortete: Die Blume ist eine Rose oder Tulpe ꝛc.
würde jener nun mehr wissen als zuvor? Hieher schickt sich, was Sokrates dem Theätet sagte, als dieser eine ähnliche Antwort gab.
„ Schön, mein lieber Theätet! Du giebst mir
„ noch mehr zur Antwort, als ich dich gefra-
„ get habe, und zwar anstatt eines, Ver-
„ schiedenes = = = Allein, mein lieber Theätet,
„ meine Frage lief nicht dahinaus, daß ich zu
„ wissen verlangte, was der Gegenstand der
„ Wissenschaften sey, noch auch wie viel man
„ Wissenschaften zähle. Ich verlangte nicht,
„ daß du dieselben herzählen solltest, sondern,
„ daß ich wissen möchte, was doch die Wis-
„ senschaft sey.“ Sokrates überzeugt nachher den Theätetus durch ein Beyspiel seines
Irrthums, indem er also redet: „ Bedenke,
„ wenn jemand von schlechten und gemeinen
„ Sachen fragte, z. E. Was ist der Leim?
„ Würden wir ihm wohl antworten, es giebt
„ Töpferleim, Formleim, Ziegelstreicherleim,
„ würde eine solche Antwort uns nicht lächer-
„ lich machen?“ ꝛc.

2) Damit aber der Katechumen den
wahren Begriff erlange, so soll der Katechet nach der Ursache der gegebenen Antwort fragen.*

* In

* In unserm Exempel frage er, warum die Taufe ein Sakrament sey; der Katechumen weiß dieses nicht zu sagen, wenn er nicht einen deutlichen Begriff von der Taufe hat; um hinter dieß noch besser zu kommen, so lasse er sich das hersagen, was in der Taufe vorkömmt; aber hier will es bey den meisten nicht fort. Dieß ist kein Wunder, weil die Begriffe der Katechumenen gemeiniglich undeutlich sind, weil sie gemeiniglich nichts von allem behalten, als nur das, was sie durch die Sinne empfunden haben, z. E. von der Taufe eine und die andere Ceremonie, die vermöge ihrer Neuigkeit am meisten in die Augen fällt. Der Katechet muß dem Katechumen hiemit helfen, daß er mit demselben alle Merkmaale der Taufe durchgehet, welches am füglichsten durch die darüber angestellte Fragen geschehen kann; die Fragen aber, damit sie den Katechumen nicht zu sehr ermüden, können so angestellet werden. Wir wollen alles betrachten, was in der Taufe vorkömmt, damit wir erkennen mögen, warum die Taufe ein Sakrament sey: Weißt du denn, woher die Taufe ist, ob sie von Gott eingesetzet sey? Oder von der Kirche? ꝛc. Siehe hier das erste Merkmaal! Was merkest du sonst bey der Taufe an? Warum wird der Mensch getauft ⸗ ⸗ ⸗ Was hat er von der Taufe für einen Nutzen ⸗ ⸗ ⸗ wird er dadurch von der Sünde befreyet ⸗ ⸗ oder erhält er dadurch

Gna⸗

Gnade? Siehe hier das zweyte Merkmaal! Nun
weiter! Haſt du ſchon jemals taufen geſehen?
⸗⸗⸗ Was haſt du hiebey wahrgenommen ⸗⸗⸗
nicht wahr verſchiedene Gebräuche ꝛc. Siehe da
das dritte Merkmaal!

3) Wenn auf dieſe Weiſe die Merk⸗
maale ſind angeführet worden, ſo muß der
Katechet ferner fragen, welche unter den⸗
ſelben der Grund ſind, daß die Taufe ein
Sakrament genennet wird; da nun dieſe
Merkmaale, welche Urſache ſind, daß die
Taufe ein Sakrament genennet wird, allen
Sakramenten gemein ſey müſſen, und da
aus diſem allein die Merkmaale, welche
der Taufe die Benennung eines Sakra⸗
ments mittheilen, können erkannt werden,
weil ſie an allen Sakramenten, und zwar
allezeit und beſtändig können gefunden wer⸗
den, ſo folget, daß es nöthig ſey, alle
Sakramente kürzlich durchzugehen, und zu
zeigen, worinnen ſie mit der Taufe über⸗
einkommen.*

* Die Fragen können auf die nämliche Wei⸗
ſe angeſtellet werden, wie bey der Taufe ge⸗
ſchehen iſt, nämlich in Abſicht auf ihren Ur⸗
heber, auf ihre Wirkung und die äuſſerliche
Handlung; und ſo kann auch leicht die Ueber⸗
einſtimmung der Taufe mit den übrigen Sa⸗
kramenten gewieſen werden; ſehen die Kate⸗
chume⸗

chumenen erst diese Uebereinstimmung ein, so
haben sie auch einen deutlichen Begriff von den
Sakramenten überhaupt, welcher Begriff in
den Prädikaten besteht, die allen und jeden
Sakramenten gemein sind.

· 4) Will der Katechet dahinter kommen,
ob ihn seine Katechumenen verstanden haben, so kann dieß nicht besser geschehen,
als wenn er allerley gleiche und ähnliche
Dinge. Anführet, und dabey fraget, ob
sie auch können Sakramente genennet werden, und warum nicht.*

* Z. E. Weihwasser, Religion rc. Da die
Ursache, warum diese Sachen keine Sakramente sind, aus dem Begriffe vom Sakramente hergeholet werden muß, so kann der Katechet es alsogleich aus der Antwort abnehmen,
ob die Katechumenen ihn verstanden haben,
oder nicht.

§. 37.

In dem zweyten Falle, in welchem die
Katechumenen einen Begriff von der Sache haben, der ihr aber nicht allein, sondern auch vielen andern zukömmt, so muß,
wie oben, auch mit einer kleinen Veränderung verfahren werden; dieß wird fol-
gen-

gendes Exempel anzeigen. Wenn jemand
nichts anders von dem Sakramente wüßte,
oder sagte, als dieß, daß es eine heilige Sache sey, wie soll mit ihm verfahren werden?

1) Es muß ihm klar gewiesen werden,
daß er den eigentlichen Begriff von dem
Sakramente nicht habe; denn der Begriff,
welcher auch Sachen von andern Arten
zukömmt, kann nicht der unterscheidende
Begriff einer Sache seyn; nun kömmt aber
der Begriff, den er vom Sakramente hat,
vielen andern Sachen zu, denn aus seinem
Begriffe folgte, daß viele heilige Sachen,
die doch gewiß keine Sakramente sind,
müßten Sakramente genennet werden, z.
E. alle diejenigen Dinge, welche durch
Gebethe und Segen eingeweihet werden,
als etwa das Weihwasser, die heiligen
Gefäße, und alle Dinge, welche zu einem
heiligen Gebrauche gewidmet sind 2c. Hiedurch nun wird er dahin gebracht werden,
es klar einzusehen, daß er die Sache nicht
getroffen habe. Wenn wiederum ein anderer auf die Frage: Was ist die Demuth?
antwortete: Die Demuth ist eine Tugend.
Denn die meisten haben keinen genauer
angemessenen Begriff von der Demuth; so
könnte diesem auf die nämliche Weise ge-
wie-

wiesen werden, daß er unrecht geantwortet habe, weil dieser Begriff vielen andern Dingen zukömmt, die nicht die Demuth sind; denn da auch die Mäßigkeit, die Starkmüthigkeit und die Liebe Tugenden sind, so würde, wenn die Demuth nichts anders als den Begriff der Tugend in sich enthielte, folgen, daß zwischen der Demuth und der Mäßigkeit kein Unterschied sey ꝛc.

2) Nachdem der gegebene Begriff aus dem Grunde nicht der gehörige ist, weil er zu allgemein ist, so muß man, damit derselbe genauer anpasse, auf solche Prädikate herabkommen, durch welche der zu allgemeine Begriff eingeschränkt wird.* Und zwar fängt man damit an, daß man erstlich solche Prädikate wählet, welche der Sache nicht zukommen, von der die Rede ist, bis man auf diejenigen kömmt, die derselben eigenthümlich sind. **

* In unserm Falle soll der Katechet fragen, wie vielerley es heilige Sachen gäbe, er soll die vornehmsten herzählen, und fragen, ob diese oder jene heilige Sache, welche blos aus menschlicher Anordnung heilig ist, ein Sakrament sey, z. E. die, welche blos durch das Gebeth der Kirche eingeweihet ist; oder ob jene

i   Sa-

Sache, welche blos etwas Heiliges bedeutet, ein Sakrament sey ꝛc. und warum nicht? Er kann mit seinen Fragen so lange anhalten, bis der Katechumen selber erkennet, was es mit der Sache für eine Beschaffenheit hat; wenn er aber dennoch sich nicht zu rechte zu finden weiß, so kann der Katechet fragen, was denn eigentlich zu einem Sakramente erfordert werde, und nach Num. 2. §. 36. mit dem Katechumen die Eigenschaften des Sakraments nacheinander durchsehen.

Im andern Beyspiele schreitet man gleichfalls zu mehreren besondern Stücken, wodurch die Tugend unterschieden wird. Man kann z. E. fragen: Ob die Demuth eine solche Tugend sey, welche die unordentliche Begierde nach Reichthum, nach Speise und Trank, und dergleichen mäßiget. Weiß der Katechumen nicht gleich zu antworten, so kann der Katechet selbst einige Stücke, welche der Demuth eigen sind, anführen, und untersuchen lassen, ob darinnen mit demjenigen etwas ähnliches zu finden sey, wovon die Frage war. Hat aber der Katechumen hinlängliche Fähigkeiten, so muß man sich bemühen, ihn dahin zu bringen, daß er selbst eine der Demuth eigene Handlung anführt; kömmt nun etwas dergleichen zum Vorschein, dessen in der angestellten Frage Meldung geschehen, so muß es der Katechet mit

mit den Katechumen zergliedern, und die Eigenschaften desselben erforschen; er kann auch noch andere Handlungen der Demuth anführen, und auf diejenige Eigenschaft genau Achtung geben, welche sich immer bey allen Stücken antreffen läßt; und auf solche Art muß man den allgemeinen Begriff heraus zu bringen suchen.

Wie geschickt sich Sokrates dieser Lehrart habe zu bedienen gewußt, dieß wird sowohl auf eine nützliche als auch angenehme Weise das schon angeführte Gespräch Theages lehren.

** Nachdem der Katechumen es eingesehen hat, was die Sache, nach der gefragt wird, nicht ist, und warum sie es nicht ist; so muß er auch einsehen lernen, was sie ist, und wem die Benennung, nach dessen Begriff gefragt wird, zukomme; denn die Gründe, welche beweisen, daß die Benennung einer Sache nicht zukomme, zeigen zugleich die Sache an, der sie zukommen, weil sie nirgends anders her, als aus den wahren Eigenschaften der Sache können geholet werden; z. E. wenn er weiß, daß das Weihwasser kein Sakrament sey, weil es nicht von Gott ist eingesetzet worden, und weil die Gnade nicht von ihm gewirket wird rc. so weiß er auch schon, was zum Sakramente

er-

erfordert wird, und daß die Benennung des Sakraments derjenigen Sache eigen sey, welcher die angeführten Eigenschaften zukommen. Die Hinwegräumung des Irrthums ist das leichteste Mittel, die Wahrheit dem Gemüthe beyzubringen.

§. 38.

Ueberhaupt ist noch anzumerken, weil viele im Katechismus vorkommende Definitionen zum Theil solche Sachen enthalten, welche bloß mit dem Verstande können begriffen werden, z. E. die Gnade in der Definition des Sakraments; zum Theil aber auch solche Sachen, welche in die Sinne fallen, z. E. die äusserlichen Ceremonien der Sakramente, so müssen jene den Katechumenen mehr eingepräget werden, als diese, denn sonst ist zu besorgen, daß sie bloshin sich die äusserlichen Ceremonien merken, und die nur mit dem Verstande begreiflichen Sachen vergessen.*

* Weil die blos mit dem Verstande begreifliche Sachen keine Spur in der Einbildungskraft hinter sich lassen, noch auch ein Werk derselben sind, so kommen sie meistentheils

gar

gar bald in Vergessenheit, und die Katechumenen halten sich schon für gelehrt genug, wenn
sie sich einige Sachen, die sie ehedem mit
den Sinnen begriffen haben, wieder vorstellen können, wegen des Uebrigen sind sie un-
besorgt.

Der

Der vierte Abschnitt,

von den

sittlichen Begriffen insbesondere.

§. 39. Die Rothwendigkeit, die Katechumenen wohl von den sittlichen Begriffen zu unterrichten. §.40. Die Schwierigkeit dieß zu bewerkstelligen. §. 41. Von dem Grundbegriffe der christlichen Moral, nämlich der Buße. §.42. Wie der Begriff soll erkläret werden. §. 43. Am besten hat der tridentinische Kirchenrath die Art der Bekehrung entworfen. §. 44. Wie der Begriff von der Tugend, überhaupt genommen, soll erkläret werden. §.45, 46, 47, 48. Wie der Begriff der Liebe insbesondere soll erkläret werden. §. 49, 50. Worinne die Nächstenliebe bestehe. §. 52. Was die Liebe gegen sich selbst sey. §. 53. Es sollen auch die besonderen Pflichten erkläret werden. §. 54. Wie dieß soll bewerkstelliget werden.

§. 39.

Obschon die bisher angeführten Grundsätze nicht allein auf die Glaubenswahrheiten, sondern auch auf die Sittenlehren können angewendet werden, weil man ihre beyderseitigen Begriffe nach einem

nem und einerley Grundsätze bilden kann,
so wird es dennoch nicht ohne Nutzen seyn,
wenn von den sittlichen Begriffen insbesondere gehandelt wird. *

* Wie sehr es sich der Katechet soll angelegen seyn lassen, den Katechumenen deutliche
Begriffe von den Pflichten des Menschen beyzubringen, erhellet aus diesem schon sattsam,
weil er sonst, wenn er auch die triftigsten Bewegungsgründe Gutes zu thun anführet,
nichts ausrichten wird. Denn was können die
Menschen Gutes thun, wenn sie nicht wissen,
was ihnen zu thun obliegt? Es hieße ein Haus
aufbauen wollen, ohne sich zuvor einen Entwurf davon zu machen; der beste Wille, wenn
er nicht vom Verstande erleuchtet wird, taugt
wenig, ja er verursachet manchesmal mehr
Böses als Gutes. Er wird entweder aufs
Ungewisse hinaus laufen, und das Gute statt
des Bösen, und das Böse statt des Guten er-
greiffen, oder ein Spiel der Leidenschaften werden, und von ihnen wie ein Schiff ohne Segel und Ruder von den Winden umhergetrieben werden. Wie viel Uebels bisweilen
die Menschen, die eines zimlich guten Willens
waren, angestiftet haben, bloß deswegen, weil
es ihnen an nöthigen Einsichten gemangelt
hat, dieß bezeugen alle Geschichten, und die
Erfahrung; ja das Uebel wird niemals mit so

vie-

vieler Hartnäckigkeit und Zuversicht begangen,
als wenn man glaubet, das Böse sey Gut,
oder wenn man im Wahne steht, daß man
Gott dadurch einen Dienst leiste.

§. 40.

Die sittlichen Begriffe werden aus folgenden Ursachen schwerlich gefasset: 1)
Weil sie sehr zusammengesetzt sind.* 2)
Weil die Menschen zu wenig Neugung haben, die Tugend zu lernen und zu üben.**
3) Weil zu wenige Beyspiele der wahren
Tugend vorkommen.*** Daraus erhellet
noch mehr, wie sehr sich der Katechet soll
angelegen seyn lassen, dieselben recht ins
Licht zu setzen.

* Es ist zwar mit allen Definitionen diese
Schwierigkeit verknüpfet, doch mit dem Unterschied, daß andere Definitionen, besonders
wenn sie nicht einen Grundartikel des Glaubens angehen, nicht so wichtig sind, als diejenigen, welche die Ausübung der Pflichten
betreffen; denn es ist unmöglich, daß man
etwas thun könne, ohne vorher zu wissen, was,
und wie es geschehen soll; darum soll jedermann von seinen Schuldigkeiten einen klaren
und deutlichen Begriff haben. Allein weil die
Begriffe oft sehr zusammengesetzt sind, so ver-
ursacht

urſacht dieß, daß man ſie nur mit Mühe erlanget; denn es iſt keine Tugend, welche nicht
durch ihre mannigfaltige Vorſchriften ſich über
viele Handlungen ausbreitete; wer nun mit
Unaufmerkſamkeit über dieſe Vorſchriften hin-
weg ſiehet, läuft Gefahr, ſeinen Pflichten,
entweder gar nicht, oder ſehr unvollſtändig
Genüge zu leiſten.

** Daß das Uebel weit begieriger eingeſo-
gen, und oft ohne Lehrer erlernet wird, deſſen
iſt keine andere Urſache, als weil die Menſchen von Natur dazu geneigt ſind. Die dem
Menſchen angebohrne Begierde treibet ihn frühzeitig zum Böſen an; dieſe Triebe ſind anfänglich blind, der Menſch empfindet ſie, ohne
es genau einzuſehen, wohin er getrieben wird;
daher kömmt der Fürwitz das Böſe, zu welchen
man gereizt wird, kennen zu lernen, und zu
koſten. Mit der Tugend hat es eine andere
Beſchaffenheit, ſie iſt dem Verderbniſſe unſerer
Natur entgegen, durch ſie ſollen die Begierden,
und die Leidenſchaften in Ordnung gebracht
werden; darum iſt der Menſch von Natur ungeneigt ihr zu folgen, und die Mittel und Wege auszuforſchen, durch die ſie erlanget wird,
dieß muß alſo durch die Ueberzeugung des Verſtandes, oder durch andere äuſſerliche Mittel
unter dem Beyſtande der göttlichen Gnade in
dem Menſchen zu Stande gebracht werden; es iſt
mithin kein Wunder, daß die Laſterſchule vol-

i 5.   ler

ler Schüler, die Tugendschule aber leer von
denselben ist.

*** Es hilft gar sehr, wenn man die Tugend im Werke selbst, ausgedrückt sehen kann;
alsdenn läßt sich leichter ein Begriff davon
machen, und derselbe bleibt auch länger im Gemüthe haften, denn alles, was durch die Augen in das Gemüth einbringt, drückt sich tiefer
in dasselbe, als was durch die Ohren dahin
kömmt; überdieß reitzen die Beyspiele zur Nachahmung, und treiben die Zuschauer vermöge einer geheimen Kraft an, die sich nicht
erklären läßt, daß Nämliche zu thun. Allein
wie selten sind die Beyspiele einer ächten Tugend, und wie schwer hält es bisweilen, dieselbe von der falschen zu unterscheiden? Die Gränzen zwischen der ächten und falschen Tugend sind
manchesmal so unkenntlich, daß die Scharfsin-
nigsten sie nicht entdecken können, oft versteckt
sich auch das Laster hinter der Larve der Tugend,
ohne daß es von jemand andern könne entdecket werden, als nur allein von Gott, der
Herzen und Nieren prüfet. Im Gegentheil
kommen überall Beyspiele der Laster vor, wo
sie nur ungestraft erscheinen können, und sie
zeigen sich in ihrer wahren Gestalt. Und
könnten wir auch sonst nirgends her uns einen
Begriff von dem Bösen machen, so finden wir
in uns selber den Stof dazu, weil ein jeder
den Zunder und die Neigung zum Bösen in
ihm selber herum trägt.

§. 41.

Da der Grund der ganzen chriſtlichen Sittenlehre die Buße iſt, und zugleich der- ſelben weſentliches Merkmaal; * ſo ſoll der Katechet ſich bemühen, daß er ſeinen Ka- techumenen vor allen andern moraliſchen Begriffen und nach ächten Grundſätzen ei- nen Begriff von der Buße beybringe, **

* Wohin anders zielet denn die ganze Sit- tenlehre, als auf die Verbeſſerung des ver- derbten und zum Böſen geneigten Menſchen? Dieſes angebohrne Uebel haben zwar einige Weltweiſen eingeſehen, aber ohne zu wiſſen, wie und durch was für Mittel ihm abzuhelfen ſey. Und nichts war ihnen ſo unbekannt, als wie der Menſch vom Falle wieder aufſtehen, was für ein Bret man in dieſem Schifbruche ergreifen, wie man den beleidigten Gott wie- der verſöhnen könne; von allen dieſem konnte uns das Evangelium allein Nachricht geben.

** Man kann nicht genug Mühe anwenden, ein Mittel kennen zu lernen, welches in ſeiner Art das einzige iſt, dabey auch der unterge- laufene Fehler ſich vielleicht nie wieder gut machen läßt. Man ſoll ſich deßhalb um ſovielmehr Mühe geben, je mehr ihrer ſind, welche ſich in dieſer äuſſerſt wichtigen Materie be-

betrügen. Unter diese sind diejenigen zuerst
zu zählen, welche ihre Buße auf gewisse Formeln und Zeiten einschränken. Sie glauben
alsdenn erst nöthig zu haben, auf die Buße
zu denken, wenn sie zur Beichte gehen wollen,
und halten dafür, daß ihnen die Reue auf
den ersten Wink zu Diensten seyn wird, wenn
sie selbige nur werden erwecken wollen, und
sobald sie die Formel der Reu und Leid hersagen werden; diejenigen sind ganz anders beschaffen, welche es wahrhaftig gereuet, dieß
oder jenes gethan zu haben. So oft als ihnen
die Missethat einfällt, so oft bemächtiget sich
auch der Schmerz ihres Herzens. Sie haben
nicht nöthig, Worte auszusuchen, um ihren
Schmerz an den Tag zu legen; das verwundete
Herz fühlet schon den Schmerz, und um so
vielmehr, je weniger derselbe andern bekannt
ist. Ja sie können nicht nach ihrem Belieben
den Schmerz ablegen, wider ihren Willen be-
gleitet er sie, und so viel als sie sich Mühe
geben demselben zu entfliehen, indem sie das
Gemüth auf andere Gegenstände zu leiten suchen, so sehr werden sie von demselben verfol-
get. Stellen wir uns einmal einen Sohn vor,
welcher seinen Vater gröblich beleidiget hat;
so bald als er in sich gehet, so bald ergreift
ihn auch der bitterste Gram. Blos des Vaters Anblick erreget den Schmerz aufs neue,
der stillschweigend sein Herz zernaget. Ferner
giebt

giebt es andere, welche auf eine gewiſſe Zeit
ihre Sünden bereuen, die aber dennoch an keine Lebensbeſſerung denken; ſie begeben ſich in
die vorigen ſündlichen Gelegenheiten ohne Bedenken; ſie halten die alten böſen Gewohnheiten bey; kurz, ſie ändern weder das Gemüth,
noch das Herz, und nichts deſtoweniger halten
ſich ſich für rechtſchaffene Büſſer. Ich übergehe noch viele andere Fehler, die bey der
Buße ſowohl, wenn ſie überhaupt genommen
wird, als auch bey ihren einzelnen Theilen begangen werden; und dieſe müſſen den Katechumenen benommen werden.

§. 42.

Die Theologen theilen die Buße in die
ſakramentaliſche, und in die, welche auſſer
dem Sakramente zu verrichten nöthig iſt;
dieſe letztere nennen ſie die Tugend der Buße.
Beyde Arten von der Buße ſind ſo genau
mit einander verbunden, daß, wenn man
von der letzten einen richtigen Begriff hat,
man nachgehends ſehr leicht begreifen kann,
was unter der ſakramentaliſchen verſtanden
wird. Es iſt aber dieſe Buße ein Zuſammenhang vieler Affekten und Gemüthsregungen, die in einer gewiſſen Ordnung
auf einander folgen; die vornehmſten aus
ihnen] ſind der Abſcheu vor der Sünde,
und

und die Bekehrung zu Gott. Obschon
zwar jede Buße mit dem Beystande der
göttlichen Gnade geschehen muß, und folglich die Bekehrung des Sünders vorzüglich Gott zuzuschreiben ist, so ist doch auch
gewiß, daß, weil die Gnade Gottes die
Ordnung der Natur nicht umstößt, sondern derselben vielmehr folget, die oben-
genannten Affekten in einer gewissen Ordnung aufeinander folgen müssen; und es ist
nützlich, diese Ordnnng einzusehen, jeden
Affekt insbesondere zu betrachten, und die
ganze Bekehrungsgeschichte den Ungelehrten vor die Augen zu legen.*

* Der Mensch ist so beschaffen, daß er leichter auf alles, was ausser ihm geschieht, als
was in ihm vorgeht, aufmerksam ist, besonders wenn die Rede auf die Gemüthsbewegungen und Affekten kömmt. Die, welche es sich
viel Mühe haben kosten lassen, über sich selber Betrachtungen anzustellen, haben endlich
bekennen müssen, daß sie es nicht im Stande
sind zu bestimmen, auf was für eine Weise
die verschiedene Gedanken und Vorstellungen,
wie auch die Affekten und Gemüthsregungen
auf einander folgen, noch auch können sie diese Affekten gnugsam voneinander unterscheiden.
Indessen sind die Ungelehrtesten in allen diesen Dingen nicht ganz und gar unwissend.
Wenn

Wenn den Ungelehrten diese Sachen nur so vorgestellt werden, daß sie zugleich das, was ihnen davon gesagt wird, fühlen, und wenn durch das innere Gefühl ihnen bey Bildung des Begriffs zu Hülfe gekommen wird, so können sie es nicht allein fassen, sondern sie dürften sich auch wohl an ihrer Wahrnehmung vergnügen. Denn so wenig der Mensch abgeneigt ist, seine äussere Gestalt in einem Spiegel zu betrachten, so wenig ist er auch abgeneigt, das Innere seiner Seele zu sehen, wenn sich nur jemand findet, der ihm sein Inneres wohl vorzustellen weiß. Daher halte ich dafür, daß alle zur Buße gehörige Gemüthsbewegungen einzeln durchgenommen und erkläret werden sollen, wie auch was für Vorstellungen in dem Gegenstande sich eräugen müssen, damit dieser und jener Affekt auf den andern folge; durch die Definitionen, welche im Katechismus vorkommen, wird man kaum zum eigentlichen Begriffe dererjenigen Sachen gelangen, welche man wissen soll. Die Katechumenen werden zwar die Worte lernen; was aber die Worte auf sich haben, wird ihnen schwerlich beygebracht werden. Nachdem sie eine historische Kenntniß von der Buße erlanget haben, wird es nicht schaden können, daß durch die Abstraktion von einzeln Fällen, welche, um die Sache verständlicher zu machen, angeführet werden müssen, auch allgemeine und

von

von den vorkommenden Affekten abgezogene
Begriffe gemacht werden.

§. 43.

Die heilige tridentinische Kirchenver-
sammlung hat am besten den ganzen Her-
gang der Bekehrung, und der Rechtfertigung geschildert.   Keinen bessern Wegweiser kann sich der Katechet in dieser Sache wählen; dieselbe redet aber Sess.6. von
der Rechtfertigung C. 6. also: „ Die Men-
„ schen werden zur Gerechtigkeit vorbereitet,
„ wenn sie aus Gottes Gnade den Glau-
„ ben durch das Gehör erhalten, und sich
„ freywillig zu Gott wenden, indem sie
„ alles für wahr halten, was Gott geof-
„ fenbaret, und verheissen hat, vornehm-
„ lich aber dieses, daß der Sünder durch
„ Gottes Gnade, und durch die Erlösung
„ Jesu Christi gerechtfertiget werde. Wenn
„ hierauf die Menschen, da sie sich Sünder
„ zu seyn erkennen, von der heilsamen
„ Furcht der göttlichen Gerechtigkeit erschüt-
„ tert die göttliche Barmherzigkeit betrach-
„ ten, daraus die Hoffnung und das Ver-
„ trauen schöpfen, daß ihnen Gott um
„ Christi Willen gnädig seyn wird, den
„ sie auch als den Urheber aller Gerechtig-
„ keit zu lieben anfangen; auch deswegen
„ be-

„ bewogen werden die Sünden zu haſſen
„ und zu verabſcheuen, und diejenige Buß-
„ ſe zu üben, welche vor der Taufe her-
„ gehen muß; wenn ſie ſich eudlich vor-
„ nehmen die Taufe anzunehmen, ein neu-
„ es Leben anzufangen, und Gottes Ge-
„ bote zu halten ꝛc. “ Damit aber das, was
die Kirchenverſammlung hier ſagt, beſſer
einleuchten möge, wollen wir daſſelbe ſtück-
weiſe erklären.

1) Die Menſchen werden zur Gerechtigkeit vorbereitet, wenn ſie aus Gottes
Gnade ꝛc.*

* Wie wenig ſind dererjenigen, welche, da
ſie Buße thun ſollen, daran gedenken, daß
die Gnade zur Vollziehung dieſes äuſſerſt wichtigen Werkes unumgänglich nothwendig ſey!
Und wie wenig ſind auch ihrer, welche, ſich
ihres Unvermögens Buße zu thun bewußt,
um dieſe Gnade bey Gott mit demüthigen
Herzen anhalte! Ja wie viele ſind ihrer nicht,
welche weder ihr innerliches von der Erbſünde
herrührendes Verderben erkennen, und dafür
halten, das es nur von ihnen abhänge Buße
zu thun, um das im Evangelium beſchriebene
und anbefohlene neue Leben anzufangen, ſie
thun wohl gar, als wenn es ihnen Gott, ich
weiß nicht wie ſehr, Dank wiſſen ſollte, daß

k   ſie

sie sich endlich einmal entschliessen, wenigstens
einige Buße zu thun? Was wird man wohl
von einer solchen Buße hoffen können, die in
ihrer Wurzel schon mangelhaft ist, die durch
daß vermessene Vertrauen auf seine eigenen
Kräfte gleich vom Anfange ist verdorben worden?

Der Katechet soll also zwo Sachen thun.
Erstlich muß er die Katechumenen unterrichten,
daß die Gnade Gottes zum Bußethun unumgänglich nothwendig sey. Sie werden aber
diese Nothwendigkeit nicht genugsam einsehen,
wenn sie nicht gehörig den Zustand des Menschen nach der Erbsünde, die Unwissenheit des
menschlichen Verstandes, das Unvermögen des
Willens, die Neugung zum Bösen, und das
ganze erbliche Verderben, so wie es ist, erkennen. Dem Katecheten liegt es ob, dasselbe
richtig zu schildern. Auch dieß wird den Katechumenen niemals genug eingepräget werden,
daß sie dem vermessenen Vertrauen auf ihre
eigenen Kräfte absagen; daß sie Gottes Gnade demüthig anflehen, und derselben es zuschreiben, wenn sie Rührungen der Buße fühlen.

Nachgehends müssen sie auch ermahnet werden, daß sie nicht ermangeln mit Gottes Gnade mitzuwirken, daß sie die Stimme des zur-

Buße

Buße rufenden Gottes nicht verachten, sondern
alsogleich Folge leisten, da sie anfangen, die
Abscheulichkeit ihres Zustandes einzusehen, da
sie Triebe zur Buße fühlen; und daß sie alsogleich andere Sorgen und Geschäfte bey Seite
legen, damit sie diesem größten Geschäfte hauptsächlich obliegen mögen. Ist es nicht thöricht,
eine Sache, die man jtzt noch leichter zu Stande bringen kann, auf eine Zeit zu verschieben,
da sie nur mir der größten Schwierigkeit wird
können ins Werk gesetzet werden? da die bösen
Gewohnheiten werden zur Natur geworden seyn,
da sie durch. jede lasterhafte Handlung immer
mehr werden seyn verstärket worden? Was
ist dieß doch für ein unglücklicher Gedanke,
deswegen fortfahren Sünden zu begehen, weil
man glaubet, Gott seye so barmherzig, daß er
die zur Buße nöthige Zeit und die Gnade gern
verleihen wird? Soll dieß uns nicht vielmehr
bewegen, unsere Bekehrung, so viel an uns ist,
zu beschleunigen? Wie ungewiß ist die Zukunft,
unser Leben, unser Tod, und dessen Umstände? Sollen denn diese Dinge uns nicht bereden,
ja bemüßigen, daß ein jeder sich die gegenwärtige Zeit, und Gelegenheit zu Nutze mache, und
nicht in künftige Zeiten verschiebe, was niemals zeitlich genug kann angefangen und nicht
lange genug fortgesetzet werden?

K 2 2)

2) Den Glauben durch das Gehör erhalten, und sich freywillig zu Gott wenden,
indem sie alles für wahr halten, was Gott
geoffenbaret, und verheissen hat, vornehmlich aber dieses, daß der Sünder durch
Gottes Gnade und durch die Erlösung Jesu Christi gerechtfertiget werde.*

* Die erste Wirkung der Gnade ist der
Glaube; gleichwie der Glaube der Grund des
ganzen geistlichen Lebens ist, also ist ers vornämlich der Buße. Was könnte wohl der sich
überlassene Mensch von seinem bevorstehenden
Schicksale, von dem Zustande nach diesem Leben, und von dem Mittel, den erzürnten Gott zu besänftigen, wissen? Müßte er
nicht zwischen Furcht und Hoffnung, und
in beständigen Aengsten schmachten, ohne
zu wissen, was ihm in Zukunft und in der
Ewigkeit für ein Schicksal bevorstehe? Der
Glaube allein kann diese Ungewißheit heben,
diese Finsterniß zerstreuen, den Weg des Heils
anzeigen, und weisen, was man fürchten oder
hoffen soll; durch den Glauben, da der Mensch
gelernet hat, wie er sich Gott nahen soll, wendet er sich freywillig zu ihm, hält für wahr,
was er geoffenbaret, nämlich, daß die Sünder, wenn sie sich nicht bekehren, nach diesem
Leben von Gott zu den höllischen Peinen,
wer-

werden verurtheilet werden: Er hält aber
auch für wahr, was der nämliche Glau=
be lehret, daß Gott dem Sünder, der
sich aus ganzem Herzen zu ihm bekehret, Ver=
zeihung angedeyen lasse, daß Gott nicht den
Tod des Sünders wolle, sondern daß er sich
bekehre, und lebe; wie auch daß der Mensch
aus eigenen Kräften Gott keine Genugthuung
zu leisten im Stande sey, daß Gott dem Men=
schen einen Erlöser gesendet habe, und daß der
Sünder durch die Gnade und die Erlösung
Jesu Christi gerechtfertiget werde.

3) Da sie sich Sünder zu seyn erken=
nen. *

* Nachdem einer Seits die Dinge so schreck=
lich sind, welche der Glaube denjenigen ankün=
diget, die Gottes Gesetze zu übertreten sich un=
terstehen, so muß der Mensch untersuchen, ob
er nicht auch vielleicht unter diejenigen Un=
glücklichen gehöre, welchen die ewigen Stra=
fen bereitet sind. Der Mensch ist so sehr für
seine Glückseligkeit eingenommen, daß er also=
gleich, wenn er von Drohungen, grossen be=
vorstehenden Unglücken, und andern Uebeln
höret, nachforschet, ob diese Dinge auch ihn
angehen oder nicht. Um so vielmehr wird ihm
bange, wenn er von der ewigen Verdammniß

K 3 · hö=

höret; vornehmlich wenn das Gewissen erwa=
chet, dieser Kläger und Richter, welcher auch
wider unsern Willen seine Stimme erhebet,
und das Urtheil der ewigen Verdammniß aus=
spricht. Auf dieses durchforschet er seinen Le=
benswandel, er denket so weit zurück als mög=
lich ist, und suchet aufs ämsigste, ob er etwas
entdecken könne, was eines Tadels, und einer
Strafe würdig ist; er durchsieht alle Winkel
seines Gewissens, ob er etwas finden könne,
was Gott mit den ewigen Quaalen zu strafen
gedrohet hat; und so fängt er es an einzuse=
hen, daß er ein Sünder sey.

Da es indessen viele Leute giebt, welche
nicht wissen, wie sie in dieser Sache zu Werke
gehen sollen, und dennoch viel daran gelegen
ist, daß sich jemand nicht etwa nur so oben=
hin als einen Sünder, welcher der ewigen Ver=
dammniß schuldig ist, erkennet, sondern daß
er den wahren Zustand seines Gewissens ein=
sehe; so soll der Katechet die Katechumenen
fleißig unterrichten, wie sie diese Sache an=
stellen müssen.

Beym Erforschen des Gewissens kömmt es
eigentlich auf zwey Stücke an; erstlich, daß
ein jeder wisse, was ihm zu thun obliegt; her=
nach, daß er erkenne, wie er seine Obliegen=
heiten erfüllet habe. Es mag nun eine oder

die

die andere Erkenntniß mangelhaft seyn, so ist
das Erforschen des Gewissens allemal mangelhaft. Wer nicht weis, was er zu thun hat,
wird sich in vielen verirren, das Gute wird
er für Böse, das Böse für Gut halten; er
wird voller Vorurtheile seyn, und mit denselben sich beruhigen; die wahren Uebertretungen des Gesetzes wird er für nichts bedeutende
Kleinigkeiten ansehen. Wer weis es nicht,
wie witzig die Eigenliebe zu allen Zeiten gewesen ist, die Laster zu bemänteln, oder wohl
gar mit dem Name der Tugend zu bekleiden.
Gesetzt aber, es wäre jemand von seinen Pflichten noch so gut unterrichtet, so könnte ihn dieß
wenig helfen, wenn er nicht auch sich selbst kennet; er soll nämlich wissen, wie er seine Pflichten bis hieher erfüllet, oder nicht erfüllet hat,
der ganze Zustand seines Gewissens soll ihm
bekannt seyn.

Allein wie schwer hält es, Menschen, denen
nichts weniger als ihr Gewissen bekannt ist, zu
diesem ernstlichen Nachdenken anzuführen. Dem
größten Theile der Menschen ist nichts so beschwerlich, als an sich selber zu denken. Sie
sind wie diejenigen beschaffen, welche ihre Rech-
nungen nicht schliessen wollen, weil sie es vorher sehen, daß sie nichts als eine schlechtgeführ-
te Haushaltung wahrnehmen werden, und zugleich die Nothwendigkeit, künftighin sich mehr

E 4 ein-

einzuschränken, und häuslicher zu leben; also
wollen auch diese mit ihrem Gewissen nicht
Rechnung machen, weil sie es voraus sehen,
daß sie viele unangenehme Dinge wahrnehmen
werden; daß viel von der guten Meynung, die
sie ohne Grund von sich selber hegen, verlohren gehen werde; daß sie viel zu verbessern finden, und viele böse Gewohnheiten, die sie bis
itzt geheget und geliebet haben, werden ablegen
müssen. Von daher nun kömmts, daß man
sich so gerne mit andern Dingen beschäftiget und
zerstreuet, damit man nur nicht gemüßiget
werde, an sich selber zu gedenken. Daher rühret die beflissene Unthätigkeit, in der man lebet. Man liebt das Wohlleben, und bemüht
sich, sich selbst verborgen zu bleiben, aber
man kann es niemals gänzlich dahin bringen;
so wie die Kranken sich von einer Seite zur an-
deren hin und her wälzen, allenthalben Ruhe
suchen und nirgends finden, weil sich ihr pei-
nigendes Uebel in ihrem Innersten gelagert
hat. Der Katechist muß also um so viel mehr
in seine Katechumenen dringen, daß sie sich
bemühen, sich selbst zu erkennen, so sehr sie
auch dieses verabscheuen. Wenn sie nur einmal Hand anlegen, dieß zu thun, so werden
sie sich allmälig daran gewöhnen. Die wiederholte Uebung wird ihnen eine Fertigkeit gewähren; damit sie aber wissen mögen, wie

sie

sie die Sache angreifen sollen, so kann der
Katechet ihnen Folgendes beybringen.

a) Ehe als jemand anfängt das Gewiſſen
zu erforſchen, ſoll er Gott um ſeine Gnade anflehen. Wie ſehr die Menſchen, wenn ſie ſich
ſelbſt überlaſſen werden, in dieſem Stücke fehlen, zeiget genugſam die eigene und fremde Erfahrung. Wenn ſie an andern tauſend Mängel entdecken, ſo werden ſie an ſich ſelbſt kaum
einen gewahr, obſchon ſie oft mit denſelbigen
Krankheiten behaftet ſind. Die Eigenliebe
blendet dergeſtalt ihren Verſtand, daß obſchon
ſie ſonſt ſcharfſichtig ſind, ſie dennoch nichts
oder nur wenig ſehen, wenn es um die Selbſt-
erkänntniß zu thun iſt. Ganz anders urtheilt
derjenige, deſſen Verſtand auch nur anfängt
von der Gnade Gottes erleuchtet zu werden. Die
Gnade Gottes bleibt nicht bey dem Aeuſſerli-
chen ſtehen, ſondern ſie bringet bis in das Herz,
und erleuchtet deſſen tiefſte Winkel, daß der
Menſch alles, was ſich in demſelben befindet,
einſehe. Unſer Herz ſcheint einer Pfütze nicht
unähnlich zu ſeyn, welche, was ihre Oberfläche betrift, ſich ziemlich ſchön zeiget, beſonders wenn die Sonnenſtrahlen auf dieſelbe
fallen; man ſieht auf derſelben verſchiedene
Farben, die dem Auge ein angenehmes Schau-
ſpiel darſtellen; aber wenn nur ein wenig darinnen gerühret wird, ſo kommen allerley häß-

E 5   liche

liche Ungeziefer zum Vorschein, und es steigt
aus derselben ein abscheulicher Gestank. Die
Gnade allein leget uns den Grund unsers Herzes vor Augen, und zeiget uns selbsten, so,
wie wir wirklich beschaffen sind.

b) Hat der Sünder Gott um Gnade ange-
rufen, alsdenn stelle er selbst Betrachtungen
über seinen geführten Lebenswandel an. Es
wird sehr dienlich seyn, wenn er bey dieser Betrachtung eine gewisse Ordnung hält, und dieß
ist um so viel nöthiger, weil es nicht genug
ist, daß er nicht allein seine Sünden erkenne,
sondern auch weil er dieselben dem Priester,
welcher Gottes Diener ist, offenbaren soll; er
wird aber dieselben niemals fest in dem Gedächtniß erhalten, so fern er sich nicht dabey an eine gewisse Ordnung hält. Da alle Sünden
pflegen begangen zu werden entweder mit Gedanken, Worten oder Werken, oder auch mit
Unterlassung guter Werke, so kann er über
jedes derselben nachdenken, und zwar was er auf
obige Art wider Gott, wider den Nächsten, oder
wider sich selbst gesündiget habe; er fängt aber
billig von den Gedanken an, welche mit den
Begierden, wie diese mit jenen, genau verbunden sind, als von welchen alle Sünden ihren
Anfang nehmen. Die grosse Kunst, sich selbst
zu erkennen, hängt hievon gänzlich ab, daß
man seine Leidenschaften und Affekten genau
er-

erkenne; sind diese verdorben, und unordent=
lich, so können die Handlungen nicht anders
als mangelhaft seyn; gleichwie die Bäche unrein
seyn müssen, welche aus einer unsaubern Quel=
le entspringen. Waltet in dem Herze die
Liebe sinnlicher Dinge, was ist es Wunder,
wenn die meisten Handlungen des Menschen
auf das Sinnliche hinauslaufen, wenn er auf
Gott vergißt, und dem Sinnlichen zü=
gellos nachstrebet? Eines der sichersten Mittel,
zu erkennen, was für ein Affekt in uns die
Oberhand habe, ist dieses, wenn man zusieht,
mit was für einem Gegenstande unsere Gedan=
ken meistentheils beschäftiget sind, und welchem
sie am liebsten nachhängen: Denn wo euer
Schatz ist, da wird auch euer Herz seyn.
a) So spricht Christus die ewige Wahrheit,
und es bezeuget solches auch die tägliche Er=
fahrung. Ein jeder lebet vielmehr in seiner
eingebildeten, als in dieser wirklichen Welt. Ein
Muster von einer solchen Erfahrung der Affekten
findet man in der Philoth. S. Franc. Salesii P.
5. C. 7. wie auch Cap. 4.

c) Der Katechet wird nicht übel thun, wenn
er die wichtigsten Sünden herzählt, welche aus
einem irrigen Gewissen von vielen seiner Heerde
nicht pflegen für Sünden gehalten zu werden.
Denn da die Leute sehr oft fehlen, wie es eine

ge=

a) Matth. 6, 12.

genaue Beobachtung den Katecheten bald lehren
wird, aber derer wenige sind, welche auf eine
ernsthafte Weise den Zustand ihres Gewissens
erforschen, und in jedem einzeln Falle untersuchen wollen, ob auch ihr Gewissen mit dem
ewigen Gesetze Gottes übereinstimme, oder
nicht; so geschiehts nur gar oft, daß diese Leute
ihre irrigen Vorurtheile und Meynungen behalten, bis sie etwa von einem erfahrnen Beichtvater, Prediger, oder Katecheten eines bessern
belehret werden; dieß kann aber nirgends besser
als in der Katechesis geschehen. In dieser Absicht
kann der Katechet alle diejenigen Fälle oder Pflichten insbesondere herzählen, von denen seiner Ver-
muthnng nach die Katechumenen irrige Meynungen hegen dörften, als etwa allerley Aberglauben, Aergernisse, böse Gewohnheiten, welche um so vielmehr im Schwange gehen, je
älter sie sind; aus den Unterlassungssünden
machen sich die Ungelehrten gemeiniglich am
allerwenigsten ꝛc. Nachdenken und genaue Aufmerksamkeit auf die Sitten der Katechumenen
wird den Katecheten sehr vieles lehren; wohl
unterrichtete Katechumenen werden, wenigstens
bey zunehmenden Jahren, nicht alles ohne Unterschied annehmen, sondern ihre Schuldigkeiten reiflich und behutsam untersuchen.

d) Denen zu Gefallen, welche ihr Gewissen erforschen wollen, haben viele die sogenannten.

ten Beichtspiegel geschrieben, dergleichen einer
dem kleinen Ratechismus des Ranisius bey-
gefüget ist. Der Ratechet wird grossen Nutzen schaffen, wenn er seinen Ratechumenen den
rechten Gebrauch von diesen Beichtspiegeln zeiget. Es giebt einige, welche diese Beichtspiegel wenig achten, mit dem Vorgeben, der beste Beichtspiegel sey das Gewissen, wenn man
in dasselbe, so wie es sichs gehört, hinein-
schauet, wird man alles sehen, was man bis
dahin gesündiget hat. Ich räume dieß ein,
wenn die Rede vom zarten und richtigen Gewissen eines wohl unterrichteten Menschen ist;
allein, daß man in einem weiten, irrigen, ge-
brandmarkten Gewissen, und in einem solchen,
dergleichen gemeiniglich die Ungelehrten haben,
alles klar und deutlich, wie auch alle begange-
ne Fehler und Sünden sehen soll, dieß wird
wohl niemand behaupten.

Es haben auch die Beichtspiegel diesen grossen Nutzen, daß sie die Leser von ihren Schuldigkeiten unterrichten, wenn ihnen dieselben
nicht sonst schon sind bekannt worden; ja dieser Unterricht wird niemals füglicher, als auf
diese Weise beygebracht. Die Schuldigkeiten
mögen in den Predigten und in den Ratechesen
noch so gut erkläret werden, so ist das menschliche Gedächtniß zu schwach, als daß es alles
behalten könnte; wenn sie es aber selber lesen,

und

und abermal mit der Aufmerkſamkeit und in
Rückſicht auf ſich ſelbſt leſen, ſo bleibt es gewiß beſſer hängen, beſonders wenn ſie es allemal leſen, da ſie ſich zur heiligen Beichte
vorbereiten.

4) Von der heilſamen Furcht der göttlichen Gerechtigkeit erſchüttert ꝛc. *

* Nachdem der Menſch völlig überzeugt iſt,
daß er ein Sünder, mithin des Laſters der
beleidigten göttlichen Majeſtät ſchuldig ſey, ſo
wird er von der Furcht erſchüttert, da er an
die göttliche Gerechtigkeit denket. Er fängt
nämlich an zu glauben, daß er aus der Zahle
derjenigen ſey, über welche jene ſchreckliche Gerichte Gottes ausbrechen werden; er ſieht
die Abgründe der Hölle offen, und die Diener
ſchon bereit ſtehen, welche ihn auf den erſten
Wink des erzürnten Gottes darein werfen werden; die Stimme des Richters, welcher das
Urtheil der ewigen Verdammniß über ihn aus-
ſprechen wird, erſchallet in ſeinen Ohren; zugleich mahlet ſeine Einbildungskraft ihm alle
Schrecken der Hölle, ihre Peinen, das unauslöſchliche Feuer, den unſterblichen Gewiſſens-
wurm, die hölliſchen Geſpenſter, das entſetz-
liche Anſehen der Teufel, ja es kömmt ihm vor,
als wenn er das Heulen und Wehklagen ſammt
dem Fluchen und Gottesläſterungen der Ver-

damm-

dammten hörte, und als wenn er in diesem
unermäßlichen Schlunde den Ort sähe, den er
dermaleinst einnehmen wird. In welcher Verfassung befindet sich das Herz, welches Furcht
und Angst mit vereinigten Kräften von allen
Seiten anfallen, einnehmen, zernagen, und
die verschiedenen auf einander folgenden unangenehmen Affekten, wie die Winde ein Schiff
auf der See, herumtreiben!

Das Koncilium machet nur von der Furcht
allein Meldung, nicht als wenn dieser Affekt
allein vorhanden wäre, sondern weil er unter
den übrigen Affekten vorwaltet, und stärker
seine Kraft äussert, wie bey einem Sturmwetter,
wenn mehrere Winde mit einander stürmen,
der stärkeste das Schiff forttreibet, da die übrigen die Seiten anfallen, es in seinem Laufe
hindern, und von dem rechten Wege abbrin-
gen. Wenn der Sünder die Größe des ihm
bevorstehenden Unglücks betrachtet, so kann
er nicht anders, als von der heftigsten Furcht
erschüttert werden, welche allemal um so viel
grösser seyn wird, je grösser das bevorstehende
Unglück, und je klärer dessen Vorstellung ist.
Die Furcht ist jener unangenehme Affekt, welcher in uns aus der Vorstellung eines uns bevorstehenden Uebels entstehet. Der Mensch
wird zugleich durch die Furcht gepeiniget, wenn
er bedenket, daß er die Ursache des ihm bevor-
stehen-

stehenden Uebels sey; hier hast du die Reue!
Sie ist ein unangenehmer Affekt, welcher aus
einem Uebel entsteht, das man sich selbst zugezogen hat; es überlauft einen zugleich Scham-
röthe, wenn man bedenket, wie unvernünftig
und thöricht man gehandelt habe; endlich fängt
man auch an, die Sünde zu hassen, und zu
verabscheuen, wie auch alle ihre Ursachen und
Veranlassungen; überhaupt pflegt der Mensch
alles dasjenige zu hassen, was ihn armselig
und unglücklich machet. In diesen Umständen nun wendet sich der Sünder von einer Seite zur andern; nach Verschiedenheit der Vor-
stellungeu hat er auch verschiedenene Affekten;
je klärer und lebhafter die Vorstellungen sind,
desto heftiger sind auch die Affekten; bisweis-
len sind ihrer viele, bisweilen nur einer vorhanden; aber was man immer empfindet, ist
traurig und unangenehm; das Herz ist voller
Bitterkeit, oder zerknirschet, daß ist gleichsam
klein zerrissen.

Die Reue wird eingetheilet in die natürliche
und in die übernatürliche, nachdem sie nämlich entweder aus einem natürlichen oder übernatürlichen Bewegungsgrunde herrühret. Weil
aber die Katechumenen nicht leicht das Natürliche von dem Uebernatürlichen zu unterscheiden wissen, so glaubte ich am besten zu erfahren, wenn man ihnen denjenigen Bewegungsgrund

grund für natürlich angäbe, welchen die menschliche Vernunft, wenn sie sich selber überlassen
wird, entdecken kann, oder welchen man ohne
Beyhülfe eines ausserordentlichen Mittels, dergleichen die Offenbarung ist, erkennen kann.
Und so im Gegentheile.

Die übernatürliche Reue ist wiederum verschieden. Ihre erste Stufe ist der Schmerz
wegen der durch die Sünde verdienten und bevorstehenden Strafe, nämlich wegen der ewigen Verdammniß, oder doch wenn es läßliche
Sünden sind, wegen zeitlicher Strafen, die
in diesem oder im andern Leben werden müssen ausgestanden werden. Diese Reue wird
die unvollkommene genannt, lateinisch Attri-
tio. Von der vollkommenen Reue, Contri-
tio siehe, was unten Num. 7. wird gesaget
werden.

5) Wenn die Menschen ▪ ▪ ▪ die göttliche Barmherzigkeit betrachten, darauf
Hoffnung und Vertrauen schöpfen, daß
ihnen Gott um Christi willen gnädig seyn
wird. *

* In diesen Aengsten sieht sich der Sünder
allenthalben umher, wie er aus denselben her-
auskommen möge. So wie, wenn jemand in
einem Schiffbruche zwischen Leben und Tod be-

L

begriffen iſt, ſich nach einem Brete umſieht;
oder wie ein Wandersmann, der unter die
Mörder gefallen iſt, ſich allenthalben umher-
ſieht, ob ſich nirgends ein Erretter oder Be-
ſchützer finde; alſo ſiehet ſich der Sünder allenthalben um Mittel um, er ſeufzet nach der
Erlöſung, und da er weder in ſich, noch in
andern Geſchöpfen etwas finden kann, was
zu ſeiner Errettung dienen könnte, ſo erinnert
er ſich endlich der Verheiſſungen, die er zuvor
durch den Glauben hat kennen gelernet, die
unendliche Barmherzigkeit Gottes kömmt ihm
zu Gemüthe, welche allen verzeihen will, die
rechtſchaffene Buße thun werden.   Hier nun
fängt das Wetter an ſich zu verziehen; die
Heiterkeit und die Stille ſtellet ſich wieder ein;
das Gemüth wird fröhlich; die Hoffnung,
dieſer ſüſſe Troſt der Menſchen, verjaget die
Furcht, und alle unangenehme Affekten; ſie
ſetzet ſich im Herze feſt, und verbreitet in
demſelben eine neue groſſe unvermuthete Freude.   Der Sünder wirft ſich ganz und gar in
den Schooß der göttlichen Barmherzigkeit; er
flieht zu ſeinem Heilande, weil er weis, daß
derſelbe alle Menſchen ſelig haben will, und
alle mit ſeinem theuerſten Blute erlöſet
hat, ſo fern ſie nur ſelbſt nicht unterlaſſen, was dazu erfordert wird, um ſeiner
Erlöſung theilhaftig zu werden; und ſo ſchö-

pfet

pfet er auch selbst das Vertrauen, daß Gott ihm um Christi willen wird gnädig seyn.

Die Hoffnung ist jener Affekt, welcher in uns aus der Vorstellung eines künftigen Gutes entsteht. Das Vertrauen ist vorhanden, wenn man mit vieler Gewißheit vorher sehen kann, daß uns das künftige Gute wiederfahren werde. Je klärer man sich das künftige Gute vorstellet, und je gewisser man vorher sieht, daß man dasselbe erlangen werde, je größer ist auch die Freude, die daraus entspringt.

6) Den sie auch als den Urheber aller Gerechtigkeit zu lieben anfangen.*

* Wenn der Sünder mit dieser Hoffnung erfüllet ist, so betrachtet er ferner die unendliche Güte, nach welcher Gott mit ihm verfährt; als welcher ihn nicht allein nicht nach Verdiensten strafen wollen, sondern ihn auch gnädig erwartet, und Zeit zur Buße verliehen hat; ja ihm die Sünden erlassen, die heiligmachende Gnade verleihen, und ihn wieder an Kindesstatt aufnehmen will. Da er diese unendliche Güte betrachtet, wird seine Freude vermehret, und das Herz fängt gleichsam an ihm für Liebe zu schmelzen; er fängt an Gott zu lieben, der ihn nach so vielen begangenen Sün-

den

ben mit dem Kleide der Gerechtigkeit wiederum
schmücket, daß ist, er fängt an, ihn als den
Urheber aller Gerechtigkeit zu lieben, denn
von ihm kömmt sowohl die Vorbereitung zur
Gerechtigkeit, oder die rührende Gnade, und
alle von ihr entspringende Bewegungen, als
auch die Gerechtigkeit selbst, oder die heiligmachende Gnade. Und nachdem wir Gott als
unsern Schöpfer lieben, warum sollten wir
ihn nicht als unsern Heiligmacher lieben, Gott
den besten Vater, welcher seine rebellischen
Söhne, so fern sie nur ihren Fehler erkennen,
bereuen, so viel an ihnen ist, beffern, wieder
zu Gnaden annimmt?

7) Auch deswegen bewogen werden, die
Sünde zu hassen, und zu verabscheuen rc.*

* Nachdem der Sünder dieß alles in Betrachtung gezogen hat, fängt er an die Sünden noch mehr zu hassen, nicht allein weil er
sie als das größte und als ein unendliches Uebel betrachtet, sondern auch, weil er dadurch
den so gnädigen und unendlich barmherzigen
Gott beleidiget hat, welcher, da er ihn nach
so vielen Uebertretungen hätte strafen können,
nichts destoweniger seiner verschonet, ihm die
heiligmachende Gnade und mit ihr alle Rechte
der Kinder Gottes verliehen hat. Da er nun
diesen Gott aus ganzen Herzen liebet, so ver-
ab-

abſcheuet er auch aus ganzen Herzen alle dies
jenigen Handlungen, durch welche er ihn bes
leidiget hat. Er verfluchet die Sünde als eine
Misgeburth der ſchändlichſten Undankbarkeit,
und er bedauert nichts ſo ſehr, als daß er den
unendlich liebenswürdigen Gott beleidiget has
be. Dieſer Abſcheu, und Haß der Sünde
pfleget noch immer mehr zuzunehmen, wenn
er die unendlichen Vollkommenheiten Gottes
betrachtet, und nachdenket, wie ſehr Gott vers
dienet geliebt zu werden, weil er das unendlich
vollkommene Weſen iſt, weil er in ſich ſelbſt
unendlich gut, und auch gutthätig iſt; deswes
gen verabſcheuet er noch mehr alle Handlungs
gen, durch welche er Gott verachtet, und ihm
ein ſchlechtes vergängliches Gut vorgezogen hat,
er grämet ſich einzig und allein über die Bes
leidigung desjenigen, welcher aus ganzen Hers
zen und aus allen Kräften ſoll geliebet werden.

Aus dieſer letzten Betrachtung entſpringet
die ſogenannte vollkommene Reue. Es iſt als
ſo gewiß, daß man es nicht einſehen kann,
was dieſe iſt, wenn man nicht zuvor wohl vers
ſteht, was die vollkommene Liebe Gottes ſagen
will; weis man aber dieſes, ſo iſt es auch bes
kannt, was die vollkommene Reue ſey.

Da es unter den Theologen noch nicht auss
gemacht iſt, welche unvollkommene Reue zum

Sakramente der Buße zureichend sey, ob diejenige, welche blos allein aus der Furcht vor
der Hölle entsteht, oder diejenige, mit welcher
schon einiger Anfang der Liebe vermischet ist,
und ob diese Liebe sich blos auf Gott beziehen
müsse; und da der Katechet nichts entscheiden
darf, so wird er am besten thun, wenn er seine Katechumenen dazu anführet, daß sie allemal, so viel als sich thun läßt, eine vollkommene Reue erwecken.

Ich kann nicht unterlassen zu ermahnen, daß
die Materie von der Reue und Leid mit möglichstem Fleiße abgehandelt werde; denn da die
Reue von der Vorstellung gewisser Bewegungsgründe abhängt, die Katechumenen aber aus
Schwachheit des Verstandes sich schwerlich die
Dinge vorstellen können, welche nicht unter
die Sinnen fallen, und auch viel zu leichtsinnig sind, als daß sie sich so lange bey einem
und dem nämlichen Gegenstande sollten aufhalten können, bis daß ihr Herz davon gerühret
wird; so werden sie diese Lehre nur schwerlich
fassen, und noch schwerer wird es halten, selbige im Werke auszuführen. Man muß sich
hier vornehmlich desjenigen erinnern, was von
den Affekten ist gesagt worden.

8) Wenn sie sich endlich entschliessen, die
Taufe anzunehmen.*

* Er

* Er braucht alle Mittel, welche Gott dem
Sünder zur Wiedererhaltung der verlornen
Gnade vorbereitet hat; ist er noch nicht getaufet, so eilet er zur Taufe, damit er durch dieses heilige Bad von seinen Sünden abgewa-
schen werde; ist er aber schon getaufet, so
nimmt er seine Zuflucht zum Sakramente der
Buße, als zu einem Brete, auf welchem er
sich aus dem Schiffbruche noch retten kann.
Er findet sich bey dem Priester als Gottes
Diener ein, er bekennet seine Sünden, und
bittet demüthig um die Lossprechung von demselben, wozu ihm die Vollmacht von Gott
durch die Schlüssel Gewalt ist verliehen worden.

Es ist viel daran gelegen, daß die Katechumenen von der Sündenbekenntniß wohl unterrichtet seyn. Die Beichtväter wissen es am
besten was sie für Mühe haben, wenn unwis-
sende Leute zur Beichte kommen. Es kömmt
aber alles darauf an, ob die Beichtkinder den
Zustand ihres Gewissens wohl erkennen, ob
sie die Gewissenserforschung nach dem Muster
Num. 3. anzustellen wissen; wenn dieses nicht
ist, wenn sie vornehmlich in ihren Pflichten
unwissend, wenn sie nicht auf ihren geführten Lebenswandel zurück zu denken, noch ihre
Handlungen, ihre Grundsäße, und Urtheile
des Gewissens zu untersuchen, und zu prüfen
wissen, wenn sie bey Erforschung des Gewis-

sens

sens weder Ordnung noch Weise beobachten,
so kann keine andere als eine unordentliche,
verworrene und mangelhafte Beichte erfolgen.
Der Katechet sorge also zuerst dafür, daß die
Katechumenen ihr Gewissen recht zu erforschen
wissen; von der Beichte selbst kann der Katechet folgendes ihnen beybringen.

a) Ihre Beichte soll ordentlich seyn.
Die Ordnung kömmt dem Gedächtniß zustat-
ten, daß es nicht so leicht vergißt, und auch
dem Beichtvater, weil er besser den Zustand
des Beichtkindes einsehen, und auch alles leichter im Gedächtniße behalten kann, worauf vieles ankömmt, damit er am Ende der Beichte
eine schickliche Ermahnung ertheilen könne. Die
Ordnung ist oben Num. 3. schon vorgeschrieben
worden, nämlich: erstlich soll man die wider
Gott, zweytens die wider den Nächsten, drittens die wider sich selbst begangenen Sünden
beichten und zwar jedesmal, was man dabey
mit Gedanken, Worten, oder Werken gethan,
und auch was man durch Unterlassung gesündiget hat.   Denn diese Dinge von einander
trennen, hieß sich in unnöthige Weitläuftig-
keiten und Wiederholungen einlassen, wie auch
undeutlich werden, und nicht klar genug die
Sünde bekennen, so wie sie wirklich ist begangen worden. Es mag aber zum Beichten eine
Weise gewählet werden, welche nur immer

will,

will, so ist doch nöthig, daß man dieselbe
nachgehends allen Katechumenen vorschreibe;
damit dieß aber desto leichter möge bewerkstel=
liget werden, so kann der Katechet ein Mu=
ster, nach welchem sie das Gewissen erforschen,
und die Sünden beichten sollen, schriftlich ent=
werfen, und ihnen vorlegen; dieses Muster
mag auch die Sünden enthalten, welche von
ihnen am öftesten begangen, und am wenig=
sten erkannt werden. Wenn er die Katechu=
menen auf diese Weise unterrichtet, so wird
sich seine ganze Heerde gar bald an das ordent=
liche Beichten gewöhnen.

b) **Die Beichte soll ganz seyn.** Es
giebt Leute, welche zwar ihre Sünden wissen,
sich aber schämen dieselbe zu beichten, welches
manche bis an ihr End treiben, wo sie endlich,
aus Furcht vor dem höllischen Feuer, dem sie
nahe sind, alles beichten, was sie die ganze
Zeit ihres Lebens verschwiegen haben, und sich
ganz und gar zu erkennen geben, wie die Schild=
kröten, welche nicht eher ihren Kopf und Füße
sehen lassen, als bis sie die Glut fühlen. Man
muß deswegen den Katechumenen einen grossen
Abscheu vor diesem Sakrilegium beybringen,
wie auch solche Gründe, welche die natürliche
Schamhaftigkeit zu überwiegen dienlich sind.
1) Kann ihnen der Katechet die Größe der
Sünde vorstellen, der sie sich schuldig machen,

I 5　　　　　　wenn

wenn sie wissentlich eine schwere Sünde zu
beichten unterlassen; er kann ihnen zu Gemüthe führen, daß sie nicht Menschen, sondern
Gott selbst belügen; daß sie auf diese Weise
die Verzeihung ihrer Sünden nicht erlangen,
sondern die Zahl derselben noch mit einer desto
grössern vermehren, nämlich mit einem Sakrilegium. 2) Daß sie alle gethane Beichten
werden wiederholen müssen, weil diejenigen
ungültig sind, in welchen man mit Fleiße eine
schwere Sünde ausläßt; nachdem es nun nicht
anders ist, als daß man die schwere Sünden
beichten muß, wenn man derselben Verzeihung
erlangen will, so ist es ja besser, daß man dieselben je eher je lieber beichte, und sich diese
Last von dem Halse wälze, weil es ohnedem
immer schwerer wird sie zu beichten, je länger
man es verschiebet. Man kann noch hinzusetzen, daß sie einen grossen Trost empfinden,
und gleichsam neu gebohren seyn werden, wenn
sie einmal ihr Gewissen recht werden ausgelee-
ret haben. 3) Daß die Sünden eines jeden
Menschen einstens im jüngsten Gerichte vor
aller Welt werden kund gemacht werden, warum will man sich schämen, dieselben jtzt vor
einem Menschen zu bekennen? 4) Da auch die
Ehrfurcht, wie nicht weniger die Furcht etwas
von seiner Ehre einzubüßen, die Menschen ver-
anlasset, ungültige Beichten zu machen, so
müssen diese Vorurtheile durch handgreifliche
Be-

Beweise bestritten werden. Der Katechet stelle demnach den Schülern vor, daß der Sünder einem sündhaften Menschen, und nicht einem Engel beichtet; daß der Beichtvater ihn deswegen nicht hassen, oder verachten werde, sondern je vernünftiger dieser ist, ein desto grösseres Mitleiden wird auch derselbe mit ihm haben, weil ihm die menschliche Schwachheit zu wohl bekannt , und er vor ihren Anfällen selbst nicht sicher ist; anstatt zu verachten, wird er ihn hochschätzen wegen des Sieges, welchen er über die Schamhaftigkeit und Eigenliebe davon getragen hat. Ja er wird sein Freund werden, weil nichts so sehr die Freundschaft befestiget und gründet, als ein solches heldenmäßiges Vertrauen, vermöge dessen man sein ganzes Herz vor jemanden ausschüttet, und seinen Rath in den mislichsten Umständen einholet. 5) Er mag ihnen zu bedenken geben, daß sie wie die Kranken zum Arzte kommen; kein Kranker aber darf sich schämen, die Krankheiten und Wunden dem Arzte bekannt zu machen, ja weil er weiß, daß er die Gesundheit nicht anders erlangen kann, als wenn der Arzt die Krankheit aus dem Grunde erkennet, so bemühet er sich, seine Krankheit dem Arzte aufs deutlichste bekannt zu machen. 6) Endlich kann er ihnen noch die Schuldigkeit des Beichtvaters, die Beichte geheim zu halten, erklären, daß der Beichtvater nicht einmal

mal mit dem Beichtkinde auſſer der Beichte von
deſſen Sünden zu reden anfangen darf; daß
die in der Beichte erlangte Kenntniß eben ſo
viel als keine Kenntniß ſey, weil der Beichtvater davon gar keinen Gebrauch machen kann;
daß noch niemals ein Prieſter das Siegel der
Beichte verletzet habe, man habe hierüber kein
Exempel aufzuweiſen ꝛc.

c) **Es ſoll nichts Ueberflüßiges in der
Beichte geſagt werden.** Gleichwie einige zu
wenig in der Beichte thun, indem ſie manches
verſchweigen, deſſen ſie ſich anklagen ſollten,
alſo thun auch manche zu viel, indem ſie allerley Dinge ſagen, die in die Beichte nicht gehören, ſie machen weitläufige Beſchreibungen
von den Umſtänden der Perſonen und Oerter;
ꝛc. ja ſie ſagen wohl gar manchesmal ſündliche
und ehrenrührische Worte; auch in der Beichte
muß man nicht von anderer Leute Sünden
Meldung machen; einige ermüden den Beichtvater mit allerley unnöthigen Ausſchweifungen,
beſonders die Weiber, die manchesmal ihre
ganze häusliche Wirthſchaft, und die Sitten
ihrer Männer und Kinder ſchildern. Damit
dieſes Uebel vermieden werde, ſoll der Katechet
die Katechumenen wohl unterrichten, daß ſie
nur ihre Sünden, und daß, ohne welches die
Größe und Schwere der Sünde nicht kann ein-

gesehen werden, beichten; daß sie niemals eine
andere Person, oder den Mitschuldigen nennen. rc.

Damit die Katechumenen diese Sache besser
fassen mögen, so können denselben bisweilen
einige dergleichen mangelhafte Beichten exempelweise vorleget, und sie darüber befraget werden,
was sie dazu meynen, warum und worinnen
sie mangelhaft seyn; doch muß der Katechet
hierinnen behutsam verfahren, damit nicht
etwa ein oder der andere durchgezogen werde,
ein solches könnte das Sakrament der Buße
sehr verhaßt machen, welches sorgfältig muß
vermieden werden. Er mag hiemit anfangen,
daß er frage: z. E. wenn jemand beichtete: Ich
habe gelogen, ich bin zerstreuet im Gebethe
gewesen, ob dieser gut beichte? Was er noch
hinzu setzen sollte rc. Und so kann er auch einige Exempel von dem, was unnöthig zu
beichten ist, anführen. Es kann hierüber auch
Alberts Dreschers Katechismus nachgesehen
werden, welcher verschiedene mangelhafte Beichten der Unwissenden, und übel Unterrichteten
anführet.

d) Die Beichte soll demüthig seyn.
Nachdem das äußerliche Betragen eine Abbil-
dung des innerlichen Menschen ist, so wäre es
eben kein gutes Zeichen einer wahren Buße,
wenn

wenn jemand seine Sünden mit der Gleichgül=
tigkeit bekennete, mit welcher man eine Ge=
schichte erzählte, oder wenn er gar so beichtete,
als, wenn er seine löblichen Handlungen her=
zählte. Daraus aber folget nicht, daß man
mit Weinen und Seufzen beichten müsse; wenn
nun das Herz wirklich zerknirscht und demü=
thig ist, so wird sich dieß auch, so viel als
nöthig ist, im äusserlichen Betragen ausdrü=
cken.

9) Ein neues Leben anzufangen, und
Gottes Gebothe zu halten.*

* Nachdem keine Bekehrung aufrichtig und
rechtschaffen ohne die Lebensänderung ist, so
nimmt sich der rechtschaffene Büßer fest vor ein
neues Leben anzufangen, er saget allen La=
stern, und bösen Gewohnheiten ab, er richtet
alles sein Aeusserliches und Innerliches nach der
Vorschrift des heiligen Evangeliums ein. Sein
Verstand, welcher bis dahin in seinen Urthei=
len blindlings den Sinnen und Leidenschaften
gefolget ist, leget nun allen Sachen keinen an=
dern Werth bey, als den sie nach der Religi=
on, und gesunden Vernunft haben; er zieht
das Grosse dem Kleinen vor, und sieht es ein,
daß man sich mehr vor den ewigen, als vor
den zeitlichen Strafen fürchten müsse. Der
Wille stimmet mit den Urtheilen des Verstan=
des

des überein, er sehnet sich nach den ewigen
Gütern, und verlanget einzig und allein nach
dem, welcher allein kann, und auch will die
Menschen vollkommen glücklich machen; er
wendet alle Mittel an, denselben zu besitzen;
weil aber die Beobachtung der göttlichen Gebothe das einzige nothwendige Mittel ist zu
Gott zu kommen, so machet er auch einen
festen und kräftigen Vorsatz, die Gebothe künftighin aus allen Kräften zu halten.

Damit die Katechumenen es besser fassen
mögen, was durch einen festen und steifen Vorsatz verstanden werde, so erkläre der Katechet
die Worte steif und fest. Steif wird dasjenige genennet, was sich nicht biegen läßt, z.
E. ein alter Baum; Fest nennet man dasjenige, was sich nicht von der Stelle bewegen
läßt, z. E. ein tief eingeschlagener Nagel. Also muß der Wille des Bußfertigen künftighin
weder durch Drohungen, weder durch Verheissungen, weder durch die Schwierigkeiten der
Tugend, noch durch die Reitze des Lasters mehr
können zum Bösen gebeuget, noch durch Gewalt, noch durch Wollust vom guten Vorsatze
abwendig gemacht werden. Der Vorsatz muß
auch kräftig seyn, er muß sich im Werke selbst
zeigen, nämlich durch Vermeidung aller Gelegenheiten, die zum Bösen verleiten können,
und durch den Gebrauch aller Mittel, welche
dien-

dienlich ſind, die Tugenden zu erwerben. Es
iſt wunderbar, daß die Menſchen in jedem andern Falle es leicht einſehen, ob jemand einen
kräftigen Vorſaz dieß oder jenes zu thun, oder
zu laſſen habe; da ſie ſich doch gar leicht betrügen, wenn es ſie ſelbſt und ihr Seelenheil
angeht. Welcher Vater ſieht es nicht leicht
ein, ob die Bekehrung ſeines Sohns wahrhaftig, und aufrichtig iſt? Welcher Lehrmeiſter,
welcher Herr betrügt ſich in Anſehung der Beſſerung ſeines Schülers, ſeines Knechts, ſeiner Magd? Wenn dieſe mehrern Fleiß, eine
gröſſere Treue verſprechen, ſo fordert man ihnen alſogleich werkthätige Beweiſe ab, ſie werden auch nicht das wachſame Auge des Herrn,
oder der Frau hintergehen. Warum urtheilen denn die Menſchen nicht auf die nämliche
Weiſe von ſich ſelbſt?

Dieß ſind nun die Vorbereitungen zur Rechtfertigung nach dem Sinne der heiligen triden-
tiniſchen Kirchenverſammlung; wenn dieſe nur
recht veranſtaltet werden, ſo wird die Rechtfertigung gewiß auch erfolgen.

§. 44.

Der Menſch, welcher durch die Rechtfertigung bey Gott wieder zu Gnaden iſt
angenommen worden, hat gewiſſe Pflichten

ten und Schuldigkeiten zu erfüllen, welche
Tugenden genennet werden; es ist demnach nöthig, die Tugend genau erkennen
zu lernen.*

* Das Wort Tugend ward schon von den
heidnischen Weltweisen stark gebraucht, es ist
nachher in die Schulen aufgenommen worden,
und von da ist es in die Predigten und Katechesis übergegangen, besonders in des Kanisius
Katechismus, darum ist eine ausführliche Erklärung dieses Wortes gar sehr nöthig. Es
ist sich sehr zu verwundern, daß Kanisius,
welcher sich des Worts Tugend so oft bedient,
niemals einen Begriff davon gegeben hat, welches um so viel nöthiger gewesen wäre, nachdem er die drey ersten Kapitel seines Katechismus der Abhandlung der drey sogenannten
göttlichen Tugenden gewidmet, und auch den
größten Theil des fünften Kapitels, in welchem
er von der christlichen Gerechtigkeit handelt,
mit Abhandlung der Tugenden verbrauchet.
Bellarmin sahe die Nothwendigkeit dieser Sache ein, und gab in seinem kleinen Katechismus eine Erklärung der Tugend, damit dieses Wort möchte verstanden werden; ob er
aber damit seine Absicht gänzlich erreichet habe,
wird in dem folgenden §. gezeiget werden.

m　　　　§. 45.

§. 45.

Die weſentliche Abſicht aller Definitionen, Erklärungen, oder Beſchreibungen iſt dieſe, daß die Menſchen nicht allein die Worte und ihren Laut kennen, ſondern auch die Sache, welche die Worte andeuten. Wenn die Menſchen durch die Erklärungen nicht einſichtiger werden, ſondern ihr Gedächtniß blos mit andern Worten, die ſie eben ſo wenig verſtehen, beſchweret wird, ſo iſt die Mühe, welche auf die Erklärungen gewendet worden, vergeblich. Vornehmlich muß bey den Erklärungen auf die Fähigkeit der Leute geſehen werden, denen die Erklärung gemacht wird. Es können die Worte der Erklärung den Gelehrten verſtändlich ſeyn, ohne daß ſie von den Ungelehrten verſtanden werden. Wenn nach dieſer Vorſchrift die Erklärung, welche gemeiniglich die Theologen, und ſelbſt Bellarmiu in ſeinem Katechiſmus von der Tugend giebt, geprüfet wird, ſo findet es ſich, daß ſie den Katechumenen wenig nütze. Es ſcheint am beſten zu ſeyn, wenn man die Tugend ſo erkläret, daß ſie eine Gewohnheit, eine Fertigkeit oder ein feſter thätiger Entſchluß ſey, den Willen Gottes zu vollziehen, oder die Gebothe Gottes zu beobachten. *

* Ich

* Ich übergehe mit Fleiße die Erklärung, welche aus dem heiligen Thomas a) angeführet wird, daß die Tugend eine gute Beschaffenheit des Gemüths sey, vermöge welcher man recht lebet, und die niemand misbraucht, und welche Gott in uns, ohne uns hervorbringt. Wenn diese Erklärung auch sonst ihre Richtigkeit hätte, so will sie doch nicht wegen ihrer Weitläuftigkeit der Kateches anpassen. Lasset uns diejenige prüfen, welche Bellarmin in seinem Katechismus gesetzet hat; sie ist kürzer, und lautet also: Die Tugend ist eine Eigenschaft oder Beschaffenheit, welche den Menschen gut machet. Ich will hier nicht untersuchen, ob das Wort Eigenschaft oder Beschaffenheit den Ungelehrten genugsam könne erkläret werden; die Theologen wenden wider diese Erklärung ein, daß sie zu allgemein und unbestimmt sey; und sie setzen statt des Worts Eigenschaft, Beschaffenheit: das Wort habitus, Fertigkeit; a) es hat aber Bellarmin selbst durch das Wort Eigenschaft, Beschaffenheit, nichts anders verstanden als habitus, Fertigkeit, und vielleicht geglaubet, daß jenes verständlicher als dieses sey; welches genugsam aus der beygefügten Erklärung erhellet. Nehmen wir an, daß durch das Wort

m 2   ha-

a) Q. 55. A. 4. ⊙
a) Z. E. man sagt: jener Mensch hat eine grosse Fertigkeit auf der Geige, auf der Orgel ꝛc.

habitus, die Natur der Tugend am besten er=
kläret werde, wie wird der Katechet den Be=
griff vom habitus, Fertigkeit, den Katechu=
menen beybringen, daß er ihnen immer, wenn
von der Tugend die Rede ist, welches vielmals
geschieht, beywohne? Unsere Muttersprache,
welche mit der Lateinischen in keiner Gemein=
schaft steht, hat lange Zeit nicht gewußt das
Wort habitus, auszubrücken, bis endlich das
Wort Fertigkeit gebraucht worden. So gut
indessen das Wort Fertigkeit sich für die Schu=
len schicken mag, so thut dasselbe dennoch nicht
dieselbe Wirkung in der Katechesis; denn erst=
lich ist dieses Wort in der Sprache des gemei=
nen Mannes nicht bekannt, und muß folglich
selbst erkläret werden, da es doch zur Erklä=
rung der Natur der Tugend dienen soll. Nach=
gehends wird das Beywort fertig freylich oft
gebraucht, aber meistentheils nicht in dem Ver=
stande, in welchem man das Hauptwort brau=
chet; diese Schwierigkeit, welche das Wort
Fertigkeit machet, wird nicht ehe gehoben wer=
den, bis dasselbe in der Sprache des gemeinen
Mannes wird bekannter geworden seyn. Da
dieß das erste Gesetz des Katecheten seyn muß,
daß er so rede, damit er verstanden werde, wa=
rum sollte es ihm nicht erlaubt seyn, sich aus
der scholastischen Theologie und Philosophie her=
geholter Worte zu entschlagen, und andere,
die verständlicher sind, statt ihrer zu gebrau=
chen,

chen, ob sie gleich der Natur der Sache nicht
so gar genau als jene anpassen.

Und nach dieser Vorschrift scheinen mir diejenigen gar wohl gethan zu haben, welche statt
des Wortes Fertigkeit das Wort Gewohnheit gesetzet haben, ohne daran zu gedenken,
daß das letzte von dem ersten nicht viel unterschieden ist, so wird es von den Ungelehrten,
bey welchen es im Schwange ist, besser verstanden. Wenn aber jemand abgeschrecket würde, dieses Wort zu gebrauchen, weil auch
diejenigen Tugenden besitzen können, welche
keine Gewohnheit haben, Gottes Gebothe zu
halten, so kann er die Tugend einen ernstlichen
entschlossenen standhaften Willen nennen, Gottes Gebothe zu beobachten, so wie die Theologen die Gerechtigkeit erklären, daß sie seye ein
ernstlicher standhafter Wille, einem jeden das
Seinige zu gewähren; denn wenn es von einer
Tugend gilt, daß sie ein ernstlich standhafter
Wille sey, so sehe ich nicht, warum es nicht
auch von allen Tugenden überhaupt gelten könne, vornehmlich weil es viel besser verstanden
wird, als das Wort Fertigkeit.

Der zweyte Theil der vom Bellarmin gegebenen Erklärung, welche den Menschen gut
machet, wird eben auch nicht verstanden wer-

den,

ben, wegen der verschiedenen Bedeutung des
Wortes gut; und die Katechumenen werden
dadurch auch nicht einsichtiger werden, weil der
Verstand nothwendiger Weise weiter nachfor-
schen muß, was denn das sey, welches den
Menschen gut machet, oder worinne diese Güte bestehe, da sie verschiedenes bedeuten kann.
Dieser Erklärung haben sich schon die heidnischen Weltweisen bedienet; und wer darf in
Abrede seyn, daß unter der Tugend des Heiden und des Christen ein grosser Unterschied gemachet worden?

Warum sollte es nicht erlaubt seyn, eine
weit einfältigere und den Ungelehrten weit ver-
ständlichere Erklärung von der Tugend zu machen? Nachdem ein guter Christ derjenige ist,
welcher Gottes Gebothe hält, welcher sein Leben nach dem Willen und den Gebothen Christi einrichtet; und nachdem derselbe einem Christen anständige Tugenden besitzet, welcher die
Gebothe hält, und zwar so viel verschiedene
Tugenden, so viel er verschiedene Gebothe beobachtet, so sehe ich nicht, warum die Tugend
nicht vielmehr mit dem Willen, Gottes Gebothe zu halten, als mit dem Worte Fertigkeit, welche den Menschen gut machet,
solle erkläret werden?

§. 46.

§. 46.

Gleichwie aber die sittlichen Gebothe vornehmlich auf drey Grundgesetze eingeschränket werden können, nämlich auf die Liebe
Gottes, des Nächsten, und seiner selbst,
also erwachsen auch daraus drey wesentliche Tugenden, welche vor allen andern
der Katechet sehr fleißig erklären soll, weil
die ganze Sittenlehre in ihnen als in einem
Auszuge begriffen ist. Wir machen den
Anfang von der Liebe Gottes, von welcher
die Seelsorger das christliche Volk sehr
sorgfältig unterrichten sollen, wie der römische Katechismus in der Vorrede gar nachdrücklich ermahnet.* Will man die Natur dieses Geboths genau einsehen, so muß
man das in Obacht nehmen, was hievon
oben a) ist gesaget worden; schlagen wir
aber einen andern Weg ein, welcher es immer sey, so werden wir ohne Nutzen arbeiten. Dieß erhellet sattsam, wenn wir nur
mit einem flüchtigen Auge die Erklärungen durchschauen wollen, welche von der
Liebe in den Katechismen sind gegeben worden.**

* Diese Stelle des römischen Katechismus
lautet also: Da unser Herr und Heiland nicht

m 4   al

a) Kap. 4. §. 27. f. f.

allein gesagt, sondern auch mit seinem Beyspiele
gewiesen hat, daß das Gesetz und die Propheten
von der Liebe abhängen, darnach auch der Apostel es bestätiget, daß die Liebe das Ziel und
Ende der Gebothe, nnd die Erfüllung des Gesetzes sey, so kann niemand daran zweifeln,
daß dieß die vornehmste Pflicht eines Seelsor-
gers sey, welche er mit der größten Sorgfalt
zu erfüllen sich bemühen soll, damit das gläubige Volk beweget werde, Gottes unermeßliche
Güte gegen uns zu lieben, und damit es von
einem göttlichen Eifer entzündet gegen dieses
höchste und vollkommenste Gut hingerissen werde, welchem anzuhängen die wahre und gründliche Glückseligkeit ist, dieß wird derjenige erfahren, welcher mit dem Propheten wird sagen können: Denn was habe ich im Himmel, und was habe ich auf der Erde be-
gehret ausser dir? Dieß ist jener vortrefliche
Weg, welchen der Apostel gezeiget hat, da
er seine ganze Lehre und Unterricht auf die Liebe, welche niemals aufhöret, richtete. Es
mag etwas zu glauben, oder zu hoffen, oder
zu thun vorgestellet werden, so muß dabey allemal die Liebe unsers Herrn angepriesen werden, damit jedermann einsehe, daß alle Werke einer vollkommenen christlichen Tugend nirgends anders her, als aus der Liebe seinen Ursprung nehmen, und daß sie auch kein anders
Ziel und Ende haben sollen.

**Ra-

** **Kanisius** sagt: Die Liebe ist eine Tugend, vermöge welcher wir Gott um seiner selbst willen, und den Nächsten wegen Gott lieben. Was ist das anders, als: Liebe ist Liebe? Das beygefügte Wort **Tugend** erkläret die Sache nicht, sondern verwickelt sie in neue Schwierigkeiten. Auf die nämliche Weise reden die andern Katecheten, ausser daß die lateinischen, und die, welche eine von der lateinischen hergeleitete Sprache reden, Liebe und Lieben mit anders lautenden Worten geben, damit wenigstens in dem Laute der Worte ein Unterschied sey; Charitas est virtus, qua amamus etc. Aber auch dieser Unterschied kömmt in unsern deutschen Katechismen nicht vor, weil unsre Sprache nur ein Wort hat, mit dem sie die Liebe bezeichnet. Man muß sich die Erklärung des **Kanisius** von der Liebe nicht wundern, denn es ist nicht möglich, demjenigen, welcher nicht aus der eigenen Empfindung die Liebe kennet, einen Begriff von der Liebe beyzubringen, was man hiezu immer für Worte anwenden wird.

§. 47.

Wenn der Katechet den Katechumenen wenigstens einigen Begriff von der Liebe beybringen will, so muß er es dahin zu bringen suchen, daß die Katechumenen auf

m 5   sich

sich selbst zurücke denken, und sich erinnern, ob sie niemals etwas dergleichen empfunden haben; damit nun dieses geschehe, so muß der Katechet mit den Katechumenen die in dem gemeinen Leben gewöhnlichsten Fälle durchgehen, in welchen die Menschen lieben, und worinne sich seine Katechumenen entweder befinden, oder befunden haben können. Aus den nämlichen Fällen wird man auch leicht zeigen können, wie die Liebe in uns entsteht, oder was für Bewegungsgründe müssen vorgestellet werden, daß die Liebe in uns erwecket werde, und dieß letztere muß sich der Katechet vornehmlich angelegen seyn lassen.*

* Wenn wir die gewöhnlichsten Fälle durchnehmen, in welchen, wenn sich die Menschen darinne befinden, gesagt wird, daß sie lieben, so wird erhellen, daß, wenn von leblosen Sachen die Rede ist, die Menschen solche Gegenstände lieben, welche entweder eine angenehme Empfindung, oder was immer für eine Lust in ihnen erwecken, in wie weit sie nämlich entweder eine Beziehung blos auf die Sinnen, oder auf die Seelenkräfte haben. Wir wollen vom ersten anfangen. Wenn jemand spricht, daß er die Weintrauben, die Feigen ꝛc. liebet, so versteht der andere alsogleich, daß das Essen der Weintrauben, der Feigen ihm eine angeneh-

me Empfindung gewähre ꝛc. Spricht jemand,
daß er die Schildereyen liebet, so weis gleich
jedermann, daß der Besitz der Schildereyen ihm
eine Lust verschaffet. Wenn jemand saget,
daß er das Bücherlesen, und den Umgang mit
gelehrten Leuten liebet, so will er sagen, daß
das Bücherlesen, und der Umgang mit gelehrten Leuten ihm angenehm sey, daß es in ihm
Freude und Lust errege; die Liebe aber ist in
diesen Fällen nichts anders, als das Vergnügen, welches in dem Menschen entsteht, so
oft er sich das Angenehme vorstellet, welches
ihm eine Sache gewähret. Wenn von Personen die Rede ist, so sagen wir, daß wir diejenigen lieben, welche unsre Glückseligkeit unsre Zufriedenheit, unser Vergnügen befördern
können und wollen; so oft wir an diese Glückseligkeit Zufriedenheit, Vergnügen, welche von
einer solchen Person befördert werden, denken,
entsteht in uns diejenige Gemüthsregung, welche wir die Liebe zu nennen pflegen. Hierüber
kann man die Menge Exempel anführen, der
Katechet hat die Freyheit zu wählen, keines
aber ist in diesen Umständen schicklicher, als
die Liebe der Kinder zu den Aeltern, weil kein
Katechumen so unmenschlich seyn wird, daß
er nicht wenigstens einige Empfindung der Liebe zu den Aeltern habe, oder gehabt habe; und
woher ist diese Empfindung entstanden, als
weil die Kinder die Aeltern als den Ursprung

ih-

ihrer gegenwärtigen und zukünftigen Glückſeligkeit ihrer Zufriedenheit und Vergnügens anſehen, weil ſie wahrnehmen, daß die Aeltern
immer ſich beſorgen und beſchäftigen, das Beſte ihrer Kinder zu befördern, weil ſie Tag
und Nacht arbeiten und ſchwitzen, damit den
Kindern wohl ſeyn möge? Eben ſo verhält es
ſich mit der gegenſeitigen Liebe der Aeltern zu
den Kindern; auch dieſe Liebe iſt nicht ſo rein,
und nicht ſo weit von allem Eigennuße entfernet, wie ſich viele einbilden; woher nimmt die
Liebe der Aeltern zu den Kindern gemeiniglich
ihren Urſprung, als weil die Aelteru ihr Da-
ſeyn in den Kindern fortdauern ſehen; weil ſie
diejenige Hülfe und Beyſtand, den ſie ſich von
ihren Kindern dermaleinſt verſprechen, ſich jtzt
ſchon vorſtellen? Nachdem ſie aber oft wahrnehmen müſſen, daß ihre Hoffnung fehlge-
ſchlagen hat, ſo hören ſie nicht allein auf, ihre
Kinder zu lieben, ſondern ſie pflegen dieſelben
auch aufs entſetzlichſte zu haſſen.

Nachdem aber diejenigen Dinge, welche eine angenehme Empfindung oder Luſt in uns
erregen, wie auch dieſe, welche auf was
für eine Weiſe unſre Glückſeligkeit befördern, uns gut ſind, kann man daraus
leicht abnehmen, welches die erſte Stufe der
Liebe ſey, oder die unvollkommene Liebe,
nämlich die Liebe der Dinge, welche uns gut
ſind,

sind, oder die Gemüthsregung, welche aus der Betrachtung eines Gegenstandes, in so weit er uns gut ist, entsteht; je grösser diese Güte ist, jemehr der Gegenstand unsere Glückseligkeit befördern kann, oder wirklich befördert, je klärer diese Glückseligkeit sich unserm Gemüthe darstellet, desto grösser ist auch die Liebe; von welcher schon oben ist gehandelt worden.

Dieß vorausgesetzt, wird es nicht schwer seyn, den Katechumenen zu zeigen, worinne die unvollkommene Liebe Gottes besteht, wenn sie nur erst wissen, was für Wohlthaten sie von Gott empfangen, und welche sie als Christen noch hoffen sollen; wenn sie sich nur gänzlich versichert halten, daß Gott allein sie könne und wolle ewig glücklich machen; wenn sie nur dieß reiflich überlegen, so wird die Liebe in ihnen von sich selbst entstehen.

Der Katechet muß die Katechumenen fleißig unterrichten, daß diese Liebe nicht deswegen die unvollkommene genennet wird, als wenn sie eine Unvollkommenheit in sich enthielte, sondern weil sie nicht so vollkommen ist, als jene, wermöge welcher Gott als unendlich vollkommen geliebet wird. Sonst aber sollen wir uns aus allen Kräften btmühen, Gott mit der sogenannten unvollkommenen Liebe zu lieben; wir können ihn auch nicht genugsam so lieben,

weil

weil seine Güte gegen uns unendlich groß ist,
denn alles, was wir haben, und was wir sind,
ist von Gott, von dem wir auch alle Glückseligkeit, der wir nur fähig sind, erwarten dür-
fen.

So kann der Katechet sich bis zu der Liebe,
welche die Theologen die vollkommene nennen, erheben, und dieselbe wiederum mit Anführung allerley Exempel erklären. Die Liebe
wird aber die vollkommene genennet, welche
einer Sache wegen ihrer innerlichen Vollkommenheiten nachhängt, ohne Rücksichte auf seine
eigene Glückseligkeit. So wollen die Theologen,
daß wir Gott lieben sollen, nicht allein deswegen, weil er allein kann und auch will uns
unendlich glücklich machen, sondern auch wegen seiner unendlichen Vollkommenheiten, ohne Rücksichte auf denjenigen Nutzen, der uns
aus einer solchen Liebe zufließt. Diese Liebe
wird von den Theologen amor complacentiae,
die Liebe des Wohlgefallens, auch oft be-
nevolentiae, des Wohlwollens genennet,
weil das letzte mit dem ersten immer verknüpfet ist; denn wir sind so beschaffen, daß
wir einem Gegenstande, welcher uns wegen seiner eigenen Vollkommenheiten gefällt, ergö-
tzet, und den wir lieben, alles Gute wünschen,
und auch nach Vermögen verschaffen. Wir
wollen bey der Liebe des Wohlgefallens, welche

che die Quelle der Liebe des Wohlwollens ist,
stehen bleiben; von dieser kann der Katechet
durch Anführung der Exempel den Katechumenen Unterricht geben, die es selten einsehen,
was die Theologen mit ihrer Abtheilung der
Liebe in die vollkommene und unvollkommene sagen wollen. Es giebt Gegenstände,
welche wegen ihrer Schönheit und Vollkommenheiten allen gefallen, obschon sie ihnen nicht
angehören, und ob sie gleich davon gar keinen
Nutzen hoffen können. Ein schöner Garten,
welcher mit verschiedenen Blumen, und Bäu-
men pranget, und nach dem schönsten Eben-
maaße angeleget ist, gefällt allen, man empfindet bey dessen Betrachtung eine geheime
Freude und Ergötzlichkeit, er wird geliebet,
alles betrübet sich, wenn man höret, daß er
durch die Feinde ist verwüstet worden, oder
daß er sonst einen Schaden genommen habe,
jedermann wünschet, er soll immer bestehen;
was will aber diese Schönheit gegen die uner-
schaffene sagen, aus der alle erschaffene Schön-
heiten, wie Bäche aus einem Brunne, hergeleitet werden; welche Ergötzlichkeit und Liebe
soll nicht aus der Betrachtung dieser unerschaf-
fenen Schönheit entstehen? Und so können auf
diese Weise noch mehrere Exempel angeführet
werden.

Dieß

Dieß iſt unſtreitig die beſte Liebe, welche aus beyden zuſammengeſetzet iſt, denn unter den Eigenſchaften Gottes giebt es auch einige, welche nothwendiger Weiſe eine Beziehung auf uns haben, z. E. die Barmherzigkeit, die Güte, die Vorſehung, die Weisheit ꝛc. die wir ohne Widerrede zu lieben ſchuldig ſind. Dieſe aus beyden zuſammengeſetzte Liebe ſetzet voraus, daß man ſtark und feſt überzeuget ſey: Gott iſt das höchſte Gut, der allein den Menſchen kann, und auch will höchſt glücklich machen. Aus dieſer innerlichen Ueberzeigung entſtehet eine ſtete Neigung gegen Gott, als das höchſte Gut, oder ein feſter Wille, ihn über alles zu lieben, an Gott ſich mehr als an allen erſchaffenen Dingen zu ergötzen; lieber alle erſchaffene Dinge einzubüſſen, als Gott zu verlieren; dieſer Wille iſt die Tugend der Liebe, deren Natur aus dem itzt geſagten ſich leicht abnehmen läßt; ſie nimmt um deſto mehr zu, je geläufiger es einem wird, ſich Gott als das höchſte Gut vorzuſtellen.

Aus dieſem kann der Katechet leicht ſchlieſſen, was ihm in dieſer Sache zu thun obliegt, und daß ſie nicht in Formeln beſtehe. Erſtlich muß er ſich bemühen, den Katechumenen einen recht hohen Begriff von Gottes unendlichen Vollkommenheiten, und ſeiner Güte gegen uns, beyzubringen. Zweytens muß er ſie
da-

dahin zu bringen suchen, damit sie diesen
Begriff erneuern lernen, und daß sie ihn auch
wirklich öfters erneuern ; die unermeßli-
chen Wohlthaten Gottes und unsers Herrn
Jesu Christi bedenken, und auch Gottes unendliche Eigenschaften öfters betrachten, und
so wird die durch den heiligen Geist ausgegosse-
ne Liebe in ihren Herzen wohnen.

§. 48.

Damit sich aber niemand selbst vergeblich berede, daß er die ächte Liebe Gottes
habe, wenn er etwa während seinem Gebethe und Betrachtungen, ich weis nicht,
was für eine Süßigkeit empfindet, ohne
daß sich die Liebe selbst im Werke äussere;
so müssen die Katechumenen fleißig unterrichtet werden, daß die Liebe nicht ein un-
fruchtbarer, sondern sehr wirksamer Affekt
sey, und es sey ein untrügliches Zeichen,
daß da, wo die Werke mangeln, auch die
Liebe abgehe.*

* Es sind gewisse Wirkungen mit der Liebe
unzertrennlich verknüpfet, und ihre nothwendigen Begleiter; sie sind der wahre Probierstein,
auf welchem die Liebe besser geprüfet, und
erkannt werden kann, als aus je einer andern
Sache. Ueberhaupt lassen sich die Wirkungen
der

der Liebe auf diese zwo einschränken, die übrigen sind nichts anders als nur verschiedene Ab-
leitungen derselben. 1) Das Bestreben, der
geliebten Person zu gefallen. 2) Das Beeifern, die Glückseligkeit der geliebten Person
nach Vermögen zu befördern. Wer immer jemanden wahrhaftig liebet, der verlanget auch
brünstig von demselben wieder geliebet zu werden; damit nun dieses erfolge, so muß er alles thun, was er weis, das dem andern gefällt, und er muß vermeiden, was dem andern
misfällt, er muß in allen Dingen des andern
Willen thun, nicht nur wenn er ihm angezeiget wird, sondern sogleich als er ihn nur vermuthen kann; daher ist es auch nicht zu verwundern, daß in der heiligen Schrift die Beobachtung der Gebothe Gottes für das vornehmste und sicherste Merkmaal der göttlichen
Liebe angegeben wird. Er muß aber auch die
Glückseligkeit der geliebten Person nach Vermögen befördern, ja dieselbe als seine eigene
ansehen. Da Gott vermöge seiner Natur schon
unendlich glückselig ist, und unser gar nicht
bedarf, so müssen wir wenigstens seine Ehre
und Herrlichkeit nach Vermögen in uns, und
in andern befördern. Daraus entsteht der Eifer für Gottes Ehre, welcher allen, die Gott
lieb haben, nach einer gewissen Ordnung und
Stufe nothwendig ist. Wenn jemand diese
Wirkungen in sich fühlet, nämlich das anhal-
tende

tende Bestreben Gott zu gefallen, und seine
Ehre in sich und andern sowohl mit Worten,
als Beyspielen zu befördern, der kann daraus
schliessen, daß es ihm nicht an der Liebe Gottes gebreche.

§. 49.

Es ist auch nöthig, daß die Katechumenen von dem wohl unterrichtet werden, worinne die Liebe des Nächsten besteht, die
in dem neuen Gesetze so vielmals mit dem
größten Nachdrucke den Christen empfohlen wird. Da aber die meisten, wenn es
zum Lieben kömmt, dem natürlichen Triebe vielmehr folgen, als der Vernunft, und
noch seltener aus den Bewegungsgründen
ihren Nächsten lieben, aus welchen wir
ihn nach dem Befehl Christi lieben sollen;
so muß vor allem andern die blos sinnliche,*
die vernünftige, ** und die christliche ***
Liebe von einander unterschieden werden.

* Die sinnliche Liebe wird diejenige genennet, welche aus einer dunkeln Vorstellung eines, ich weis nicht, welchen Gutes entstehet.
Wenn wir auf das Betragen der Menschen
aufmerksam seyn wollen, so werden wir finden, daß der größte Theil derselben selbst nicht
weis, warum sie lieben oder hassen;

n 2   was-

warum sie einen gern, den andern ungern sehen, es
gefällt ihnen an jenem etwas, an einem mißfällt
ihnen etwas anders, ohne zu wissen, was es sey,
was ihnen gefällt, und mißfällt. Ueberhaupt
kann man sagen, daß sie diejenigen vor andern
lieben, an welchen sie eine Aehnlichkeit und Uebereinstimmung des Temperaments, der Neigungen, der Sitten, der Meynungen, und
der Beschäftigung mit den Ihrigen wahrnehmen;
sie pflegen aber dieß wahrzunehmen, ohne es
in Ueberlegung zu ziehen, die Liebe nimmt
sie ein, ohne daß sie sich der Liebe bewußt
sind. Im Gegentheile aber hassen sie diejenigen,
oder lieben sie wenigstens nicht so sehr, an denen sie eine Ungleichheit der vorhin erzählten
Dinge wahrnehmen. Oderunt hilarem tri-
stes, singt der Poet, a) tristemque jocosi,
sedatum celeres, agilemque, grauemque re-
milli. Von daher kommen die gegenseitigen
Abneigungen der Menschen, welche sich niemals
einander etwas zu Leide gethan haben. Der
Grund davon ist ohne Zweifel dieser, weil sie
aus dem Umgange und der Gesellschaft dererjenigen, mit welchen sie einige Aehnlichkeit haben, mehr Lust, und Nutzen hoffen, als
anderer, von derer Seite sie sich nichts anders
als Streits und Widerspruchs versehen; die so
lieben, die lieben nicht sowohl andere, als sich
in andern. Diese Liebe, wie es jedermann in
die

a) Horat. Epist. 1. Epist. 12.

die Augen leuchtet, befiehlt das Evangelium
nicht, wir müssen also nach einer andern forschen.

** Es giebt noch eine reinere Liebe als die
vorige, welche nicht von den Sinnen, sondern
von der Vernunft herrühret, die an andern
Menschen solche Dinge entdecket, vermöge welcher sie unsre Liebe verdienen. Da das Evangelium die Liebe, welche die Menschen als Menschen einander schuldig sind, nicht vernichtet,
sondern dieselbe vielmehr bestätiget, so lasset
uns sehen, was die sich selbst überlasse ne Vernunft von uns fordert, und was alsdenn erst
das Evangelium verlanget. Es ist aus der
Erfahrung genugsam bekannt, daß die Liebe
einige Aehnlichkeit oder einige Beziehung des
Liebenden auf den geliebten Gegenstand vor-
aussetze; sind diese Beziehungen häufiger, so
ist die Liebe auch grösser. Die erste Beziehung,
die dem ganzen menschlichen Geschlechte gemein
kömt, ist die Aehnlichkeit der menschlichen Natur,
darauf gründet sich die Menschenliebe; indem
es nicht möglich ist, daß dasjenige, was dem
Menschen an ihm selber gefällt, nicht auch andern gefallen solle. Wie grösser hernach diese
Aehnlichkeit insonderheit zwischen einzelnen
Menschen ist, desto grösseres Wohlgefallen und
Liebe haben sie auch gegen einander. Wir sehen sogar, daß Thiere von einerley Gattung

N 3   ein-

einander nicht verfolgen, sondern sich gern zusammen gesellen; warum sollten Menschen nicht
in andern Menschen ihre Gattung verehren,
und lieben? Doch dieß ist handgreiflich, die
Vernunft gehet weiter; sie zeiget uns, daß
der andere, wer er auch immer seyn mag, so fern
er nur ein Mensch ist, den nämlichen Urheber
habe, der uns erschaffen hat; daß er unser Bruder sey; daß er auch das Vermögen hat, wenn
er sich desselben nur gebrauchen will, diesen
seinen Urheber zu erkennen; daß er auch seine
Hände zum Himmel aufheben, und sagen
dörfe: Vater, der du bist in dem Himmel!
Die Vernunft lehret uns überdieß, daß die
ganze Erde gleichsam nur ein Haus sey, in
welchem viele Familien wohnen, so viel es
nämlich Nationen, an Sitten, Sprachen und
Religion unterschieden in der Welt giebt, ja
alle Nationen machen gleichsam nur eine Fa-
milie aus, die aus sehr vielen Gliedern besteht,
und was ist billiger, als daß allba der Friede, die
Liebe, die Einigkeit herrsche, und aller Haß,
Verachtung, Zwietracht, und Rache entfernet
sey? Zu dieser allgemeinen Beziehung kommen
noch andere. Z. E. von Seiten der Gesellschaften, in denen sie stehen, so sind die Glieder
eines Staats, einer Stadt, oder einer Gesellschaft in der Stadt mit einander noch genauer
verbunden. Hiezu kommen noch eines jedwe-
dern seine besondere Beziehungen, z. E. der Va-
ter-

terſchaft, Kinderſchaft, des Eheſtandes, der
Blutsfreundſchaft 2c. welche eben ſo viel Ban-
de ſind, die vermöge ihrer Menge noch feſter
verbinden, und auf wie viel weniger Perſonen
ſie ſich erſtrecken, um deſto enger vereinigen
ſie gemeiniglich die Gemüther. Dieſe allgemeine Beziehung, je nachdem ihrer mehr oder weniger ſind, gründen verſchiedene Stufen der
Liebe, und ſind Urſache, daß man einen mehr,
den andern weniger zu lieben verbunden iſt.

*** Obgleich die Bewegungsgründe der Lie-
be, welche die Vernunft angiebt, ſchon ſehr
kräftig ſind, ſo ſind diejenigen, welche die Religion hinzu thut, doch noch weit wichtiger.
Die Vernunft lehret freylich, daß Gott durch
die Schöpfung unſer Vater iſt, die Religion
aber zeiget Gründe an, aus welchen er noch
vielmehr unſer Vater ſey, als durch die Schöpfung, weil er nämlich uns nicht allein erſchaffen, ſondern auch wiedergebohren hat durch das
Leben, den Tod und die Auferſtehung unſers
Herrn Jeſu Chriſti; weil er uns an Kindes
ſtatt aufgenommen und das Recht zur himm-
liſchen Erbſchaft verliehen hat, wodurch wir
vielmehr Kinder Gottes ſind, als durch die
bloſſe Schöpfung, folglich auch auf ganz eine
beſondere Weiſe Brüder untereinander; es iſt alſo gar kein Wunder, daß der Apoſtel die Gläubigen ſo oft zur brüderlichen Liebe ermahnet.

n 4   Brü-

Brüder lieben ſich untereinander wegen dieſer
allgemeinen Beziehung und Aehnlichkeit, die
unter ihnen obwaltet, weil ſie Kinder eines Vaters ſind, warum ſollten wir denn nicht uns
untereinander lieben, da wir einen und den
nämlichen Vater im Himmel, und durch
die Annehmung an Kindes ſtatt gleiches Recht
zu der ewigen Glückſeligkeit haben? Endlich
ſind wir auch alle mit dem nämlichen theuerſten Blute Jeſu Chriſti erkaufet, und von ihm
bis in den Tod geliebet worden. Hiezu kömmt
noch die Gemeinſchaft der nämlichen Religion,
Glaubens, Hoffnung, und Taufe, welche diejenigen, die Theil daran haben, noch ganz beſonders verbindet. Daraus ſiehet man ſatt-
ſam, daß die Ordnung der Liebe, welche die
Vernunft ſelbſt vorſchreibt, von der Religion
nicht aufgehoben, ſondern noch mehr beſtätiget,
und vollkommener gemacht werde; Wie werden
denn die Kinder nicht noch mehr die Aeltern,
und dieſe die Kinder, wie auch die Eheleute
einander lieben, da ſie neben der natürlichen
Verwandſchaft, in der ſie ſtehen, ſich zugleich
als Menſchen betrachten, die mit dem nämlichen Blute Chriſti erlöſet, und zur nämlichen
Erbſchaft berufen ſind, derer Verwandſchaft nicht nach einer kurzen Zeit aufhören,
ſondern in alle Ewigkeit fortdauren wird? Es
iſt wunderbar, daß, wenn es um andere
Aehnlichkeiten und Beziehungen zu thun iſt,

man

man alsogleich eine Anwandelung von Liebe
empfindet, sogleich als man ihrer nur gewahr
wird. Man hat nicht nöthig, Brüdern viel
von der Liebe vorzureden; so bald als sie sich
einander erkennen, lieben sie auch einander,
und wie wenig Beziehung ist oft nur nöthig,
eine gegenseitige Liebe zu gewinnen? Man darf
in einem fremden Lande nur einen Landesmann
finden, den man sonst niemals gesehen hat, so
hat man eine grosse Freude, und man schließt
mit ihm eine genaue Freundschaft. Allein welche Beziehungen haben wir nicht mit andern
Leuten, und nichts destoweniger lieben wir
blos diejenigen, derer Hülfe wir nöthig haben,
von denen wir hoffen, daß sie uns werden
nützlich seyn, die andern werden verachtet,
oder so angesehen, als wenn sie uns ganz und
gar nichts angiengen. Die Ursache hievon ist
wohl keine andere, als daß die Menschen so
wenig die Bewegungsgründe andere zu lieben
kennen, oder sich derselben erinnern, welche
die Vernunft und auch die Religion angiebt,
sie folgen bey der Liebe vielmehr dem Triebe
der blossen Natur, als den Einsichten der Vernunft und Religion.

§. 50.

Wenn man diese Bewegungsgründe reiflich erwäget, so muß nothwendiger Weise
eine Liebe, oder eine Neigung gegen alle
Men-

Menschen als unsere Brüder in uns entste-
stehen, wie auch ein Vergnügen aus Betrachtung der Beziehungen, welche wir auf
andere Menschen, und andere Menschen
auf uns haben. Mit dieser Liebe, wenn
sie wirklich vorhanden, ist das Wohlwol-
len verbunden, das heißt, den wir lieben,
dem wünschen wir Gutes, wir erfreuen
uns über seine Glückseligkeit, und betrüben
uns über sein Unglück; allein auch so ist
dem Gesetz der Liebe noch nicht gänzlich
genug geschehen. Die Liebe muß sich auch
durch äusserliche Werke offenbaren, man
muß die Glückseligkeit desjenigen, den man
liebet, aufrichtig, und aus ganzem Herzen befördern.*

* Dieß erhellet genugsam aus der Natur der
Liebe selbst, und die heilige Schrift lehret die
nämliche Wahrheit, da sie nicht nur die Werke der Barmherzigkeit und der Liebe an vielen Orten anbefiehlt, und anpreiset, sondern
auch solche Beyspiele der wahren Liebe vorstellet, welche die Natur der Liebe genugsam anzeigen, vornämlich das Beyspiel unsers Herrn
Jesu Christi; und wer weis es nicht, daß sein
ganzes Leben dieß vornehmlich zur Absicht gehabt habe, damit er den Menschen Gutes
thun möchte, indem er entweder ihre Krankheiten heilte, oder ihnen den Weg des Heils
zeig-

zeigte, und sich endlich als ein Schlachtopfer
für ihr Heil auf dem Altare des Kreuzes dar-
brachte? Damit wir aber nicht nöthig haben,
diese Beyspiele weit herzuholen, so wird uns
die Liebe, welche wir zu uns selbst haben, als
das Muster zur Nächstenliebe angegeben. Wenn
wir uns blos mit einer unthätigen Liebe zu-
gethan wären, und uns selbst nicht erhalten,
und Gutes thun wollten, müßten wir nicht für
Hunger und Durst vergehen? Auf die nämliche Weise ist es mit der Liebe gegen den Nächsten beschaffen; mit dem blossen Wollen, und
einigen Aeusserungen des Mitleidens thut man
seiner Schuldigkeit gegen den Nächsten kein
Genüge.

Es giebt zwar viele, die dem Nächsten Gutes thun, dessen ungeachtet thun sie doch dem
evangelischen Gebothe den Nächsten zu lieben
kein Genüge. Z. E. Es giebt einige, welchen
der Anblick eines betrübten Menschen unerträg-
lich ist, welche sich auch bemühen, ihn deswegen zu trösten, weil sie die Wirkungen der
unbegreiflichen Uebereinstimmung lebhaft empfinden, welche der Urheber der Natur in die
Menschen geleget hat, wodurch die Traurigkeit und die Fröhlichkeit des andern sie auch
traurig und fröhlich macht; Es ist ihnen also
vielmehr darum zu thun, daß sie sich des unangenehmen Affekts entschlagen, den der Anblick

blick eines Betrübten in ihnen rege machet;
andere befördern den Nutzen des Nächsten, damit sie den Namen eines Freygebigen erlangen
mögen; andere, damit sie Anhänger bekommen; andere, damit es ihnen reichlich wieder
vergolten werde; und andere aus andern Absichten. Wenn jemand aus dem Hergezählten
sich einbildete, das er die christliche Liebe habe,
der betrüget sich gar sehr. Die christliche Liebe
weis von keiner Rücksicht auf Personen, sie
hängt nicht von dem Temperamente, und den
Naturellen ab, noch ändert sie sich, wenn auch
dieß geändert wird, sie bleibt sich immer ähnlich, denn sie bezieht sich auf Bewegungsgründe, die allen Zeiten und allen Menschen angemessen sind.

§. 51.

Unter der Nächstenliebe ist auch die Liebe der Feinde begriffen, welche Christus
Jesus allen seinen Nachfolgern anbefohlen
hat. Diese Liebe soll den Katechumenen
um so vielmehr eingeschärfet werden, je
beschwerlicher sie der menschlichen Natur
fällt; damit sie es aber genugsam fassen
mögen, was dieses Geboth auf sich habe,
so müssen sie unterrichtet werden: erstlich,
wer unter dem Namen Feinde soll verstanden werden, * zweytens, was ihnen ver-

möge

möge des Evangeliums gegen die Feinde
zu thun, oblieget. **

* Es ist nichts gemeiner, als daß der nie-
drige und vornehme Pöbel nicht einmal weis,
was unter dem Namen Feinde verstanden
wird, und daß man sich da die Feinde vorstellet, wo keine zu finden sind. Es ist viel
daran gelegen, daß den Menschen dieser Irrthum benommen werde, weil es viel leichter
ist, ihre Leidenschaften zu verbessern, wenn
man ihnen zeiget, daß die, welche sie für
Feinde halten, keine Feinde sind, als wenn
man sie bey dieser Einbildung läßt, und von
der Schuldigkeit zu verzeihen überführen will;
so wird es selten geschehen, daß jemand von
dem andern etwas gerichtlich zurücke fodert,
obschon dieß ihm mit dem größten Rechte ge-
bühret, ohne daß er von diesem andern für
den ärgsten Feind angesehen werde; ja wie
vielmals geschiehet es nicht, daß die, welche
man für die besten Freunde halten sollte, unter die ärgsten Feinde gezählet werden? Sehen wir dieß nicht täglich, daß die, welche
Ausgelassene verbessern wollen, von diesen als
die ärgsten Feinde gehasset werden? Wie vielmals zürnet nicht ein aus der Art geschlage-
ner Sohn auf den Vater, welcher ihn zurechte
weisen will, oder ein frecher Untergebener wider seine geistliche oder weltliche Obrigkeit, die
doch

doch nur bemühet iſt, ihrer eigenen Schuldigkeit ein Genüge zu thun? Wie viele giebt es
nicht, welche andere Leute blos aus dieſem
Grunde haſſen, weil dieſe entweder zu größe-
rem Reichthum, oder zu gröſſeren Ehren gelangen? Es ſind Menſchen, welche ſich einbilden, daß nur alles ihnen, und andern nichts
Gutes zuflieſſen ſoll; ſie ſehen das, was andern geſchenket wird, als eine Sache an, die
ihnen entwendet wird, ſie erzeigen keinem
Menſchen einige Gefälligkeit, und verlangen,
daß alle andere Menſchen ihnen zu Dienſten
ſeyn ſollen, und wenn ſie es nicht ſind, ſo ſehr
als ſie können, ſo ſehen ſie dieſelben als ihre
Feinde an. Es giebt noch andere von einer
noch ſchlimmern Gemüthsart, dieſe verachten
und haſſen alle diejenigen, welche nicht ſo wie
ſie denken, reden und handeln. Alle dieſe Leute müſſen zuvor zurechte gewieſen, und überzeuget werden, daß diejenigen gar nicht als
Feinde können angeſehen werden, welche ihrer
Pflicht ein Genüge leiſten, oder ſich ihres
Rechts gebrauchen. Man muß das bey andern nicht für Unrecht halten, was uns Recht
iſt.

Es giebt doch leider auch wahre Feinde, wie
es die Erfahrung ausweiſet. Unter dieſem Namen kommen alle diejenigen vor, welche uns
haſſen, und ſowohl im Geiſtlichen als Zeitlichen
uns

uns zu schaden bemühet sind, und unter diesen ist wieder ein Unterschied zu machen; einige sind uns darum feind, weil sie zuerst von
uns sind beleidiget worden, andere sind uns
feind entweder ohne alle Ursache, oder wegen
einer blos eingebildeten Beleidigung, oder auch
wegen einer ihnen fälschlich beygebrachten Meynung.   Es ist für sich selbst klar genug, daß
viel daran gelegen sey, diesen Unterschied zu
machen, wenn von der schuldigen Aussöhnung
die Rede ist.

** Unsere Feinde mögen zu einer Gattung
gehören, zu welcher sie immer wollen, so ist
es gewiß, daß wir sie nach dem Gebothe des
Evangeliums zu lieben schuldig sind, und daß
uns hiemit nichts unmögliches aufgeleget werde; denn obschon es über unsere Kräfte ist, daß
wir gegen diesen, der uns hasset, so gesinnet seyn, als gegen denjenigen, der uns liebet, wenn wir nämlich einen jeden dieser beyden aus diesem Gesichtspunkte betrachten; so
ist es aber doch auch gewiß, daß in jedem derselben, im Freunde sowohl als im Feinde, solche Dinge angetroffen werden, welche, wenn
wir nur weder auf ihre Liebe, noch auf ihren
Haß sehen, uns bewegen können, einen so
sehr als den andern zu lieben.   Jeder aus ihnen
ist nach Gottes Ebenbilde erschaffen; lieben wir
Gott in sich selber, so werden wir ihn auch in
                                          den

den Geschöpfen lieben; Gottes Güte aber
leuchtet aus keinem Geschöpfe so deutlich hervor, als aus dem Menschen; der Feind ist
wie der Freund mit dem kostbarsten Blute Jesu Christi erlöset worden; beyde sind, wie
wir, Erben des Himmels, beyde sind unsere
Brüder.

Es kömmt alles darauf an, daß die Katechumenen lernen, sich ihren Feind als ihren
Bruder vorzustellen, ohne an die Feindschaft
zu gedenken, fällt ihnen das von ihm empfangene Unrecht ein, führen sie sich alles das zu
Gemüthe, durch was er vielmehr ihre Liebe als
ihren Haß verdienet; je öfters sie dieses zu Gemüthe fassen, und je aufmerksamer sie dieses
überlegen, desto mehr wird die Erinnerung und
Empfindung des empfangenen Unrechts geschwächet, ja allmälich gar ausgelöschet werden, wenn sie nur nicht selbst durch wieder-
freywillige Erinnerung desselben geneigt seyn,
den Unwillen und Haß in ihren Herzen zu näh-
ren. Man kann es ihnen sagen, daß es keine Sünde sey, wenn es einem auch manchmal
einfällt, was uns von Feinden wiederfahren
ist, wenn sie nur beflissen sind, ihr Gemüth
von diesem auf etwas anders zu wenden, oder
mit Vorstellung dererjenigen Bewegungsgründe, welche zur Liebe des Nächsten führen, alle
Regungen des Zorns zu ersticken. Ist die
em-

empfangene Beleidigung noch in frischem Andenken, und die Liebe noch nicht genug befestiget, so werden sie immer besser thun, wenn sie sich bemühen, das Gemüth gänzlich davon abzuwenden, als wenn sie sich geradezu mit ihrer Leidenschaft in einen Kampf einlassen.

Nach diesem müssen auch die besondern Bewegungsgründe, die empfangenen Unbilden zu verzeihen, angeführet werden; und weil auch die Katechumenen selten verstehen, was das sagen will die Unbilden verzeihen, so muß ihnen ein Begriff davon beygebracht werden, daß sie, so viel als an ihnen ist, keine Rache ausüben: ihrem Feinde wirklich nicht schaden; sondern vielmehr alle Pflichten der Liebe gegen ihn so ausüben wollen, wie sie dieselben auszuüben verbunden wären, wenn er sie niemals beleidiget hätte. Unter diesen Bewegungsgründen sind das Geboth und das Beyspiel Jesu Christi die vornehmsten, welche die Christen am meisten rühren sollen. Der Katechet kann nachher die Thorheit dererjenigen vor Augen stellen, welche nicht verzeihen, weil sie sich mehr als dem andern schaden, denn sie setzen sich der Gefahr der ewigen Vermammniß aus, welches sicherlich das größte Unglück ist; der andere, wenn er sich bessert, und von Seiten seiner thut, was zur Versöhnung zu thun nöthig ist, wird selig werden, es mag ihm nach-

O   ge-

gehends die gethane Unbild verziehen werden,
oder nicht. Ueberdieß wird man einander im
Himmel durch die ganze Ewigkeit lieben, wa=
rum will man den Feind nicht itzt ſchon zu
lieben anfangen, ſo ſehr wird doch nie=
mand auf ſeinen Feind verboßt ſeyn, daß er
ihm wegen ſeines Unrechts ewig zu Grunde
zu gehen wünſchet, für welchen Jeſus Chriſtus
ſelbſt alle Heiligen, und die ganze Kirche bit=
tet, und ſlehet, damit er dermaleinſt möge ſe=
lig werden.

§. 52.

Weil wir den Nächſten lieben ſollen,
wie uns ſelbſt, ſo folget, daß wir uns
ſelbſt zu lieben verbunden ſind,* ja, daß
wir nicht einmal genugſam die Pflicht ge=
gen den Nächſten erkennen, wenn wir nicht
wiſſen, worinne die Liebe unſerer ſelbſt be=
ſtehe. **

* Es ſcheint, als wenn einige ganz und gar
die Selbſtliebe aus der chriſtlichen Sittenlehre
verbannen wollten, wozu ſie durch einige übel
verſtandene Sprüche unſers Herrn Jeſu Chriſti
ſind verleitet worden. Daß es aber eine or=
dentliche Selbſtliebe gebe, ja daß ſie gebothen
ſey, erhellet nicht nur aus dem angeführten
Gebothe der Nächſtenliebe; denn wenn wir uns
ſelbſt

selbst zu lieben nicht schuldig wären, so wären
wir auch nicht verbunden, unsern Nächsten zu
lieben, weil in dem Gebothe die Selbstliebe als
das Muster, und auch als das Maaß der
Nächstenliebe vorgestellet wird; sondern es erhellet auch aus der Natur des Menschen selbst,
welcher nicht anders kann, als sich wohl wollen;
damit er dieses beständig und unveränderlich
thun möchte, so hat Gottes weiseste Vorsehung die Selbstliebe als den Grund zu dessen
Erhaltung den menschlichen Herzen eingedrücket. Er ist schuldig, sein Leben zu erhalten,
und wie wird er sein Leben zu erhalten suchen,
wenn er sich nicht liebet? Wie wird er die be-
schwerlichsten Mittel ergreifen, wie seine Tage
in beständiger Arbeit zubringen, sein Brod im
Schweiße seines Angesichts zu essen, sich nicht
weigern, wenn er nicht sein Leben, und sich
selbst liebet? Diese Wahrheit erhellet auch aus
der Natur der Religion, welche Gott also eingerichtet hat, daß der Mensch ihm nicht Dienen kann, ohne zugleich seine ewige Glückseligkeit zu befördern; und daß diese Glückseligkeit der stärkeste Bewegungsgrund seyn müßte,
Gott treulich zu dienen. Derjenige wird nach
dieser Glückseligkeit nicht streben, der sie nicht
liebet, und der wird sie nicht lieben können,
der sich nicht wohl will. Wenn jemand (wir
wollen einen unmöglichen Fall annehmen,) so
lieblos wäre, daß er sich selbst übel wollte,

O 2 oder

oder wenn das Gesetz selber gebothe, daß er sich
selbst sollte hassen, könnte selbiges ihm wohl
auflegen, daß er nach der größten Glückseligkeit streben sollte?

** Die wohlgeordnete Selbstliebe bestehet
erstlich in dem guten Willen, gegen sich selbst,
nachgehends in der Bemühung sich aus allen
Kräften um diejenige Glückseligkeit zu bewerben,
welche die Religion und die Vernunft zu suchen gebeut. Die Religion und die Vernunft
müssen uns leiten, sie müssen uns auf unsrer
Reise führen, und den Weg zeigen; und wir
müssen uns bemühen, glücklich zu werden, so
sehr als wir können, wir werden uns auf diese Weise nicht genug bemühen, noch uns selbst
genug lieben können. Nur müssen wir uns
in Acht nehmen, daß wir nicht unsern Leidenschaften, oder den Sinnen blindlings folgen,
damit wir nicht die verderbte Natur zu Rathe
ziehen, sonst stürzen wir uns gewiß in den
Untergang. Gleichwie die Liebe uns verbeut,
den Nächsten zu beleidigen, also verbeut sie
uns noch vielmehr uns selbst zu beschädigen;
wir müssen also alles das vermeiden, was uns
ewig und auch zeitlich unglücklich machen kann.
Es ist ein Verbrechen andere zur Sünde reitzen,
eben so boshaft ist es sich selbst der Gefahr zu
sündigen, und ewig verdammt zu werden aussetzen. Es ist ein Laster den Nächsten tödten,

und

und eben so sehr ist es dem Gesetze entgegen,
sich selbst das Leben zu nehmen, es mag geradezu, oder durch Umwege geschehen. Wie
viel giebt es nicht Selbstmörder, welche sich,
ohne es selbst einzusehen, und ohne sich daraus
ein Verbrechen zu machen, durch ihre Uumäs-
sigkeit einen langsamen Tod anthun? Wie
viel giebt es nicht wieder andere, welche ihre
Leibes- und Seelenkräfte, anstatt dieselben
geschickt zu machen, daß sie mit der Zeit sich
und andern nuzen könnten, mit Müßiggehen
und Trägheit verderben, daß nachgehends nichts
anders aus ihnen wird als Taugenichts, die
sich und andern zur Last fallen? Ich weis in
Wahrheit nicht, wer da sündiget, wenn diejenigen kein Verbrechen begehen, welche der
Liebe, die sie sich selbst schuldig sind, entgegen
handeln.

§. 53.

Nachdem die Pflichten des Christen auf
diese Weise überhaupt sind ausgeleget worden, so wird es auch nöthig seyn, die besondern Pflichten einzelner Stände, vornehmlich dererjenigen, in welchen sich die
Katechumenen wirklich befinden, oder in
die sie dermaleinst treten dürften, auszulegen, und dieselben deutlich und genau, so viel
als es ihre Natur zuläßt, vorzutragen.*

*Wer

* Wer es nicht aus der Erfahrung weis, wird es nicht glauben, daß der meisten Menschen Unwissenheit in Ansehung ihrer Pflichten gar zu groß sey; nimmt man einige äusserliche Sünden aus, die man unmöglich verkennen kann, so werden die übrigen gewiß von den meisten Menschen für keine Sünden gehalten. Nirgends wird man hievon besser unterrichtet als im Beichtstuhle; allein wie ist es allda möglich, ihnen allen Irrthum und Fehler zu benehmen, und sie in allen ihren einzelnen Pflichten zu unterrichten? Dieß macht eben das ohne dem schon sehr beschwerliche Amt eines Beichtvaters vollends recht schwer; und man kann niemals besser davon urtheilen, ob ein Katechet das, was zu seinem Amte gehöret, verstehe, und auch fleißig treibe, als wenn man seine Katechumenen Beichte höret. Es ist auch keine Gelegenheit besser, die Menschen von allen ihren Pflichten zu unterrichten, als die Kateches; denn in derselben kann man sowohl wegen ihrer Lehrart, als auch wegen ihrer Redensart bis auf die einzelnen und besondern Schuldigkeiten von allen Gattungen herabkommen, und sie zu wiederholtenmalen einschärfen; indem man mit lebendigen Farben sowohl diese schildert, welche ihren Pflichten zuwider handeln, als auch diejenigen, welche selbige genau befolgen, damit die gan-

ze

ꝛe Schande des Lasters und die ganze Schönheit der Tugend gleichsam fühlbar gemacht
werde.

§. 54.

Die Gelegenheit, alle besondere Pflichten zu erklären, findet sich in der Auslegung der zehn Gebothe, und Theils auch
in dem fünften Kapitel des Kanisius, wo
von Tugenden und Lastern gehandelt wird.
Die Pflichten sind eben so viel Tugenden,
die von uns gefordert werden, folglich setzen sie eine gute Erklärung der Tugenden
voraus. Wenn die Gebothe selbst klar,
und die Schuldigkeiten, die sie auflegen,
genau von ihnen bestimmet werden, so hat
man mit ihrer Erklärung keine Mühe; es
ist nur ein ernster und beständiger Wille
nöthig, ein solches Geboth zu beobachten,
und man besitzt die Tugend, welche das
Geboth fodert. Allein es giebt auch andere Gebothe, die einer Auslegung nöthig
haben; in Ansehung dieser Gebothe soll
der Katechet sich möglichst befleissen, seinen Katechumenen deutliche und bestimmte
Begriffe davon beyzubringen.*

* Wir wissen z. E. aus der heiligen Schrift,
daß der Mensch soll demüthig seyn: es ist aber
aus den Schriftstellen dieses Geboths nicht zu

ste-

sehen, worinne die Demuth bestehet, dieß muß nun der Katechet anzeigen; weil aber die Definitionen, welche die Theologen und Asceten geben, nicht allemal deutlich und richtig sind, so muß der Katechet genau bestimmen, was den Katechumenen zu thun oblieget. Es giebt ihrer viele, welche meynen, es sey in dieser Sache nichts besser zu thun, als wenn die verschiedenen Arten der Ausübung solcher Tugenden, wie sie von den Asceten gemeiniglich hergezählet sind, zur Definition gesetzet werden. Ich weis aber nicht, ob auch hiedurch ihre Absicht allemal erreichet wird; denn oft stimmen diese angeführten Ausübungen der Tugenden mit ihrer Definition nicht überein, und werden darunter nicht begriffen, und in diesem Falle kann es die Katechumenen mehr irre machen, als erleuchten. Ich halte demnach dieß fürs Beste, daß der Katechet einen richtigen Begriff ausfindig mache, und sich bemühe, denselben den Katechumenen beyzubringen, vornehmlich durch Anführung der Ausübungen, doch so, daß er diejenigen tugendhaften Handlungen weglasse, welche sich zum gegebenen Begriffe nicht schicken, oder unter demselben nicht begriffen sind, oder auch aus demselben nicht nothwendiger Weise fließen. Wenn er aber keinen solchen Begriff findet; so mag er einen nach der a) oben gegebenen

Re-

a). §. 33. und f. f. Abschnitt 3.

Regel von tugendhaften Handlungen von der
Art, davon die Rede ist, abziehen, (abstra-
hiren), indem er nämlich sieht, in wie weit dergleichen Handlungen dem allgemeinen Prädikat zukommen; dieses Prädikat mag ihm statt
des Begriffs dienen, und die Anführung der
tugendhaften Handlungen statt der Erklärung.
Diese beyde Sachen werden sich wechselweise
erklären, wie oben ist gemeldet worden. Sol-
cherley Handlungen aber müssen alle dem angegebenen Begriffe zugeeignet werden können,
so, daß, wenn die Katechumenen nur den Begriff behalten, sie auch alsogleich die Handlungen darnach zu beurtheilen wissen, ob sie
zu dieser Tugend gehören oder nicht. Bey einem solchen Verfahren wird viel Richtigkeit
erfodert, welche man nicht anders als durch
einen grossen Fleiß erlanget. Bey der Ausübung selbst kann man nicht Mühe genug anwenden, daß man bestimmt genug rede.

Der

Der fünfte Abschnitt,

Wie der Verstand soll überführet werden.

§. 55. Die Nothwendigkeit dieser Ueberführung. §. 56. Woher die Beweise sollen genommen werden. §. 57. Wie die Beweise sollen eingerichtet, und dem Verstande der Ungelehrten angemessen werden.

§. 55.

Nachdem der Katechet dem Katechumen die eigentlichen Begriffe der Sachen beygebracht hat, so zwar, daß er sich versichert halten kann, daß der Katechumen nicht allein die Worte des Satzes, den er lernen soll, inne habe, sondern auch den Sinn desselben; so muß er weiter gehen, und den Verstand des Katechumen überführen. Damit er dieses zu Stande bringe, muß er zeigen; daß Gott wirklich dasjenige geoffenbaret habe, was der Katechet als Glaubenslehren vorstellet.* Und daß auch Gott die Menschen habe verbinden wollen, das zu thun, was der

Ka-

Katechet als Werke vorstellet, die da sollen
gethan werden.

* Da niemand einem Satze seinen Beyfall
geben kann, den er nicht zuvor für wahr erkennet hat, so muß auch den Katechumenen gewiesen werden, daß alles wahr ist, was sie
glauben sollen. Es giebt aber zwey Mittel,
den Verstand von der Wahrheit eines Satzes
zu überführen; entweder sieht man die Uebereinstimmung oder den Widerspruch zweener Begriffe wegen ihrer Klarheit alsogleich ein, oder
diese Uebereinstimmung und dieser Widerspruch
muß erst durch Beweise dargethan werden.
Das erste Mittel hat bey der Religion nicht
statt, wie jedermann weis, weil sonst die Offenbarung unnöthig gewesen wäre; es muß
also das zweyte Mittel ergriffen werden, die
Beweise aber können nirgends anders her, als
aus der Offenbarung geholet werden. Was
die Glaubenslehren anlanget, so muß erwiesen
werden, daß Gott sie wahrhaftig geoffenbaret
habe; was aber die Schuldigkeit betrift, so
muß erwiesen werden, daß Gott wahrhaftig
die Gebothe gegeben habe, die jzt der Katechet
vorträgt, und dieses muß ebenfalls aus der
Offenbarung hergeholet werden.

§. 56.

§. 56.

Da die Offenbarung die Quelle der katechetischen Beweise ist, so muß zuvor, damit die Beweise ordentlich eingerichtet werden mögen, bekannt seyn: 1) Ob Gott
etwas geoffenbaret habe. 2) Welches denn
die Kirche, oder die menschliche Gesellschaft
sey, bey welcher die Offenbarung rein und
lauter verwahret werde. 3) Aus was für
Stücken diese Offenbarung bestehe. Oder
1) Ob es eine geoffenbarte Religion gebe.*
2) Welche Kirche die Bewahrerinn der
Religion sey.** 3) Was für besondere
Stücke diese Religion begreife.*** Bey
jeder dieser Frage muß man sich nach Beschaffenheit der Personen, der Orte, und
noch anderer Umstände aufhalten.

* Es ist viel daran gelegen, ob jemand ein
Christ aus eigener Ueberführung ist, oder nur
auf Treue und Glauben anderer, weil er nämlich in der christlichen Religion von Kindheit
ist auferzogen worden. Der erste erfüllet die
Religionspflichten um desto lieber, je mehr er
überzeugt ist, daß er vernünftig handle, wenn
er sie erfüllet, und je besser er ihren Urheber,
und ihr Daseyn erkennet. Er ist nicht so sehr
der Gefahr ausgesetzet, daß sein Glaube von
gottlosen Leuten werde verderbet werden, weil

er

er alle Einwürfe, mit welchen dieses oder jenes Stück der Religion bestritten wird, mit
den allgemeinen Beweisen, von welchen er anfänglich ist überführet worden, widerlegen
kann. Wolte Gott! wir lebten nicht in den
Zeiten, in welchen es nöthiger als jemals ist,
die Beweise, welche die Wahrheit der christlichen Religion darthun, recht tief in die Gemüther der Menschen einzudrücken! Es giebt
in unsern Zeiten Leute, welche die Religion
aus ihrem alten Besitze verdringen wollen; sie
sind um sovielmehr zu fürchten, weil Neigungen und Leidenschaften sich mit ihnen verbinden; wenn erst von diesen das Herz ist bezwun-
gen worden, so wird der Verstand gar leicht ver-
blendet, und hängt lieber dem Irrthum als
der Wahrheit an; denn was wir wünschen,
das glauben wir auch leicht. Welcher Lasterhafte wünschet nicht, daß seine Verbrechen
nicht möchten gerochen werden, und daß er
das, nach was ihm gelüstet, ungestraft begehen könnte? Ich sagte: die allgemeinen Beweise, welche die Theologen die Gründe der
Glaubwürdigkeit, (motiva Credibilitatis)
nennen, sollen tief eingepräget werden. Diese
zu wissen, ist einem jeden und allezeit nützlich; und sie nicht zu wissen kan gar sehr schädlich seyn, weil man nicht vorher sehen kann,
welchen Gefahren verführet zu werden jeder
Katechumen dörfte ausgesetzet werden. Der

Ka-

Ratechet handelte unbeſonnen, welcher alle
Streitigkeiten unterſuchen wollte, mit denen
die Gottloſen die Religion anfechten, weil da
die Menſchen zum Böſen geneigter ſind, als
zum Guten, die Ratechumenen ſich die Ein⸗
würfe der Gottloſen beſſer faſſen, und länger
merken möchten als die Widerlegungen; und
obſchon ſie denſelben nicht bald beyfallen, ſo
iſt doch zu befürchten, daß ſie mit der Zeit bey
einbrechenden Verſuchungen, um ſich von Sei⸗
ten ihres Gewiſſens Ruhe zu ſchaffen, zur ge⸗
genſeitigen Parthey übergehen dürften. Es iſt
auch nicht rathſam, an den Orten, wohin
die Religionsfeinde noch nicht gekommen ſind,
und wo man nichts von verwegenen Leuten
weis, wider dieſelbigen zu predigen, damit
nicht unbeſonnener Weiſe der Fürwitz vieler
aufgebracht, und das Gewiſſen beunruhiget
werde.

** Da diejenigen, welche ſich Chriſten nen⸗
nen, in ihren Lehren von einander abgehen,
ſo muß man erſtlich die Kirche aufſuchen, wel⸗
che das Pfand der wahren Lehre von Chriſto,
und den Apoſteln empfangen, und bis auf un⸗
ſere Zeiten unverfälſcht bewahret hat; man
muß nämlich die wahre Kirche aufſuchen, in
welcher das ewige Heil ungezweifelt kann er⸗
langet werden. Die wahre Kirche kann von
den andern durch eine Unterſuchung aller und
jes

jeder Lehren nicht unterschieden werden; dieß
erhellet sattsam aus diesem schon allein, daß
es Ungelehrten nicht möglich ist, eine solche
Untersuchung anzustellen. Es behaupten also
die Katholiken mit Recht, daß Gott, weil er
alle Menschen in seiner Kirche wissen will, die-
selbige auch mit gewissen Merkmaalen habe bezeichnen müssen, durch welche sie augenschein-
lich glaubwürdiger als alle übrige gemacht würde, mit Merkmaalen, die in die Augen fallen,
und nicht über den Verstand der Ungelehrten
wären, wenn sie nur auf dieselben aufmerksam seyn wollen. Aus diesen zuvor ausge-
setzten Gründen folget es von sich selbst, daß
der Katechet einen besonderen Fleiß anwenden
müsse, diese Merkmaale wohl zu erklären, damit die Katechumenen auch aus ihrer freyen
Wahl Katholiken seyn mögen, und damit ihr
Glaube nicht dem Zufall, oder den Vorurtheilen
derselben könne zugeschrieben werden. Der Katechet nimmt wirklich den nächsten Weg, wenn
er so verfährt weil die Katechumenen, wenn
sie auf diese Weise überhaupt überzeuget sind,
daß sie Glieder der wahren Kirche sind, alle
übrige Lehren der Kirche auch gerne für wahre
annehmen werden; ja sie werden im Stande
seyn, die Anfälle der Feinde zurück zu treiben, und Rechenschaft von ihrem Glauben zu
geben. Obschon es zwar zu wünschen wäre,
daß sie die Gründe aller und jeder Glaubens-

leh-

lehren einsehen möchten, so ist dieses doch wegen der Gemüthsbeschaffenheit der jungen Leute, und wegen der vielen Geschäfte, mit welchen die Erwachsenen meistentheils beladen
sind, nicht zu hoffen. Es ist auch nicht rathsam, daß die Katecheten bis auf alle besondere
streitige Glaubenslehren sich herab lassen, und
die Einwürfe sammt den Widerlegungen vortragen. Die Katechumenen können mit den
allgemeinen Gründen die Feinde leichter ab-
weisen.

*** Um dieses zu verstehen, müssen die
Katechumenen wissen, wo diese Offenbarung
zu suchen und was das geschriebene, und nicht
geschriebene Wort Gottes ist; ja wenigstens
die Haupttheile der heiligen Schrift kennen.
In unsern Katechismen kommen auf allen Blättern Stellen aus den verschiedenen Theilen der
heiligen Schrift vor; was können dieselben aber
den Katechumenen helfen, wenn sie solche auch
auswendig gelernet haben, so sie nicht wissen,
was das alte, und was das neue Testament
ist, was die Apostel, und Evangelisten, und
Propheten sind? Darum sollte billig vor dem
Katechismus eine Kenntniß dieser Sachen den
Katechumenen beygebracht werden.

Es wird jedermann gern einräumen, daß
man nach Beschaffenheit der Personen, der Zeit,
und der Orte auch Gründe über die einzelnen

und

und befonderen Glaubenslehren, vornehmlich
über die Hauptlehren den Katechumenen bey,
bringen müffe. Da, wo die Katholicken un,
ter den Proteftanten leben, wird es nicht al,
lein nüglich, fondern auch nöthig feyn, daß
die katholifchen Glaubenslehren aus der Of,
fenbarung bewiefen werden. Es muß aber be,
fcheiden in diefer Sache zu Werke gegangen
werden, damit die Katechumenen nicht mit der
Zankfucht angeftecket werden. Der unternäh,
me eine vergebliche Arbeit, welcher in der Ka,
teches die fchon längft verlofchene Kegereyen
anfechten, und widerlegen wollte.

§. 57.

Damit man aber beffer einfehen möge,
wie die einzelnen Glaubenslehren erwie,
fen werden, und der Nachdruck der Be,
weife den Katechumenen fo zu fagen fühl,
bar gemacht werden foll, damit fie die Ver,
bindung zwoer oder mehrerer Wahrheiten
unter einander einfehen, fo mag folgendes
beobachtet werden.

1) Wenn der im Katechifmus vorkommen,
de, oder von dem Katecheten anderswoher ge,
nommene Text etwas zu lang ift, fo muß er
vermöge der Zergliederung oben §. 18. f. f. in
feine Theile zerfället, oder alle darinnen liegen,

be

de einzelne Fragen vorgenommen werden. Zum
Beyspiel mag der erste im Würzburger Katechismus vorkommende Text dienen: Wenn jemand nicht wiedergebohren ist aus dem
Wasser und dem heiligen Geiste, so kann
er nicht in das Reich Gottes eingehen.
Johann. 3, 5. Ehe als man diesen Text zum
Beweise braucht, müssen ihn die Katechumenen
verstehen. Nach dem oben angeführten §.
könnte man fragen: Fr. Was muß mit dem
vorgehen, welcher in das Reich Gottes eingehen will? Ant. Er muß wiedergebohren werden. Fr. Aus was muß er wiedergebohren
werden? Ant. Aus dem Wasser und dem heiligen Geiste. Fr. Was wird einem so Wie-
dergebohrnen begegnen? Ant. Er wird in das
Reich Gottes eingehen.

2) Wenn es thunlich ist, kann nach dem
§. 22. angeführten Orts eine Entwicklung der
Worte vorgenommen werden. Man kann fragen z. E. In was für ein Reich? In ein ir-
disches oder geistliches, in ein zeitliches oder
ewiges Reich ꝛc.

3) Es muß zugesehen werden, ob nichts in
dem Texte vorkomme, das einer Auslegung
nöthig hat, ob der Katechet vernünftiger Weise sicher seyn kann, daß alle Katechumenen von
den im Texte vorkommenden Worten die ei-
gent-

gentlichen Begriffe haben. Besieht er den oben
angeführten Text, so wird er muthmaſſen
müſſen, daß faſt keiner aus den Katechumenen wiſſe, was für einen Begriff er mit dem
Worte Wiedergebohren verbinden ſoll; dieſen muß er den Katechumenen bekannt machen. Wenn er nun die verſchiedenen Weiſen,
aus welchen die Begriffe, wie oben gemeldet
worden, erlanget werden können, durchſieht,
ſo wird er gewahr werden, daß das Wort
Wiedergebohren als ein frembdes und figür-
liches Wort, welches im gemeinen Umgange
nicht üblich iſt, aus der heiligen Schrift allein
könne erkläret werden; und daß die Schrift
hiemit die Verſetzung des Menſchen aus dem
Stande der Sünde in den Stand der Gnade zu
verſtehen gebe; er wird zugleich inne werden,
daß dieſes Wort einigermaſſen auch aus der
Aehnlichkeit mit der natürlichen Geburt könne
erkläret werden, weil es gleichſam die zweyte
Geburt iſt; denn gleichwie der Menſch durch
die leibliche Geburt das Vermögen erlanget,
Handlungen, die ſeinen Leibeskräften gemäß
ſind, hervor zubringen, welche zuvor gleichſam geſeſſelt, gehindert, und in einem ſolchen
Zuſtande waren, als wenn ſie gar nicht wären, ſo zwar, daß ſie gleichſam aus dem Tode
zum Leben gebracht wurden; alſo wird der
Menſch durch die geiſtliche Geburt aus dem
Zuſtande des Todes zum geiſtlichen Leben ge-

P 2 bracht,

bracht, durch die heiligmachende Gnade, welche der Anfang des geistlichen Lebens ist; er
wird der Fähigkeit theilhaftig, übernatürliche
und verdienstliche Handlungen hervorzubrin-
gen 2c.

4) Nachgehends fängt der Katechet den Beweis an. In Ansehung desselben muß beobachtet werden, ob der zu erweisende Satz im Texte
klar enthalten sey, der zum Beweise angeführet wird, oder ob der zu erweisende Satz erst
durch eine Schlußrede aus dem zum Beweise
angeführten Texte müsse heraus gezogen, und
fühlbar gemacht werden, oder ob er blos durch
eine nothwendige Folge daraus fliesse.

Wenn das erste ist, so hat man nicht
viele Vernunftschlüsse vonnöthen, sondern
man muß allein bey dem Buchstaben des Tex-
tes stehen bleiben, so lange nämlich, wie die
allgemeine Regel lautet, nichts Unanständiges
oder kein offenbarer Widerspruch daraus folget. Das Exempel hat man bey **Matth.** 26,
26. Dieß ist mein Leib.

Wenn das zweyte ist, so muß mittelst einer
ordentlichen Schlußrede, oder einer andern richtigen Art zu schliessen, der im Texte verborgen liegende Beweis aufgedeckt und sichtbar
gemacht werden. Bisweilen wird der Vorder-

satz,

satz, bisweilen der Mittelsatz übergangen, und
alsdenn muß ihn der Katechet darstellen, und
die ganze Schlußrede klar, in der gehörigen
Gestalt vortragen. Z. E. In dem zum Beweise der Nothwendigkeit der heiligen Taufe
angeführten Texte liegt folgende Schlußrede:
Wer immer in das Reich Gottes eingehen will,
der muß aus dem Wasser und dem heiligen
Geiste wiedergebohren seyn; aber es kann niemand wiedergebohren werden aus dem Wasser
und dem heiligen Geiste, als nur durch die Taufe; also muß der, welcher in das Reich Gottes eingehen will, getaufet seyn. Der Vordersatz wird in dem Texte ausgedrücket, der
Mittelsatz stecket in den Worten: Aus dem
Wasser, und dem heiligen Geiste. Das zweyte Exempel giebt der Text 1. Kor. 4, 7. Was
hast du aber, das du nicht empfangen
hast, was rühmest du dich? Man darf
nur den Vordersatz hinzu thun: Wer alles,
was er hat, von einem andern empfangen hat, der muß sich nicht rühmen ꝛc.

Der Katechet hat nicht Ursache zu fürchten,
daß die Katechumenen nicht genugsam die syllo-
gistische Kunst verstehen; denn diese Art, die
Uebereinstimmung zwoer Sachen mittelst einer
dritten zu beweisen, oder um mit den Philosophen zu reden, dieser Grundsatz: Die zwey
Dinge, welche einerley Verhältniß zu einem

drit-

dritten haben, haben das nämliche Verhältniß gegen einander, ist nicht durch Kunst und menschlichen Fleiß erfunden worden, sondern eine beständige und unveränderliche Richtschnur, nach
welcher jeder vernünftiger Mensch die Wahrheit zu beurtheilen pflegt, er mag die Ver-
nunftlehre erlernet haben, oder nicht; indessen
sehen nicht alle das Verhältniß ein, was zwey
Dinge zu einem dritten haben; sehr oft ists verborgen, und es muß den Ungelehrten gewiesen
werden; haben sie dasselbe begriffen, so können sie nachgehends der zu erweisenden Wahrheit ihren Beyfall nicht versagen; es wird
aber dieses Verhältniß mit Hülfe des Syllo-
gismus am besten entdecket.

Wenn endlich durch eine Folgerung der Beweis aus dem Texte gezogen wird, so muß
die Nothwendigkeit der Folge gewiesen werden; daß nämlich zwey Dinge so nothwendig mit einander verbunden seyn, daß eines ohne das andere nicht seyn kann. So
kann aus dem Texte Joh. 20, 23. Denen ihr
die Sünden erlassen werdet, denen sind
sie erlassen, und denen ihr sie behalten
werdet, denen sind sie behalten, das darinnen enthaltene Geboth zu beichten durch
folgende Schlußrede erwiesen werden. Wer die
Macht hat, die Sünden zu behalten oder zu
erlassen, der muß sich derselbe vernünftig ge-
brau-

brauchen; er kann sich aber derselben nicht vernünftig bedienen, wenn er nicht weis, was derjenige für Sünden begangen hat, der derselben Erlassung verlanget; dieß kann er aber nicht wissen, wenn dieser es ihm nicht selber offenbaret ꝛc.

5) Wenn es um den Beweis einer Schuldigkeit zu thun ist, so muß auf die nämliche Weise verfahren werden. Denn da der göttliche Wille die erste Richtschnur der menschlichen Handlungen ist, so muß derselbe entweder mit klaren Schriftstellen erwiesen werden, oder mit solchen, in welchen er verborgen stecket, und aus diesen muß er durch Schlußreden und Folgerungen gezogen werden. Es ist hier alles so zu behandeln, wie in dem vorhergehenden No. 4. gesagt worden. Es sind aber in Absicht auf die Sittenlehre drey Stücke zu merken, welche derselben Beweise vorzüglich befördern und erleichtern können.

a) Wenn daß Daseyn eines besondern Geboths soll erwiesen werden, so bemühe sich der Katechet dieses besondere Geboth auf ein allgemeines zurück zu führen, in welchem es enthalten ist, und zu zeigen, wie es aus demselben unmittelbar herausfließt. Die meisten Pflichten gegen Gott z. E. sind nichts anders, als besondere Schlüsse, die aus dem allgemeinen

P 4

nen

nen Gebothe, Gott aus ganzem Herzen zu
lieben, herfliessen, eben so-wie das allgemeine
Geboth, den Nächsten zu lieben, alle Pflichten gegen denselben enthält; es wird nicht
schwer seyn, auch Ungelehrten zu weisen, daß
der seinen Nächsten nicht liebe, welcher entweder dessen geistliche oder leibliche Güter, oder
auch dessen Ehre und Vermögen beschädiget.

Dieses hat den besondern Nutzen, daß die
Katechumenen die Schuldigkeiten auf gewisse
Hauptsätze zurück zu führen lernen, da sonst ihre Menge sie nur verwirren würde, und daß
sie sich in einzelnen Fällen derselben leicht wieder erinnern mögen. Es ist aber auch diese
Art, Beweise zu führen, nach der Fähigkeit
der Ungelehrten eingerichtet. Es haben die
allgemeinen Gebothe, welche sowohl von der
geoffenbarten als natürlichen Sittenlehre der
Grund sind, ich weis nicht was für eine Klarheit, die sie auch den aus ihnen gezogenen
Schlüssen, wenn sie nur recht gemacht werden,
mitzutheilen pflegen. Es ist niemand, der da
zweifelt, daß man Gott und den Nächsten
lieben soll. Auch die Unwissenden sehen die
Wahrheit dieser Sätze ein, wenn sie ihnen nur
vorgetragen werden, und um desto besser werden sie von ihren Schuldigkeiten überführet
werden, so sie erkennen, daß, wenn sie ihren
Schuldigkeiten kein Genüge thun, sie zugleich
die

die erſten Gebothe der ganzen Sittenlehre
übertreten.

b) Wenn das Geboth nicht ſchlechterdings
in der heiligen Schrift enthalten iſt, ſondern
demſelben auch Urſachen und Beweiſe beyge=
füget ſind, ſo wird es nützlich ſeyn, auch die=
ſelben anzuführen, damit die Ueberzeugung
in den Katechumenen immer mehr wachſe. Z. E.
mag der Text Luc. 6, 26. dienen: Seyd alſo
barmherzig, wie auch euer Vater barm=
herzig iſt. Das Geboth an ſich ſelbſt lau=
tet: Seyd Barmherzig! Erſtlich muß nach
den oben gegebenen Vorſchriften den Katechu=
menen ein Begriff von der Barmherzigkeit bey=
gebracht, nachgehends aber die Urſache des
Geboths ausgeleget werden; damit aber dieſe
beſſer in die Augen leuchte, ſo muß die
darinnen liegende Schlußrede nach der Vor=
ſchrift No. 4. herausgenommen, und in die ge=
hörige Geſtalt gebracht werden. Es muß näm=
lich der Katechet den Satz, welcher im Texte
mangelt, hinzuthun: Der Sohn ſoll ſich be=
mühen, dem Vater ähnlich zu werden; nun iſt
aber euer himmliſcher Vater barmherzig ꝛc. Die
Worte Vater und Sohn geben dem Katecheten
häufigen Stoff an die Hand, ſo mancherley
Betrachtungen zu machen, welche die Erbau=
ung, und auch die Beſſerung befördern kön=
nen.

P 5   c) Drit=

c) Drittens kann auch von allen Glaubens
lehren eine Anwendung auf die Sitten gemachet werden. Es ist keine Glaubenslehre, die
nicht zur Erbauung dienen, und kein Geheimniß, aus dem nicht eine Lehre zur Bildung der Sitten könnte gezogen werden. Ich
übergehe die Anmuthungen der Liebe, Dankbarkeit, Bewunderung ꝛc. welche aus der Betrachtung der Glaubenslehren ohne Zwang entstehen,
und genähret werden; was für mächtige Bewegungsgründe für die Ordnung und Recht-
mäßigkeit unserer Handlungen können aus den-
selbigen hergeholet werden. Um dem Christen
seine Pflichten gegen die Gesetze Gottes recht
wichtig und einleuchtend zu machen, muß man
ihm die Bewegungsgründe, welche die Offenbarung lehret, in ihrer Menge und Stärke vor
Augen stellen; damit er desto deutlicher einsie-
het, wie viel mehr er zum Gehorsam gegen Gott
verpflichtet ist, wie vortreflich die christliche
Sittenlehre, und wie weit sie über die natürliche, welche die Vernunft allein lehret, erha-
ben ist, nachdem sie uns so erhabene, so kräf-
tige Bewegungsgründe zum frommen Leben
und zur Beförderung unsrer wahren Glückseligkeit an die Hand giebt. Wir haben schon
gesehen, daß Christus unser Heiland selbst von
der Vollkommenheit seines himmlischen Vaters
auf die Vollkommenheit der Menschen herab
schließt; diese Art zu schliessen kömmt auch in
den

den Briefen der Apostel vor, vornehmlich des
heiligen Paulus, welcher kaum jemals der Auf-
erstehung Christi des Herrn, die gleichsam die
Grundlehre der ganzen geoffenbarten Religion
ist, Meldung thut, ohne daraus eine Sittenlehre zu ziehen. Exempelweise mögen die Stellen Koloss. 3, 1. 2. 3. Röm. 6, 4. nachgesehen werden. Billig ist auch in diesem Stücke
der Würzburger Katechismus zu loben, daß
er ein jedes Kapitel mit einer moralischen Anmerkung beschliesset, das Kapitel mag nachher
Glaubens- oder Sittenlehren abhandeln.

6) Nach allen diesen ist auch vorzüglich nothwendig, daß er eine genaue Prüfung anstelle,
ob sie die Beweise verstanden haben, oder nicht;
so langsam der Verstand der Katechumenen gemeiniglich ist in Fassung der Begriffen, so
langsam und oft noch langsamer ist er auch in
Fassung der Beweise. Da die Vernunft überhaupt in dem Vermögen besteht, den Zusammenhang der Dinge einzusehen, so erhellet ganz
klar, daß nichts zuträglicher sey, sie sowohl
in Religionssachen, als ausser denselben vernünftig zu machen, und ihren Verstand zu
schärfen, als wenn man sie den Zusammenhang der Wahrheiten, und die Folgen einer
jeden einsehen lernt; sie werden aber kaum sich
die Mühe nehmen, dieses in das Werk zu richten,

ten, wenn sie nicht einigermaſſen in die Nothwendigkeit verſetzt werden, ſelbſt zu denken.

Am ſchicklichſten wird er zu Werke gehen,
wenn er bey jedem Spruche, den ſie zum Beweis eines Satzes anführen, ſogleich fragt,
was aus dieſem Spruche ſoll erwieſen
werden? Es iſt unglaublich, wenn es einen
die Erfahrung nicht gelehrt hat, wie wenig ſie
bey dieſen Sprüchen aufmerkſam ſind auf dasjenige, worauf ſie hauptſächlich merken ſollen,
und folglich wie wenig dieſelbe nutzen, wenn
der Katechet nicht geſchickt damit umzugehen
weis. Sie werden immer Sprüche daher ſagen,
und doch ſelten erſt dasjenige wiſſen, was
daraus ſoll erwieſen, und noch weniger, wie
es ſoll erwieſen werden.

Hieraus ergiebt ſich natürlicher Weiſe die
zweyte Frage, wie ſolches daraus folge,
oder erwieſen werde, beſonders in jenen
Fällen, wo der Satz, der erwieſen werden ſoll,
nicht deutlich und ſchön dem Worte nach in
dem Spruche ausgedruckt iſt. Er muß ſie durch
ſeine Fragen auf den Hauptbegriff hinführen,
in welchem die Folge liegt. Wenn ſie denſelben inne haben, und nicht nur die Worte in
dem Gedächtniße, ſo werden ſie leicht auch den
Zuſammenhang einſehen. Wenn ſie wiſſen,
was Wiedergeburt iſt, werden ſie auch bald
ein-

einsehen, daß in der Taufe die Wiedergeburt
geschehe.

Hierinn kömmt es hauptsächlich auf die Uebung an. Der Katechet, welcher einen Katechismus vor sich hat, worinne viele Sprüche
vorkommen, muß nur bey den ersten nicht zu
stark eilen, sondern nicht nachlassen, bis die
Katechumenen dasjenige, worauf der Erweis
eigentlich beruht, recht gefasset haben, und auf
die zwey Fragen, was aus einem Spruch
soll erwiesen werden, und wie es daraus
folgt, vollkommen zu antworten im Stande
sind. Seine Mühe wird ihm bey dem folgenden reichlich belohnt werden. Wenn nur
der Verstand einmal ist angewöhnt werden,
auf dasjenige zu merken, worauf er zu merken hat, wird er fürs künftige also fortfahren; wenn ihn auch nichts dazu vermögte,
als sein eigenes Vergnügen, das er dabey empfindet. Denn nirgends wird das Gefühl eigener Vollkommenheit mehr bey ihm rege gemacht, als wenn er den Zusammenhang mehrerer Wahrheiten entdeckt.

Diesen Zweck eher zu erreichen, wird es
endlich gar nicht unbienlich seyn, wenn er sie
manchesmal selbst in der Bibel den Spruch
nachschlagen läßt. Da der Erweis nur gar zu
oft aus dem Zusammenhang und dem Zwecke
                                        muß

muß hergeholet werden, so werden sie ihn gewiß besser einsehen lernen; überhaupt aber die
Beurtheilungskraft mehr geschärfet, auch das
Ganze tiefer in das Gedächtniß gepräget werden. Geschweige, daß sie niemal ohne dieser
Uebung die besondern Theile der heiligen Schrift
werden kennen lernen.

Der

Der sechste Abschnitt,

Von den Pflichten gegen den Willen.

§. 58. Wie sorgfältig die chriſtliche Sittenlehre ſoll gelehret werden. §. 59. Wie dieß geſche= hen ſoll. §. 60. u. f. Wie der Wille ſoll bewe= get werden. §. 66. Ein kräftiges Mittel, den Willen zu bewegen, iſt auch dieſes, wenn der Katechet die Katechumenen an die Verheiſſun= gen erinnert, welche ſie ohnedem bey der Taufe gethan haben. §. 67. Wie auch die Anführung der Beyſpiele. §. 68. Was für Hinderniſſe der Katechet bey Seite räumen ſoll. §. 69. Wie er in dieſer Sache verfahren ſoll.

§ . 58.

Nachdem die Dinge, aus welchen die Religion beſteht, größtentheils ſollen aus= geübet oder gethan werden, und folglich die menſchliche Sitten angehen, ſo ſoll ſich der Katechet um ſo vielmehr Mühe geben, die zarten Gemüther der Katechumenen nach der chriſtlichen Sittenlehre zu bilden, je gröſſer gemeiniglich die Hinderniſſe ſind, welche im Wege ſtehen.*

* Wie

* Wie viel ist doch daran gelegen, daß die
Sittenlehre Jesu Christi den Katechumenen in
den zartesten Jahren eingeflößt werde, ehe noch
die Vorurtheile der Welt durch Hören und Sehen eingesogen werden, und das ganze Gemüth
einnehmen, ehe noch die Katechumenen sich selbst
einen Entwurf von einer eingebildeten Glückseligkeit machen, die da dem Geiste des Evangeliums gar nicht gemäß ist; auch die zarten
Gemüther fühlen schon die Regungen der angebohrnen Begierde zur Glückseligkeit, und unterlassen nichts, daß sie dieselbe erreichen; wenn
sie nun sich selbst überlassen werden, so machen sie sich selbst aus dem, was sie durch die
Sinnen empfinden, oder sonst erfahren, oder
von andern begierig gesucht, oder gerühmt
wird, einen Entwurf von Glückseligkeit, der
ihnen Tag und Nacht beywohnet, nach welchem
sie leben, den sie mit allen ihren Handlungen
zu erreichen bedacht sind. Wehe ihnen! wenn
sie diesen Plan schon zu Ende gebracht, und
daran gleichsam die letzte Hand geleget haben,
ehe sie die Sittenlehre des Evangeliums erlernen, alsdenn werden sie diese ungeneigt anhören, und schwerlich fassen; sie werden sich
nicht bereden lassen, daß das höchste Gut an-
derswo, als wo sie es bisher gesuchet haben,
zu finden sey. Obschon sie die herrlichen Gebothe, und Grundsätze des Evangeliums in
das Gedächtniß bekommen, so werden sie dennoch

noch nicht ins Herz, welches alsdann straks entgegen gesezten Gesinnungen nachhängt, ein bringen. Alles, was sie hören, werden sie entweder nach ihrem Entwurf aufnehmen, und mit demselben zu verbinden suchen, oder sich bereden, daß es nicht angehe. Daraus ent steht bey den Christen der wunderbare Wider spruch zwischen ihrem Glauben und Sitten, daß sie zwar vorgeben, sie wären für den Him mel gebohren, aber daß sie so leben, als wenn sie hier immer bleiben würden. Man muß al so bey Zeiten Hand anlegen, ehe die Geseze der Welt eingesogen, und die Leidenschaften bey den Katechumenen so überwiegend werden, daß sie nicht mehr zu bezwingen sind.

§. 59.

Damit aber der Katechet in diesem müh samen Geschäfte ordentlich verfahre, soll er beflissen seyn: 1) Den Katechumenen einen deutlichen Begriff von den Pflichten eines Christen beyzubringen; 2) sie von dem Daseyn dieser Schuldigkeiten zu über zeugen; weil aber diese beyde Stücke für den Verstand gehören, so ist davon schon oben Abschn. 3, 4, 5. gehandelt worden. 3) Endlich muß er, und dieß gehöret ei gentlich hieher, den Willen bewegen, daß

q   Die

dieser auch befolge, was ihm das göttliche Gesetz seiner Erkenntniß nach gebeut.*

* Der Wille ist viel schwerer zu bewegen,
als der Verstand. Die Ursache dessen darf
man nicht weit herholen: Was immer dem
Verstande zu glauben vorgeleget wird, das
kränket die Eigenliebe nicht, wohl aber dasjenige, was zu thun gebothen wird, besonders
wenn es um die Verbesserung der Eigenliebe
selber, der Mäßigung der Leidenschaften ꝛc. zu
thun ist; es ist also kein Wunder, wenn der
Mensch oft dasjenige nicht thut, was er doch
für eine Pflicht erkennet; es ist noch immer
wahr, was ehedem der Poet sang: Video me-
liora, proboque, deteriora sequor. Es muß
dem Katecheten nicht genug seyn, daß er den
Katechumenen die Gebothe der christlichen Sittenlehre deutlich beygebracht habe, wenn er
nicht auch ihren Willen kräftig beweget hat,
daß sie die erkannten Gebothe im Werke erfüllen. Obschon der Katechet nicht alle die Vortheile in Händen hat, derer sich die Prediger
bedienen können, z. E. des Nachdrucks und der
Lebhaftigkeit der Rede, die aus den verschiedenen Tropen, Figuren, Gebährden, und Aen-
derungen der Töne in der Aussprache entstehen,
und welche sehr viel dazu beytragen, die Af-
fecten rege zu machen; so hat er seiner Seits
doch diese Bequemlichkeit, daß er den Verstand
bes-

beſſer unterrichten und überzeugen kann, wie
auch alle Gründe faßlich vortragen, welche die‐
nen den Willen zu bewegen.

Anmerk. Dieß hat der Katechet vor dem
Prediger voraus, daß er nach Belieben un‐
terſuchen kann, ob, und wie er verſtanden
worden. Wird er gewahr, daß ſein Vor‐
trag nicht richtig von ſeinen Zuhörern gefaſ‐
ſet worden, ſo kann er nach Belieben nicht
nur wiederholen, ſondern auch ſo lange
abändern, bis er ſeinen Entzweck beym Un‐
terrichte erreichet hat.

§. 60.

Da der Wille durch keine Sache bewe‐
get wird, wenn ſie ihm nicht als gut vor‐
geſtellet wird, ſo folget daraus, daß der
Katechet ſich aus allen Kräften bemühen
ſolle, die Katechumenen zu bereden, daß
von der Beobachtung chriſtlichen Sittenlehre
die ganze Glückſeligkeit des Menſchen ab‐
hänge, und daß ſie dieſe Beobachtung als
ihr höchſtes Gut anſehen ſollen.

* Dieß iſt das einzige ſichere Mittel, beſſen
man ſich bedienen muß, wenn man den Wil‐
len bewegen will; alle andere Mittel führen
davon ab, oder endigen ſich an einem blos

ſchein‐

scheinbaren, und nicht lange anhaltenden Affekt. Der Katechet muß nur der Natur des
Menschen folgen; ändern, oder abschaffen soll
er sie nicht wollen, er kann es auch nicht; und
warum sollte er ihr nicht folgen, nachdem Christus selbst die ewige Glückseligkeit als den stärk-
sten Bewegungsgrund, seine Sittenlehre in
Uebung zu bringen, gebrauchet hat. Wenn
wir die erste Ursache entdecken wollen, warum
die meisten Christen so wenig besorget sind,
ihr Leben nach dem Gesetze Christi einzurichten,
so werden wir finden, daß es daher komme,
weil sie an demselben nichts Gutes wahrzunehmen glauben, sondern sich selbiges als ein all-
zuhartes, finsteres und trauriges Gesetz vorstellen, und sich versichert halten, daß sie glücklicher seyn würden, wenn sie der Verbindlich-
keit selbiges zu erfüllen überhoben wären; von
daher entsteht der geheime Haß wider die Religion, den sie sich selber zu verhelen suchen.
Wenn sie auch an der Religion etwas Gutes
wahrnehmen, so ist auch diese Erkenntniß so
schwach, daß sie, so bald sich ein sinnliches
Gut zeiget, von gar keiner Wirkung ist. Es
stellet sich ein sinnliches Gut dar, dessen die
verderbte Natur zu geniessen wünschet, was
thut in diesen Umständen die schwache Vernunft? Sie sollte sich das Gesetz, und die mit
dessen Beobachtung verknüpfte ewige Glückseligkeit klar vorstellen, statt dessen aber beschäftiget

get sie sich mit Betrachtung dieses sinnlichen Gutes, sie wird davon wie bezaubert, sie denket auf
Mittel; wie sie zu dessen Genusse gelangen
kann, und auf Entschuldigungen, wie sie den
Genuß desselben beschönigen möge. Dieß ist
die Geschichte unsers Herzens! Hieraus sieht
man, wie viel daran gelegen ist, daß wir eine
starke Ueberzeugung von der Glückseligkeit haben, welche mit Beobachtung des göttlichen
Gesetzes genau verbunden ist, damit wir in
vorfallenden Versuchungen mit dieser Ueberzeugung alle Anfälle unserer Feinde überwinden mögen; denn da die in die Sinnen fallende
Güter allemal einen stärkeren Eindruck machen,
als welche blos durch den Verstand erkennet
werden, so ist nöthig, daß der Verstand mit
dieser Ueberzeugung als dem stärkesten Schil-
de bewafnet sey, dessen er sich zur Zeit der
Versuchung bedienen könne, damit durch das
Andenken derselben das ganze Zauberwerk der
Sinnlichkeit vereitelt werde.

§. 61.

Es wird aber diese Ueberzeugung zu
Stande kommen, wenn einer Seits der
Katechet oft und nachdrücklich die Vortreflichkeit der ewigen Güter, welche mit
der Beobachtung der göttlichen Gebote
verknüpft ist, vorstellet; und anderer Seits

der Katechumen selber oft sich derselben
erinnert, und sich gewöhnet, Gemüth und
Einbildungskraft mit Beobachtung dieser
Güter zu beschäftigen.*

* Die tägliche Erfahrung lehret es, daß
nicht gleich jede Ueberzeugung von der Vortreflichkeit der ewigen und der Eitelkeit der
zeitlichen Güter die gehofte Wirkung thue.
Diese Ueberzeugung muß so stark seyn, daß sie
gegen die sinnlichen Güter das Uebergewicht
behalte, und sich dem Verstande nach Belieben in einer solchen Deutlichkeit darstelle, damit es nicht erst nöthig sey, lange auf Gründe zu ihrer Hervorbringung zu denken, oder
Vergleichungen der himmlischen Güter mit den
irrdischen anzustellen. Zu dieser Stärke aber
kann die Ueberzeugung nicht gelangen, als nur
durch eine ernste und wiederholte Betrachtung
der himmlischen Güter. Was kann es nutzen,
wenn wir auch wissen, daß die Güter, welche
im andern Leben auf uns warten, sehr groß
sind, wenn man doch an dieselben niemals
denkt? Es ist eben so viel, als wenn man gar
nichts von ihnen wüßte. Zudem, daß die
ewigen Güter einen Einfluß in unsere Handlungen haben mögen, wird gefodert, daß sie
unserm Gemüthe gegenwärtig seyn; wenn dieß
nicht ist, so ist es eben so viel, als wenn sie
gar nicht vorhanden wären.

§. 62.

§. 62.

Diese Ueberzeugung muß zugleich eine
Ueberzeugung des Herzens seyn; eine Ueberzeugung, die man fühlet; die mit der
Liebe und Sehnsucht nach den ewigen Gütern vergesellschaftet ist; die antreibt nach
diesen Gütern zu streben, sich des Besitzes
derselben, so viel als thunlich ist, zu ver-
sichern, und Schwierigkeiten mit Lust zu
übersteigen; die da Gottes heiliges Gesetz
uns angenehm machet, und diejenige Beschaffenheit des Gemüths in uns hervor-
bringet, welche der Psalmist in dem unver-
gleichlichen 118 Psalm äussert, den man
niemals genug überdenken wird, vornehmlich B. 14-54. damit man mit dem Psal-
misten möge sagen können: B. 72. Besser
ist mir das Gesetz deines Mundes, denn
tausend Pfund Gold und Silber ꝛc.*

* Der Mensch wird meistentheils von seinen Empfindungen regieret. Ziehen wir die
Erfahrung zu Rathe, so wird sie uns sagen,
daß selten ein Gegenstand entweder unsere Sinnen berühret, oder sich unserm Verstande
darstellet, ohne zugleich unsern Willen zu rühren, und dabey eine angenehme Empfindung zu erregen, nachdem wir uns nämlich diesen Gegenstand entweder als eine gute Sache,

q 4

die

die unsre Glückseligkeit befördert, oder als
eine böse Sache, und die unsre Unglückseligkeit vermehret, vorstellen; Wir fühlen in diesen Umständen etwas, daß wir nicht genugsam mit Worten ausdrücken können. Was
angenehm ist, nennen wir Freude, oder Wollust 2c., das Unangenehme heißt uns Traurigkeit oder Verdruß 2c. Die nämliche Erfahrung
lehret uns, daß wir die Gegenstände gemeiniglich nach dem Maaße dieser Eindrücke schätzen;
sollen wir einen aus zween wählen, so ziehen
wir denjenigen meistens dem andern vor, welcher einen angenehmen Eindruck in uns machet,
und den, welcher den angenehmsten Eindruck
machet, allen übrigen; darum sind diese Eindrücke, Empfindungen, Rührungen, oder wie
man sie sonst nennen will, meistentheils die
Triebe unserer Handlungen. Je stärker diese
Empfindungen sind, desto größere Schwierigkeiten überwindet der Mensch auf ihrem Be-
trieb; weil aber nicht alle Menschen an einem
und dem nämlichen Gegenstande ihr Vergnügen finden, und einerley Gegenstände nicht einerley Eindruck bey allen Menschen machen,
so rühret daher die Verschiedenheit der Meynungen unter den Menschen, die sie von der
Glückseligkeit hegen. Trahit sua quemque
voluptas; ein jeder wird von seiner Lust regieret, sie mag aus was immer für einem Gegenstande entstehen. Wenn jemand an den
geist-

geistlichen Dingen Geschmack gefunden hat,
wenn die ewigen Güter mehr Vergnügen in
ihm erwecken, als andere, so wird er auch
aus allen Kräften darnach streben. Dar=
aus ist leicht zu schliessen, wie viel in der christ=
lichen Sittenlehre daran gelegen sey, diese Em=
pfindungen wohl anzuordnen. Wenn je etwas
das Verderben und die Verschlimmerung unsers
Herzens anzeiget, so ist es sicherlich die Un=
ordnung unserer Empfindungen. Wenn wir
Gott für das höchste Gut hielten, welches al=
lein uns unendlich glücklich machen kann, und
will, würde unser Gemüth sich nicht freywil=
lig zu ihm neigen, bey seinem Andenken un=
vergleichliches Vergnügen empfinden, und sich
an ihm weit mehr ergötzen, als an allen er=
schaffenen Gütern, weil diese unendlich gerin=
ger als Gott sind? Indessen trägt sich viel=
mals das Gegentheil zu, wir bleiben kaltsin=
nig, da wir an Gott denken, und erhitzen uns,
da wir uns mit sinnlichen Dingen beschäfti=
gen; diese nehmen uns mehr ein, und machen
sich unsere Gemüther weit verbindlicher. Da=
her sieht man die Menschen von so vielem Ei=
fer eingenommen, wenn es um Erwerbung
zeitlicher Güter zu thun ist; aber lau und nach=
läßig sich betragen, wenn es auf die höchsten
und ewigen Güter ankömmt; wenn es um
eine verwelkliche Krone zu thun ist, da enthält
man sich nicht allein von allem, sondern

Q 5   man

man verträgt auch die härtesten Dinge; wenn
man aber um die unverwelkliche Krone zu thun
hat, da läßt man sich gleich jede Beschwerlich=
keit abschrecken, ja man stellet sich dieselbe
weit größer vor, als sie wirklich ist. Das
einzige Mittel, durch welches man die ver=
derbte Liebe der irrdischen Güter schwächen kann,
ist das öftere und ernstliche Betrachten der ewi=
gen Güter; durch diese werden allmälich unsere
Gemüther in eine solche Verfassuug gesetzet,
daß die ewigen Güter sie einnehmen, höchlich
ergötzen, und daß sie diese Güter allen er=
schaffenen Sachen weit vorziehen, wie auch
alles lieber verliaren wollen, als dieselben ein=
büssen.

Dabey aber wird es allezeit gut seyn, wenn
er auch die zeitlichen Vortheile, die mit der
Tugend verknüpft sind, ihnen vor Augen legt,
so wie die bösen Folgen, die mit dem Laster
verbunden sind. Diese lassen sich eher anschau=
end denken, als die ewigen. Das Herz wird
also auch um so leichter davon gerührt; beson=
ders wenn die Vorstellung davon von der
Vorstellung der ewigen Güter unterstützet wird.
Bey einzelnen Tugenden wird dieses am mei=
sten sichtbar. Die Mäßigkeit verschaft eine
dauerhafte Gesundheit. Die Wohlthätigkeit
macht uns andere Menschen, deren Hülfe wir
doch niemals ganz entbehren können, geneigt.

Die

Die Redlichkeit bringt uns die Achtung und das Vertrauen anderer zuwege. Bey den entgegen gesezten Lastern geschieht gerade das Gegentheil.

So auch, wenn wir die Gebothe Gottes nur obenhin betrachten, sehen wir schon daß sie zur allgemeinen, auch zeitlichen Glückseligkeit der Menschen abzwecken. Der menschlichen Gesellschaft ist unendlich viel daran gelegen, daß diejenigen, denen sie ihre Fortpflanzung zu danken hat, nämlich die Alten, von jenen, denen sie nebst Gott das Daseyn gegeben haben, Ehre, Gehorsam, und eine thätige Zuneigung erhalten. Für dieses ist in dem viertem Gebothe Fürsehung gethan. Eben dieser Gesellschaft, und einem jeden insbesondere, ist nichts kostbarer, als die Erhaltung ihrer Mitglieder und das Leben, für welche in dem fünften Gebothe gesorget ist. Nach diesen stehen zeitliche Güter und der gute Name, welche Gott durch die übrigen Geseze in Sicherheit hat bringen wollen.

§. 63.

Es ist noch ein andrer, und uns weit kräftiger rührender Affekt als die Liebe übrig, den man zu Hülfe rufen muß, um die Menschen zum Guten zu bewegen, nämlich

lich die Furcht vor den ewigen Strafen, welche der Katechet nach Vermögen den Katechumenen einprägen soll; damit, wenn es einige gäbe, welche die Belohnungen, die mit der Beobachtung des göttlichen Gesetzes verknüpfet sind, nicht rühren, dieselben wenigstens durch die Strafen, welche auf die Uebertretung erfolgen, davon möchten abgeschrecket werden. Der Katechet soll sich bemühen, den Katechumenen von der zartesten Kindheit an die Gottesfurcht beyzubringen, und dieselbe tief in ihre Gemüther einzudrücken.*

* Es giebt zwey Dinge, welche die Liebe der ewigen Güter zu schwächen pflegen. Erstlich sucht die böse Begierlichkeit, die Einbildungskraft, welche die ewigen Güter als viel zu weit entlegen vorstellen muß, auf ihre Seite zu bringen, woraus sie alsdenn schliesset, daß es besser sey, der Mensch geniesse das gegenwärtige Gut, so klein es auch seyn mag, als daß er dieses entbehre, und auf das Zukünftige warte, so groß dieses auch seyn kann; besonders wenn überdieß noch ein Uebel bevorsteht, welches durch den Genuß des gegenwärtigen Gutes kann vermieden werden; denn die Gegenwart des Uebels quälet den Menschen weit schmerzlicher als die Abwesenheit des Guten. Zweytens, die größten Gü-

ter

ter rühren uns nicht sehr, und erregen keine
grosse Begierde nach sich, wenn man sie nicht
als ein nothwendiges Stück unsrer gegenwärtigen Glückseligkeit betrachtet; der größte Theil
der Menschen ist aber also beschaffen, daß sie
blos an das Gegenwärtige gedenken; wenn sie
nur itzt glücklich sind, aus dem Künftigen machen sie sich nichts; ja die meisten würden gerne
auf den Himmel Verzicht thun, wenn sie nur
immer hier auf Erden dasjenige besitzen könnten, was sie wünschen und verlangen, weil sie
sich fälschlich einbilden, daß der Genuß der
irrdischen Güter im Stande sey, sie vollkommen glücklich zu machen. Um diese eines bessern zu bereden, muß man sich der Furcht
bedienen; diese rühret die menschlichen Gemüther meistentheils nachdrücklicher als die Liebe;
denn nicht alle begehren alle Güter zu besitzen,
aber alle wollen von keinem Uebel geplaget
werden. Man muß ihnen vorstellen, daß es
kein Mittelding zwischen der ewigen Glückseligkeit, und der ewigen Unglückseligkeit gebe;
daß alle, welche nicht ewig glücklich seyn werden, einem ewigen Unglücke ausgesetzet sind;
daß niemand auf die ewige Glückseligkeit Verzicht thue, der nicht eben deswegen äusserst
unglücklich werde. Damit sie sich aber diese
Unseligkeit nicht als gar zu entfernt vorstellen, so müssen sie erinnert werden, daß sie
keinen Augenblick sicher seyn, in welchem sie
nicht

nicht von einem plötzlichen Tode, wie viele andere, könnten übereilet werden; wenn sie aber
der Tod in einer Todsünde überraschte, so wäre ihr Verderben und ewige Verdammniß un-
vermeidlich.

Es ist also gut, wenn der Katechet seine Katechumenen schon in der zartesten Kindheit von
der Gottesfurcht unterrichtet, weil zu dieser
Zeit die Furcht kräftiger in sie würket, und
weil die ersten Eindrücke am längsten wieder-
halten.

§. 64.

Damit aber der Katechet diese Furcht
tief in die Gemüther der Katechumenen eindrücke, so muß er ihnen zugleich den Begriff des überall gegenwärtigen Gottes,
und gerechten Rächers alles Uebels mit
möglichstem Fleisse beybringen; ja er muß
sie dahin zu leiten suchen, daß sie sich zum
öftersten an die Gegenwart Gottes erinnern. *

* Dieses Mittel ist das kräftigste, alle Bosheit zu vermeiden! et wäre sehr gut, wenn es
der Jugend so tief eingedrücket würde, daß es
so zu sagen ihr Mark und ihre Herzen ganz
durchdränge. Athenagoras und Tertullian
glaub-

glaubten in ihren Schutzschriften für die christliche Religion, um die Verläumbungen zu widerlegen, mit welchen die Heiden selbige belegten, keinen stärkern Beweis vortragen zu können, als diese Glaubenslehre; sie hielten dafür, daß diese allein genug wäre, die Christen der falschen Beschuldigung zu entladen. Tertullian schreibt: a) „Wir, die wir unter den Augen Gottes, der alles sieht, wandeln, und die wir wissen, daß er mit ewigen Peinen das Laster strafet, befleißen uns billig der alleinigen Unschuld, sowohl weil er alles weis, und weil man sich vor ihm nicht verbergen kann, als weil er auch die Bosheit nicht nur mit grossen, sondern ewigen Peinen strafet, den fürchten wir, welchen auch der wird fürchten müssen, welcher itzt die Fürchtenden richtet, wir fürchten Gott und nicht den Prokonsul.‟ Athenagoras aber schreibt also; b) „Wenn wir glaubten, daß ausser diesem gegenwärtigen Leben kein anders sey, so könnte man uns beargwohnen, daß wir dem Fleisch und Blute nach lebten, und sündigten; so aber wissen wir, daß Gott bey allen unseren Handlungen, Gedanken, und Reden bey Tage und bey Nachte gegenwärtig sey. Wir wissen, daß er ganz Licht ist, und sieht, was in „un-

a) Apol. C. 45.
b) Leg. pro Christ. C. 39. 40.

„unserm Herzen verborgen liegt; daß wir nach
„diesem Leben ein weit besseres antreten
„ ⸗ ⸗ ⸗ Da sich die Sache also verhält, so ist es
„nicht wahrscheinlich, daß wir freywilliger
„Weise werden böse seyn, und uns dem gros⸗
„sen Richter zur Strafe übergeben wollen “ ꝛc.
Wenn aber die Erfahrung heut zu Tage das
Gegentheil zeiget, was kann davon anders für
eine Ursache vorhanden seyn, als daß der mei⸗
ste Theil der Menschen so selten dieser Wahr⸗
heit eingedenk ist?

§. 65.

Da endlich nicht alle Menschen der Af⸗
fekten gleichfähig sind, entweder weil ihre
natürliche Beschaffenheit und Tempera⸗
ment nicht leicht gerühret wird, oder an⸗
dere Ursachen da sind, die es hin⸗
dern, so muß der Katechet diese Leute von
Seite des Verstandes und der Vernunft
angreifen, sie selbst zu Richtern machen,
und auf ihr eigen Geständniß sich berufen,
ob sie nicht in allen ihren gegenwärtigen
Angelegenheiten das größere Gut dem klei⸗
nern vorziehen; ob sie sich wohl jemals,
um ein kleines Gut zu geniessen, in die
Gefahr eines großen Uebels stürzen; und
ob sie nicht selbst diejenigen Thore schel⸗
ten würden, die anders thäten?*

* Es

* Es ist in Wahrheit kein Mensch von aller Eigenliebe so leer, daß er nicht allezeit das größere Gut dem kleinern vorzöge, und sich wegen eines kleinen Guts in Gefahr eines ohne Vergleich größern Uebels stürze; was ist nun billiger, als daß er nach der nämlichen Regel seine Handlungen einrichte, wenn es auf die ewige Glückseligkeit ankömmt? Was fodert man von ihm anders, als daß er thue, was die Eigenliebe rathet und gebeut, ja was die Natur einem jeden zu thun lehret, und was die unvernünftigen Thiere aus Trieben derselben vollziehen. Warum will der Mensch in dem wichtigsten Geschäfte nicht so verfahren, in dem höchst nothwendigen Geschäfte, von welchem sein ewiges Heil und Glückseligkeit abhängt, bey welchem es auf Himmel und Hölle ankömmt, welches, wenn es einmal fehlgeschlagen ist, in alle Ewigkeit nicht mehr kann hergestellet werden?

§. 66.

Der Katechet soll auch öfters die Katechumenen an die feyerlichen Verheissungen erinnern, daß sie in der heiligen Taufe ehedem gethan, da sie dem Teufel und seinen Werken abgesaget haben, welche Absagung nicht vor den Menschen, sondern vor Gott und seinen Engeln ist dar-

r

nie-

niedergeschrieben worden, wie der heilige
Augustin spricht, a) und da sie versprochen haben, Gottes Gebothe bis auf den
letzten Athem heilig zu halten; unter dieser
Bedingniß sind sie in die Kirche aufgenommen, und der heiligen Taufe theilhaftig
gemacht worden; es ist schändlich und la-
sterhaft, wenn sie dieses feyerliche Bünd-
niß, durch welches sie sich verpflichtet haben, brechen.*

* Die Kirche, welcher nichts so sehr am Herzen liegt, als daß diejenigen die besten Sitten
an sich haben mögen, welche ihr einverleibet
werden wollen, war in ihren ersten Zeiten hiemit nicht vergnügt, daß den Katechumenen
blos bekannt gemacht wurde, nach was für
Gesetzen sie hinführo leben, was für Sitten
sie an sich nehmen sollen, sondern sie drang
darauf, daß sie versprechen mußten, alles dieses, so viel als an ihnen wäre, zu halten.
Damit diese Verheissung nicht so bald vergessen werden, oder unfruchtbar bleiben möchte,
wurden mit ihr nach der Zeit verschiedene Fey-
erlichkeiten verknüpfet: unter andern mußten
die, welche getauft zu werden verlangten, dem
Teufel und seinen Werken öffentlich absagen,
und zugleich versprechen, daß sie wollten Gottes Gebothe halten, von diesem ist in der Ka-
teche-

a) L. 4. de Symb. ad catech.

techetischen Geschichte ein mehreres gemeldet worden. Es ist noch ein Merkmaal von dieser Ceremonie heutiges Tages übrig, doch mit dem Unterschiede, daß, was ehedem der Täufling selber that, jtzt von den Pathen geschieht, wenn kleine Kinder getauft werden. Männer, denen das Wohl der Kirche am Herzen liegt, haben zu allen Zeiten gewünschet, daß doch die Jugend, so bald sie den Gebrauch der Vernunft erlanget hätte, daran erinnert würde, was mit ihr vorgegangen ist. Ja es sind einige gewesen, welche den Verfall der Zucht unter den Christen darauf schieben, daß die Kinder nicht genugsam, wenn sie erwachsen, unterrichtet werden, was ehedem mit ihnen in der Taufe vorgegangen ist.

Wie sehr Kaiser Karl der Grosse besorgt gewesen sey, daß sowohl die Priester, als auch die Layen möchten unterrichtet werden, was die Ceremonien der Taufe, und vornehmlich die Wiedersagung (abrenuntiatio) auf sich habe, dieß sieht man theils aus dem Cap. Interrog. theils aus seinem Briefe an alle Erzbischöfe seines Reichs c). Um dem gerechten Verlangen des Kaisers ein Genüge zu thun, haben Leidradus Erzbischof von Lyon, Amalarius von Trier, Theodulphus von Orleans, und Jessens von Amiens; ihre Abhandlungen von der

r 2   Tau-

c) Fleury Hist. Eccl. L. 45. §. 51.

Taufe damals geſchrieben, eben beswegen ſind
ſo viele Verordnungen dieſe Sache betreffend
in den Kirchenverſammlungen der damaligen
Zeiten gemacht worden, beſonders in jenen
zu Arles und Tours, die im neunten Jahrhun=
derte gehalten wurden. Eben ſo hat auch Ge=
org Wicel gedacht, welcher den erſten deut=
ſchen Katechiſmus herausgegeben, und in
den Religionsunruhen des ſechszehnten Jahr=
hunderts mit eigenen Augen die Urſachen der
immer mehr um ſich greifenden keßeriſchen Seu=
che hat einſehen können. Dieſer klaget in der
Vorrede ſeines 1535 zuerſt herausgegebenen
Katechiſmus gar ſehr, daß die Kinder nicht von
dem unterrichtet werden, was ehedem mit ih=
nen, da ſie getauft worden, vorgegangen iſt,
ſo wie die Erwachſenen Unterricht bekommen,
ehe ſie getauft werden. Ich übergehe mit Still=
ſchweigen, was der heilige Karolus und andere
um die Kirche verdiente Prälaten mit wieder=
holten Verordnungen und Ermahnungen in
dieſer Sache gethan haben.

Der Katechet wird alſo billig ſeinen Kate=
chumenen dieſes Stück öfters erinnerlich ma=
chen, durch welches ſie zur Beobachtung der
chriſtlichen Sittenlehre noch genauer verbun=
den werden; er ermahne ſie zugleich nachdrück=
lich, daß ſie das gegebene Wort niemals
brechen; und nie vermeſſen zu demje=

jenigen übergehen, welchen sie als den boßhaf-
testen Feind schon beym Antritte ihres Lebens
verfluchet haben; und damit sie Christo beständig bis auf den letzten Augenblick ihres Lebens
anhängen.

Aus eben diesem Grunde soll der Katechet
die Katechumenen dahin zu bringen suchen, daß
sie diese Verheissung, wenn sie werden älter
geworden seyn, öfters wiederholen, er kann
ihnen hiezu eine Formel geben, damit sie es
desto gewisser befolgen; eine solche Formel befindet sich in der Philothea des heiligen Franciskus von Sales, d) dessen er sich zu dieser
Absicht bedienen kann. Es ist aber keine Zeit
bequemer zu dieser Erneuerung der in der
Taufe abgelegten Gelübde, und diese ist
auch nie nöthiger, als wenn man zur
heiligen Communion geht, welche aus ihrer
Natur schon die Erneuerung des Taufbundes
in sich zu schliessen scheint, wovon unten ein
mehreres.

§. 67.

Ein ander nützliches und zugleich vor-
trefliches Mittel, den Katechumenen die
christliche Sittenlehre beyzubringen, sind die
Beyspiele, besonders das lebendige Bey-

r 3 spiel

d) P. 1. C. 20.

spiel des Katecheten, * und wenn er dergestalt die Wahrheiten, welche das christliche Gesetz angehen, vorträgt, daß es die
Katechumenen wahrnehmen, wie er von
diesen Wahrheiten völlig überzeugt sey,
und so er von denselben aus Ueberzeugung des Herzens redet. **

* Nebst dem schön oben a) angeführten Nutzen, welchen die Beyspiele gewähren, schaffen
sie auch diesen überaus großen Vortheil, daß
sie vermöge ihrer Natur andere zur Nachfolge
reitzen. Die Gewalt der Beyspiele thut Wunder; denn wir sehen, daß die Leute meistentheils so beschaffen sind, daß sie sich bemühen,
dasjenige nachzuthun, was sie andere thun sehen. Wenn es auch um eine an sich selbst
schwere Sache zu thun ist, so ahmen die Leute
dennoch dieselbe gern nach, weil sie von der
Möglichkeit der Sache auf diese Weise überzeuget werden, und weil auch alle diejenigen
Vorwände, welche die den Menschen angebohrne Trägheit entgegen zu setzen pfleget, von sich
selber wegfallen.

Damit aber der Katechet nichts unversu-
chet lasse, was da dienen kann allen möglichen
Nutzen aus den Beyspielen zu ziehen, so lasse
er sich die Beyspiele von den Katechumenen wie-
der-

a) Kap. 3. §. 15.

derholen, und erzählen, von den Größern aber
zu Hause aufschreiben und überreichen, damit
dieselben desto tiefer ihrem Gedächtniße einge=
drückt, und sie bemüßiget werden, desto
ernstlicher darüber zu denken. Er bemühe
sich nachher durch wohlangeordnete Fragen das
Merkwürdigste und Nützlichste noch tiefer in
ihre Gemüther einzudrücken, wie schon oben
§. 20. ist angemerket worden. Er frage sie
auch, was sie von der Sache, die ihnen ist
erzählet worden, denken, was sie des Lobes,
oder des Tadels, der Nachahmung oder des
Abscheues würdig achten. Hierinne werden
sie sich selten verfehlen; denn die menschliche
Natur ist nicht so gar sehr verdorben, daß ihr
nicht die wahre Tugend einleuchten und gefal=
len, das Laster aber mißfallen sollte, beson=
ders zu einer Zeit, wenn das Gemüth von Lei=
denschaften frey ist; und so saget den Katechu=
menen das eigene Gewissen, daß sie das Gute
thun sollen; dieser Ausspruch des eigenen Ge=
wissens ist weniger verdächtig, und auch kräf=
tiger, als des Katecheten seiner; weil die Ka=
techumenen sehen, daß sie nicht andern, son=
dern sich selber gehorsamen sollen.

Es ist aber nichts so sehr nöthig, und auch
nützlich, als daß der Katechet im Werke selber
vollbringe, was er mit dem Munde lehret,
denn wenn zwischen seinen Lehren und Sitten

sich

ſich ein Widerſpruch äuſſert, welchen auch ſelten die Augen der Einfältigſten überſehen, ſo
wird der heilſamſte Unterricht vereitelt werden;
die Katechumenen ſelber werden denken, daß
ſie anders glauben dörfen, wenn ſie den Katechet anders lehren, und anders handeln ſehen
ſollten.

** Der Abbt **Fleury** b) ſagt von dieſer Materie unvergleichlich ſchöne Sachen, welche gewiß verdienen fleißig geleſen und reiflich erwogen zu werden. Dieß beſtätiget die Erfahrung
aller Zeiten, daß niemand den andern von der
Wahrheit einer Sache beſſer überzeuget, als
der, welcher von derſelben ſelbſt am kräftig-
ſten überzeuget iſt, und daß derjenige, welcher
die Affekten in einem andern erregen will,
ſelbſt im Affekte ſeyn müſſe. Wer froſtig von
der Liebe Gottes redet, und in ſich ſelbſt die
Liebe Gottes nicht empfindet, der wird ſeine
Zuhörer wenig rühren; wer aber im Gegentheil ſelbſt von der Liebe Gottes entzündet iſt,
der wird auch leicht in den Herzen der andern
eine ſolche Liebe erwecken. Es waltet zwiſchen
den Gemüthern der Menſchen eine bewundernswürdige Uebereinſtimmung ob, vermöge welcher ſie die Affekten, von denen ſie aufgebracht
ſind, einander mittheilen. Es iſt nichts gewöhnlicher, als daß ein von einem Affekt ſehr
auf-

b) **Preface du Catech. hiſtor.**

aufgebrachter Mensch den andern in eben den
Affekt setze, ja ihn dazu überredet, wozu ihn
ein anderer, welcher alle Vortheile der Rede-
kunst besitzet, nicht bereden kann. Der, welcher wegen eines neulich erlittenen Unrechts
traurig und betrübt ist, wird mit halben und
durch Thränen unterbrochenen Worten weit
kräftiger zum Mitleiden bewegen, als der hiezu eine mit der größten Kunst und Fleiß aus-
gearbeitete Rede anwendet; und dieß gilt auch
von den andern Affekten.

§. 68.

Nach dieser Vorbereitung wird es dem
Katechet leicht fallen, in die Herzen der
Katechumenen die christliche Sittenlehre zu
pflanzen; damit sie aber allda Wurzel fasse,
und Früchte bringe, ohne welche die Wissenschaft des Gesetzes nichts nützet, muß er
es sorgfältig verhindern, daß sie nicht
von dem heranwachsenden Unkraute ersti-
cket werde. Ich will hier nur drey Hindernisse anführen, welche das Fortkommen
der christlichen Lehre hindern, die um so
viel fleißiger zu bestreiten sind, weil alle
übrige von daher ihren Ursprung nehmen:
nämlich die unordentliche Liebe der irrdischen Güter; die unordentliche Eigenliebe;
und das vermessene Vertrauen zu seinen
eigenen Kräften.*   r 5   *Die

* Die ganze christliche Sittenlehre wird
füglich auf die Liebe Gottes, des Nächsten,
und die ordentliche Selbstliebe eingeschränket;
dieses nun muß der Katechet unaufhörlich den
Katechumenen einschärfen; er wird es aber niemals mit Nachdrucke thun, wenn er nicht zuvor dasjenige, was der Liebe Gottes, des
Nächsten, und der Selbstliebe entgegen steht,
zu mäßigen suchet. Es siehet aber der Liebe
Gottes vornehmlich entgegen die allzugroße Liebe der sinnlichen Güter; und der Nächstenliebe
die unendliche Eigenliebe. Wenn derowegen
der Katechet die Katechumenen zur Ausübung
der Liebe Gottes und des Nächsten anführen
will, so muß er sich bemühen, die unordentliche Eigenliebe, und die allzugrosse Liebe der
sinnlichen Güter zu schwächen; wenn dieß nicht
geschieht, so wird er nichts ausrichten; denn
es ist unmöglich, daß wir Gott wirklich lieben, wenn wir den beyden Arten der unor-
dentlichen Liebe den Zaum schiessen lassen.
Von Natur sind wir so beschaffen, daß wir
aus Liebe der zeitlichen Dinge Gott vergessen; und daß die Eigenliebe bis zur Verachtung des Nächsten in uns zunimmt, diese
beyde Arten der verkehrten Liebe sind die Quelle
aller Uebel, in die sich das menschliche Ge-
schlecht blindling stürzet. So lange wir leben,
müssen wir wider diese Liebe streiten; weil sie
aus jenem erblichen Verderben unsrer Natur
ih=

ihren Ursprung nimmt, das niemals gänzlich
getheilet wird. Die Erfahrung zeiget es, daß
sogar die Kinder geneigt sind alles zu haben,
was den Sinnen schmeichelt, und daß es sehr
schwer sey, ihnen einigen Begriff von demjenigen beyzubringen, der ihnen Geist und Leben
verliehen hat. Von der andern Seite sieht man
wieder klar, wie auch in den Kindern unordentliche Eigenliebe sich reget, und ihre Bewegungen hervorbrechen läßt. Es ist anmer-
kenswürdig, was der heil. Augustin beobachtet hat, und schreibt: a) „Ich habe ein
„Kind gesehen, und an demselben wahrgenom-
„men, daß, ungeachtet es noch nicht reden
„konnte, selbiges dennoch schon zu erblassen,
„und seinem Mitsäugling b) zu beneiden
„wußte.

Es sind auch viele der Meynung, daß es
von ihrem Willen und eigenen Kräften abhänge, die christliche Sittenlehre zu erfüllen; was
ihnen auch immer von der Nothwendigkeit der
göttlichen Gnade vorgeredet wird, so denken sie
doch nicht daran, wenn es zur Sache selber
kömmt.

Ich sagte mit gutem Vorbedachte: daß sie
diese Liebe schwächen sollen. Denn es ist nicht
                                    mög-

a) L. 1. Confess. c. 7.
b) Collactaneum.

möglich, die Liebe zu sich selber, und die Liebe
der erschaffenen Dinge gänzlich bey Seite zu
legen. Gott hat dieß auch niemals gebothen;
es ist genug, wenn diese beyde Arten der Liebe so in ihre Grenzen eingeschränket werden,
daß sie uns nicht hindern, Gott und den Nächsten zu lieben.

§. 69.

Was das erste anbelanget, so wird die
unordentliche Liebe der sinnlichen Dinge,
wenn der Katechet nur thut, was bis hieher ist gesagt worden, von sich selbst abnehmen; denn nach dem Maaß und Ver-
hältniße, nach welchem die Liebe der ewigen Güter zunimmt, nimmt die Liebe der
sinnlichen Dinge nothwendiger Weise ab.
Indessen kann man sie auch gerade zu bestreiten, indem man die Eitelkeit der zeitlichen Güter, wenn sie mit den ewigen verglichen werden, beweiset, und durch die Erfahrung darthut, daß der Genuß derselben
nicht im Stande ist, den Menschen vollkommen glücklich zu machen; sondern wenn
man ein zeitliches Gut, nach welchem man
verlanget hat, erhält, wird man schon
wieder von der Begierde nach einem andern beunruhiget.*

* Al-

*Alles kömmt darauf an, daß man keine Sache höher schätze, als sie es wirklich verdienet. Man muß bey Schätzung der Sachen nicht die Sinnen, nicht die Leidenschaften zu Rathe ziehen, sondern dem Ausspruch der von der Religion erleuchteten Vernunft folgen; weil die Sinnen und Leidenschaften sich nur mit gegenwärtigen Gegenständen beschäftigen, so werden dieselben auch allemal den zeitlichen Gütern den Vorzug einräumen, obschon sie in eine weit niedrigere Ordnung der Dinge gehören. Die Vernunft aber kann nicht anders, als die ewigen Dinge den vergänglichen vorziehen. Es ist wunderbar, daß die meisten Menschen sich über das Elend des gegenwärtigen Lebens beschweren, und dennoch so brünstig nach den Dingen streben, welche ihnen die durch die blosse äusserliche Gestalt getäuschte Einbildungskraft als Güter vorstellet. Die Menschen sind niemals mit dem Gegenwärtigen zufrieden, sie sehnen sich immer nach die abwesenden Dinge, und so bald sie diese erlanget haben, so seufzen sie schon wieder nach andern Dingen, und wenn dieses Verlangen gestillet ist, so lehret sie die Erfahrung, daß sie noch nicht vollkommen zufrieden seyn, und daß folglich die Dinge, die sie so brünstig gesucht haben, eitel sind. Ob gleich diese beständige Erfahrung die Menschen von ihrem Irrthume überzeugen sollte, so sieht man, daß sich dennoch das Gegentheil zuträgt,

und

und daß sie kaum jemals eher die zeitlichen und
ewigen Güter nach ihrem wahren Werthe schä=
tzen, als bis sie dieselben auf dem Todbette so
zu sagen beym Lichte der geweihten Kerze, die
sie in die Hände bekommen werden, prüfen,
alsdenn verschwinden die betrüglichen Reize,
mit welchen die zeitlichen Dinge die Augen der
Menschen blenden; aber viel zu spät, denn
was hilfts dort erst diese Güter verlassen, wenn
man von ihnen vielmehr verlassen wird?

§. 70.

Zum zweyten soll der Katechet die Ei=
genliebe des Katechumen zu mäßigen und
in die rechten Grenzen einzuschränken suchen,
diese Liebe nimmt ihren Ursprung ich
weis nicht aus was eingebildeter Vortref=
lichkeit, vermöge deren sich jemand viel bes=
ser zu seyn glaubet als andere Menschen,
sich andern vorsetzet, alle andere Menschen
als seine Diener und Schuldner betrachtet,
sich aber selbst thörichter Weise beredet,
daß er niemanden etwas schuldig sey."
Der Katechet muß sich beeifern, es da=
hin zu bringen, daß der Katechumen aus
ganzem Herzen dieser hochmüthigen Ein=
bildung absage, weil sie die Quelle aller
Ungerechtigkeiten ist, welche wider den Näch=
sten begangen werden.**

* Der

* Der heilige Franciskus von Sales ma⸗
let am besten die Ausschweifungen der Eigen⸗
liebe ab, a) da er schreibt: Wir klagen den
Nebenmenschen wegen einer Kleinigkeit an, uns
selbst aber entschuldigen wir in großen Din⸗
gen; wir wollen theuer verkaufen, und wohl⸗
feil einkaufen; wir verlangen, daß mit andern
Leuten nach Strenge und Gerechtigkeit soll ver⸗
fahren werden, uns aber soll man Gnade wie⸗
derfahren lassen, und alles nachsehen; wir wol⸗
len, daß unsere Reden gut sollen aufgenom⸗
men werden, und wir werden bald über die
Reden anderer Leute verdrüßlich, und sind gar
sehr empfindlich; wir wünschen, daß der Näch⸗
ste sein Haab und Gut gegen Bezahlung uns
abtreten möchte, ist es nicht billiger, das ein
jeder das Seinige behalte, er sein Gut, und
wir unser Geld? Wir werden böse auf ihn,
daß er nicht thun will wie wir wollen, hat er
nicht mehr Ursache auf uns unwillig zu werden,
weil wir ihm beschwerlich seyn wollen? Wenn
wir einer Uebung ergeben sind, so verachten
wir alle andere Uebungen, und tadeln alles,
was uns misfällt. Wenn ein Untergebener
einmal unsern Haß sich zugezogen hat, der mag
nachher thun, was er immer will, so legen
wir es ihm übel aus; wenn aber jemand uns
sonst gefällt, dessen Handlungen werden wir
alle entschuldigen ⸗ ⸗ ⸗ Wir fodern unsere
Rech⸗

a) Philothea, P. 3. C. 36.

Rechte auf das genaueste, wollen aber, daß andere Leute in Forderung des Ihrigen gütig und nachgiebig seyn sollen. = = = Was wir andern zu Gefallen thun, scheint in unsern Augen groß und wichtig zu seyn; was andere unsertwegen thun, sehen wir als Kleinigkeiten an rc.

** Damit aber der Katechet dieß bewirken möge, muß er den Katechumenen deutlich die Thorheit ihrer Einbildung zeigen, weil wir alle gleich, und wie der Apostel vielmals die Gläubigen nennet, Brüder sind, mit deren Name die ersten Christen sich einander benennten. Gott sieht die Person nicht an, wir haben einerley Glauben, einerley Taufe, wir sind alle um einen Werth erkaufet worden, und hoffen alle auf eine und die nämliche Erbschaft. Obschon unter den Menschen ein Unterschied der Natur-und Gnadengaben anzutreffen ist, so geben diese dennoch niemanden einiges Recht, sich über andere zu erheben, oder andere zu verachten; weil wir alles, was wir haben, von Gott aus Gnaden empfangen haben. Was hast du, das du nicht empfangen hast? schreibt der Apostel 1. Kor. 4, 7. Wenn du es aber empfangen hast, warum rühmest du dich? Dieser Spruch ist der Grund der wahren Demuth, er begreift alles, was von derselben kann gesagt werden. Was nicht unser ist, was wir aus blosser

Gna-

Gnade eines andern besitzen, das kann uns
niemals ein Recht geben, uns über andere zu
erheben. Wer würde nicht jenen Bettler aus-
lachen, welcher deßwegen sich für besser als
einen andern Bettler halten wollte, weil er das
Almosen empfangen hat, was diesem ist ab-
geschlagen worden?

So klar alles dieses zu seyn scheint, so weis
dennoch die Eigenliebe ihre Ausflüchte zu nehmen, und unternimmt eher alles, als daß sie
sich aus dem Besitze, in dem sie sich zu seyn einbildet, treiben läßt. Da der Mensch es nicht
läugnen kann, daß er alles, was er hat, aus
Gottes Gnade besitze, so beredet er sich wenigstens, daß er nicht ohne Ursache andern sey
vorgesetzet worden; daß in ihm etwas vorzüg-
liches seye, durch welches er mit Recht verdienet hat, daß ihm vor andern Gott geneigt
wäre; gleichsam als wenn die allgemeine Ordnung der Dinge darunter würde gelitten haben,
wenn er nicht alles das, was er für das Seinige hält, empfangen hätte. Ungeachtet nichts
thörichteres kann gedacht werden, als dieses,
so hält es dennoch äußerst schwer, diese Einbildung aus den Gemüthern der Menschen zu
vertilgen: Kann nicht der Töpfer aus dem
nämlichen Thone ein Gefäß machen, was für
eines ihm beliebet? Was kann man wohl in
demjenigen für Verdienste, Eigenschaften, und

Vor-

Vorzüge vorausseßen, welcher nicht einmal da
war?

Andere sagen: Giebt es denn nicht Dinge,
die man dem eigenen Fleiße zuschreiben muß,
z. E. Kunst und Wissenschaften rc.? Können
wir uns wegen der Güter, die wir niemand
andern, als unserm Fleiße zu verdanken haben,
nicht höher schäßen als andere, welche mit eben
solchen Gaben versehen, dennoch pöbelhaft
denken, oder das Ihrige verprassen, oder aus
Mangel des Fleisses nicht so viel vor sich bringen? Allein dieses Vorgeben hat einen falschen
Grund; wenn es richtig seyn sollte, so müßte
es zuvor gewiß seyn, daß diese Leute uns an
allen äusserlichen und innerlichen Umständen
gleich gewesen seyn, welches in Ansehung vieler Personen nicht eintrifft. Zudem können ja
die Personen, denen wir uns vorziehen, solche
Eigenschaften, die uns unbekannt bleiben, an
sich haben, durch welche ihre in die Augen fallende Mängel weit überwogen werden.

Endlich kann der Ratechet noch zeigen, daß
der Tod die vollkommenste Gleichheit, was die
Dinge anlanget, um derer willen sich die Menschen jßt am meisten einbilden, herstellen wird;
daß aller willkührlicher Unterschied der Stände,
der Reichthümer, der Ehren gänzlich verschwinden wird; und daß jedermann von dem wird Re-
chen-

chenschaft geben müssen, nicht was er gewesen,
sondern wie er sein Amt, welches es immer gewesen ist, verwaltet hat.

§. 71.

Damit der Katechet die dritte Hinderniß bey Seite schaffe, muß er den Katechumenen einen richtigen Begriff von dem natürlichen Verderbniß des Menschen, und
dessen Unfähigkeit, ein gutes und verdienst-
liches Werk zu verrichten, beybringen;
sehen sie dieß ein, so folget daraus von
sich selber, daß er ihnen die Nothwendigkeit des Gebeths nicht allein tief einprägen,
sondern, daß er sie auch zur Uebung des
Gebeths, vornehmlich desjenigen anführen
müsse, welches man das Gebeth des Herzens nennet, deßgleichen auch zum öfteren
Gebrauche der heiligen Sakramenten.**

* So lange der Mensch nicht von seinem
natürlichen Verderben und Unvermögen völlig
überzeuget ist, wird er seine Vermessenheit niemals ablegen, noch auch auf Mittel denken,
die er nöthig hat, das Geschäft seines Heils zu
vollziehen, wie der Kranke, welcher nicht weis,
daß er krank ist; er wird auch die Wohlthat
der Erlösung und der davon abhängenden Gnade niemals gnugsam schätzen. Es ist zu bekla-

gen,

gen, daß viele Katecheten, welche sich bey theo-
retischen Stücken lange aufhalten, diese Materie, von welcher in der That so gar viel ab-
hänget, nur so obenhin abhandeln: selten von
der göttlichen Gnade Meldung thun; noch seltener aber einen richtigen Begriff davon geben, und
derselben Nothwendigkeit darthun. Kanisius
hat in seinem Katechismus der Gnade keine besondere Abhandlung gewidmet, indessen findet
sich hiezu öfters Gelegenheit. Die ganze Lehre
von den Sakramenten, der Rechtfertigung, der
Buße rc. läßt sich nicht ohne einen richtigen
Begriff von der göttlichen Gnade verstehen.

** Wer mit Ernst nach einer Sache strebet, der muß auch die Mittel anwenden, ohne
welche eine solche Sache nicht kann erlanget werden; nun ist aber gewiß, daß die Mittel, Gottes Gnade zu erlangen, das Gebeth, und der
Gebrauch der heiligen Sakramenten sey; es
muß folglich der Katechet sich angelegen seyn
lassen, von diesen Sachen seinen Katechumenen
einen ausführlichen Unterricht zu geben. Alleine
ach! wie wenig giebt es Christen, welche von
diesen Stücken genugsam unterrichtet sind! Es
giebt unter den Ungelehrten Leute, welche, wenn
sie ihr Gebethbuch oder ihren Rosenkranz nicht
bey sich haben, nichs bethen zu können glauben;
dieß ist ein augenscheinliches Zeichen, daß sie
nicht wissen, was bethen sey; indessen wissen
die-

diese Leute, wenn sie in einer leiblichen Noth
stecken, anderer Menschen Hülfe anzuflehen,
ohne, daß sie hiezu eines Lehrmeisters nöthig
haben, sie haben auch keine Formel und kein
Gebethbuch hiezu nöthig, ihr Herz lehret sie
bitten. Wenn man mit Gott zu thun hat,
ist die Sache viel leichter, weil Gott das In=
nerste unsers Herzens sieht, ohne daß man nö=
thig hat zu sprechen. Von dem nun, was
die Katechumenen thun, wenn sie andern Leu=
ten ihre Noth klagen, kann der Katechet an=
fangen sie zu unterrichten, was das Gebeth
sey. Von daher folget auch, daß der, welcher
bethen will, seine Bedürfnisse kennen müsse,
damit er sie im Gebethe vortragen könne. Da
nach Verschiedenheit der Menschen auch ihre
Bedürfnisse und Gebrechen verschieden sind, so
folget auch, daß das Gebeth meistentheils aus
dem Buche könne genommen werden. Der
Gebrauch der Bücher ist deßwegen nicht zu ver=
werfen, ꝛc sondern vielmehr anzupreisen, zugleich
aber doch auch ihr rechter Gebrauch zu zeigen.
Da die Bücher dienen sollen, die Andacht und
heilige Anmuthungen im Herzen zu erregen, so
ist gewiß, daß sie nichts nützen, wenn
der, welcher sich derselben bedienet, entweder
nicht versteht, was er saget, oder sein Herz da=
von nicht gerühret wird; weil aber dieß nicht
erfolget, wenn nicht gewisse Vorstellungen im
Verstande vorangehen, so folget nun, daß die Auf=

merk=

merksamkeit auf das, was mit dem Munde
hergesaget wird, und die Betrachtung desselben
vornehmlich und unumgänglich nothwendig zum
Gebeth sey.

Der

Der siebende Abschnitt,

von den

Pflichten gegen das Gedächtniß.

§. 72. Was der Katechet in Absicht auf das Ge= dächtniß zu thun hat. §. 73. Was zu vermeiden. §. 74. u. f. Wie die Uebung des Gedächtnisses im Werke selber anzustellen sey.

§. 72.

Die dritte Pflicht des Katecheten zielet auf das Gedächtniß ab. Es ist nicht genug, den Verstand der Katechumenen zu unterrichten, und den Willen wohl vorzu= bereiten, sondern er muß auch dafür sor= gen, damit sie das, was sie sind gelehret worden, nicht bald wieder vergessen.*

* Wenn die Katechumenen das Erlernte bald wieder vergessen, so wäre ja alle auf sie ge= wandte Mühe verloren, und es wäre eben so viel, als wenn sie niemals wären unterrichtet worden. Es ist also kein Zweifel übrig, sich dahin zu bestreben, damit die Katechumenen

§ 4

das,

das, was sie gehöret haben, behalten, und
darnach ihre Sitten einrichten; und dieses ist
sonder Zweifel die erste Grundursache, daß
man Katechismusse geschrieben hat, damit diese
dem Gedächtnisse zur Unterstützung dienen
möchten. Man hat oft bemerket, daß die
Menschen nur gar zu bald dasjenige vergessen,
was ihnen auch mit dem größten Nachdrucke ist
beygebracht worden, besonders wenn es um
geistliche und nicht in die Sinnen fallende Dinge zu thun ist, denn diese machen, vermöge
ihrer Natur, keinen so grossen Eindruck, wie
diejenigen, welche mit den Sinnen begriffen
werden; und wenn sie einen machen, so wird
derselbe gar bald durch die häufig eindringenden
Bilder sinnlicher Gegenstände verlöschet; dieß
ist das gewöhnliche Schicksaal der Predigten,
die in unsern Zeiten so häufig gehalten werden,
und so wenig Früchte bringen.

Sieh! warum die Grundwahrheiten der
Religion in ein solches System sind zusammen
getragen worden, daß die Ungelehrten selbige
leicht fassen, und auch leicht in dem Gedächtniß behalten können. Das Gedächtniß
wird kräftig durch die Sinnen unterstützet. Es haben aber die Katechismen diese Bequemlichkeit, daß sie zuerst ins Gemüth durch
das Gehör, und die Auslegung des Katecheten eindringen, hernach auch durch das Ge-
sicht,

sicht, weil sie die nämliche Lehre gedruckter vor
Augen haben, lesen und wieder lesen; man
hat also billig die Katechismen für das beste
Mittel angesehen, die Religionslehren bequem
in das Gedächtniß zu bringen. Es ist kein
Zweifel, daß auch deßwegen ehedem die Glau-
bensbekenntnisse sind gemacht worden, damit
die Hauptartickel der Religion in einem kurzen
Auszuge sich besser lernen, und leichter behalten liessen; denn die Christen mußten ihren
Glauben öffentlich bekennen, welches durch Hersagen des sogenannten Glaubensbekenntnisses
(des Symbolums) geschahe, und sie bedienten
sich desselben, wie die Soldaten im Felde des
Losungswortes, um sich von allen Un-und Irr-
glaubigen zu unterscheiden. Diese Absicht wird
nicht erreichet werden, wenn es der Katechet sich
nicht läßt angelegen seyn, das Gedächtniß der
Katechumenen zu bearbeiten.

§. 73.

Damit der Katechet aber in dieser Sache ordentlich verfahre, soll er zween Fehler vermeiden, einmal, daß er die Uebung
des Gedächtnisses der Katechumenen nicht
völlig ausser Acht lasse, und zweytens, daß
er diese Uebung nicht zu sehr betreibe,
und aus dem Gedächtnißwerk seine Hauptsache mache.*

S s   *Das

* Das erste erhellet genugsam aus dem vorhergehenden §. Und wer darf hoffen, daß die
leichtsinnigen und unbeständigen Kinder sich alles merken werden, was ihnen von der Religion vorgesaget wird; zumalen sie fast niemals
gänzlich versammelt, und nur mit einem Gegenstande beschäftiget sind, sie sind fürwizig
und nichts reizet ihren Fürwiz so so sehr, als
die in die Sinnen fallenden Gegenstände.

Der andere Fehler muß auch behutsam vermieden, und die Fähigkeit der Katechumenen
in Betrachtung gezogen werden. Diese Regel
fließt aus dem schon oft angeführten Grund-
saze, welcher niemals genug kann eingepräget
werden: Der Katechet, wenn er nicht machen kann, daß die Katechumenen die katechetische Lehre lieb haben, soll wenigstens dahin trachten, daß sie dieselbe nicht hassen. Es ist aber
gewiß, daß die Uebung des Gedächtnisses von
Natur dem Menschen verhaßt sey, besonders
in dem Alter, in welchem man aller Anstrengung feind ist, und in welchem man das,
was man lernen soll, nicht genug versteht;
wenn erst hiezu Zwang, beständiges Schelten
und Schlagen kömmt, so wird daraus gewiß
ein grosser Haß wider die Religion selber entstehen. Wie sehr nun diejenigen fehlen, welche beynahe alle Mühe darauf verwenden, daß
sie das Gedächtniß bearbeiten, dieß will ich

der

der Länge nach hier nicht anführen, weil hievon schon so manches an seinem Ort ist gesaget worden.

§. 74.

Der Katechet muß zwey Stücke thun,
damit er seiner Pflicht ein Genüge leiste.
1) Muß er dafür sorgen, daß die Katechumenen den Katechismus gern auswendig
lernen. 2) Muß er sie zum Auswendigler-
nen so anführen, daß es sie so wenig Mühe
koste, als nur möglich ist. Damit sie gern
lernen, müssen sie freywillig lernen; damit
sie aber freywillig lernen, müssen sie durch
die Hoffnung oder Liebe dazu angeführet
werden. Diese Affekten können entweder
aus der Betrachtung der Religion entstehen, denn wenn sie selbige lieben, und
als das einzige Mittel ihrer höchsten Glückseligkeit ansehen, so werden sie sich der Erlernung derselben gern widmen; oder sie
können auch aus einem menschlichen Bewegungsgrunde entstehen, z. E. aus Begierde des Lobes, der Ehre, oder einer Belohnung, welche es immer sey, oder aber
aus Liebe zu dem Katecheten selber. Wenn
der Katechet einen solchen Affekt in den Katechumenen zu erregen weis, so wird er nicht
nöthig haben, sie mit Gewalt zum Lernen
an-

anzuhalten, sie werden auch besser lernen,
und keine Gefahr laufen, daß ihnen die Religion wird verhaßt werden. *

* Es wäre zu wünschen, daß alle Menschen
die Religion wegen ihrer innerlichen Vortreflichkeit, und wegen ihrer engen Verknüpfung mit
des Menschen größten Glückseligkeit lernen
möchten; wenn aber dieß nicht ist, weil viel
Katechumenen zu fleischlich gesinnet sind, als
daß sie sollen durch übernatürliche Gründe
können beweget werden, ist es denn erlaubt,
die Leidenschaften, und die aus blos menschlichen Bewegungsgründen entstandenen Affekten
zu Hülfe zu rufen, um seinen Endzweck desto
glücklicher zu erhalten. Wie groß die Macht
der Leidenschaften ist, hat man nicht nöthig
zu erinnern; den wir wissen, daß ohne dieselbe
die Gemüther der Menschen beynahe müßig und
unthätig bleiben; wenn sie aber von denselben
gerühret werden, erheben sie sich gleichsam über
sich, und unternehmen solche Dinge, an die
sie vorher kaum zu gedenken sich getrauten, ja
überwinden auch gerne alle Schwierigkeiten. Ob
man aber die Leidenschaften, wenn es um die
Religion zu thun ist, zu Hülfe rufen dörfe,
könnte in Zweifel gezogen werden ; denn
es giebt Leute, welche, nachdem sie die Art,
die Menschen zu unterrichten, reiflich erwogen
zu haben sich einbilden, vorgeben, daß es ein

Mis-

Misbrauch sey, die Leidenschaften dabey zu gebrauchen, der sich nur wegen der Absicht noch entschuldigen liesse. Sollen denn da, fragen sie, die Leidenschaften erreget werden, wo man die Menschen lehren soll die Affekten zu mäßigen, und die Leidenschaften einzuschränken? Hängt uns denn nicht ohneden schon die Eitelkeit an; und ist die Eigenliebe nicht schon geneigt genug, andere zu verachten, daß sie noch mehr durch die öffentlichen Lobeserhebungen sollen angefeuert werden? Wie allgemein ist nicht die tolle Habsucht; und wie, wenn sie von Kindheit an durch Belohnungen und Geschenke noch mehr entzündet wird? Werden sich die Katechumenen nicht allmählig daran gewöhnen, daß ihnen das Geistliche und Weltliche gleichgeltend wird, wenn eines oder das andere nur dienet ihre Begierden zu ersättigen?

Allein man mag sagen, was man will, wenn dieses Mittel nur mäßig gebraucht wird, so scheint es nicht verwerflich zu seyn. Der Vortheil, den es dem Katecheten so wohl als den Katechumenen gewähret, ist gewiß, die Gefahr aber ist dabey nicht zu groß, daß die Klugheit des Katecheten dieselbe nicht sollte abwenden können. Wir sind Menschen, und was kann es schaden, wenn man uns menschlich behandelt. Die Leidenschaften sind in sich selber wirklich nicht böse, die Ausschweifung der

derselben ist allein zu tadeln. Die Vorsehung
selber hat sie in den Menschen gepflanzet, daß
er durch selbige als durch Triebfedern soll beweget werden, gewisse Handlungen zu unternehmen. Und was braucht es viel? Christus
selbst hat seine heiligste und weiseste Religion,
wenn ich so sagen darf, durch menschliche Affekte gemäßiget, da er zum Grunde derselben
das angebohrne Verlangen glücklich zu werden
geleget hat, durch welches die Menschen sollen
angetrieben werden, seine Gebothe pünktlich
zu beobachten; er hat dem natürlichen Verlangen blos allein einen andern Gegenstand
angewiesen, und diesen Affekt vom Irrdischen
auf das Himmlische gelenket.

Man muß indessen doch sehr auf der Hut
seyn, daß der Gebrauch der Leidenschaften
bey Erlernung der Religion nicht etwa die Katechumenen verleite, andere zu verachten, oder
zu hassen, oder geizig zu werden. Am nützlichsten scheint es zu seyn, wenn es öffentlich
verkündiget wird, daß der, welcher den Katechismus am besten wird auswendig können, eine
Belohnung bekommen soll, z. E. ein Buch, oder
einen Vorzug vor andern 2c.; dabey aber müssen diese allemal ermahnet werden, daß sie deßwegen andere nicht verachten, und allen zugleich sollen die innerlichen Bewegungsgründe
der Religion eingepräget werden; und daß,

weil

weil von ihr unser ewiges Heil abhängt, man vornehmlich deßwegen sich bemühen solle, die Religion zu erlernen. Es ist eben nicht laster-haft, einige Ehrbegierde zu haben; ja es soll vielmehr jeder Mensch dahin trachten, damit er in gutem Rufe stehe. Es ist auch kein Ge-setz vorhanden, welches verböthe, andere zu übertreffen, und das, was man thut, auf die bestmöglichste Art zu verrichten.

§. 75.

Das letzte Mittel, die Langsamen und Trägen zum Fleiße zu ermuntern, ist die-ses, daß der Katechet sie so lange von der ersten Communion zurücke halte, bis sie ihren Katechismus in dem Gedächtniße ha-ben werden.*

* Sieh unten §. 99. in diesem Kapitel.

§. 76.

Damit aber die Katechumenen ihren Katechismus auf die leichteste Art erlernen mögen, muß der Katechet fleißig die Ge-setze des Gedächtnisses beobachten, das ist, diejenigen Dinge, welche das Gedächtniß unterstützen.

1) Bey

1) Bey Auszeichnung der zu erlernenden
Stücke muß Ordnung und Weise beobachtet werden.*

*Damit den Katechumenen zu einer Zeit
nicht etwa gar zu viel, und zu einer andern
wieder gar nichts zu lernen aufgegeben
werde. Jedermann weis, was die Uebung
bey dem Gedächtniße vermag. Sachen, die
anfänglich noch so schwer zu seyn scheinen, werden endlich leicht, wenn Weise und Ordnung
dabey beobachtet wird. Man muß mit weni-
gem den Anfang machen, und allmählig weiter gehen; wenn das Gedächtniß schon einigermassen geübet ist, kann man die Aufgabe vermehren, doch so, daß es weder die Kräfte über-
steige, noch auch ermüde. Man glaubt es
kaum, was ein Jahr über kann gelernet werden, wenn nur ordentlich dabey verfahren
wird. Wenn alle Tage etwas gelernet wird,
so findet sich beym Jahrsschlusse eine große
Menge des Gelernten. Aus eben dem angeführten Grunde bin ich der Meynung, daß man
die Katechumenen nicht anhalten solle, dasjenige zu lernen, was allzuschwer, und nicht
allzu nothwendig ist, z. E. die Ausführungen
der Kapitel und Verse, welche ohne grosse Mühe nicht können erlernet werden, und leicht
wieder aus dem Gedächtniße fallen.

2) So

2) So viel als thunlich ist, muß das, was man auswendig lernen soll, zuvor erkläret werden.*

* Die Katechumenen behalten das leichter, was sie verstehen, als was sie nicht verstehen. Es mags ein jeder mit sich selbst versuchen; er lerne einen Text in einer unbekannten, und wieder einen andern von einer bekannten Sprache, wie ungleich ist die Mühe in Erlernung dieser beyden Texte; hat es aber nicht einerley Beschaffenheit mit den Kindern, da sie manchesmal Dinge lernen müssen, die sie eben so wenig verstehen, als wenn sie dieselben in einer unbekannten Sprache läsen? Aus eben dem Grunde halte ich dafür, daß die Katechumenen bey guter Zeit davon sollen unterrichtet werden, was die Namen: das alte und neue Testament, die Propheten, die Apostel ꝛc. und ihre Bücher, welche so oft, auch in den Katechismen angeführet werden, zu bedeuten haben.

3) Da das Gedächtniß gar sehr durch die Sinnen unterstützet wird, so muß es der Katechet, wenn er sie dazu brauchen kann, nicht vernachläßigen.

a) So werden die Ceremonien der Sakramenten viel tiefer in die Gemüther der Katechumenen eingedrückt, wenn sie der Ausspendung

t   der

dererselben gegenwärtig seyn müssen, wor-
über; also gleich eine Auslegung gemacht
wird, als wenn diese Erklärung auf eine andere Zeit verschoben wird.

b) Eben so ist es mit den Bildern bewandt,
welche solche Dinge vorstellen, die lange vor
uns geschehen sind, oder wenn man in Erman-
glung der Bilder sonst etwas der Einbildungskraft vormachen kann. Sieh da die Ursache,
aus welcher die Kinder die Geschichten, die
Beyspiele, und die Gleichnisse besser als andere Dinge behalten; wenn also durch sie etwas
erkläret, oder den Katechumenen sonst etwas
nützliches beygebracht werden kann, so muß es
der Katechet zu thun nicht unterlassen. Die
Bildersprache, wie man zu sagen pflegt, ist
auch von den heiligen Schriftstellern, und selbst
von Christo dem Herrn gebraucht worden.

c) Es sollte billig zur Erlernung der christlichen Lehre, zum Besten der Schüler, in alle
deutsche Schulen die Lehrart, welche in den Saganischen Schulen mit vielen Nutzen der Schüler gebrauchet wird, eingeführet werden; die
hierinne bestehet, daß die Anfangsbuchstaben
jedes Wortes, aus welchen der Text oder die
Periode besteht, die gelernet werden soll, an
eine Tafel angeschrieben werden, worauf alle
Schüler zugleich sehen können. Der Lehrer

sagt

sagt den Text vor, weiset zugleich auf den An=
fangsbuchstaben des Wortes, das er ausspricht;
alsdenn läßt er sich den Text von den Schü=
lern allein nachsagen, indem er nur auf jeden
Buchstaben weiset; wo die Schüler nicht fort
können, hilft er nach, und dieß treibt er so
lange, bis sie allmälig den ganzen Text in dem
Gedächtniße haben; da aber dieß in die Schu=
len gehöret, so mag man Kap. 4. Abschn. 3.
nachschlagen.

d) Aus diesem Grunde leisten die Tabellen,
welche das ganze System einer Kunst oder Wis=
senschaft darstellen, ungemeinen Nutzen. Der
Gebrauch der Tabellen ist in allen andern Wis=
senschaften bekannt genug. Mittelst ihrer kann
man die ganze Wissenschaft sammt allen ihren
Theilen übersehen, und um desto besser in das
Gedächtniß eindrücken, je öfter man diesel=
ben ihrer Kürze wegen durchgehen kann; weil
sie auch viel dazu beytragen, eine Sache in ih=
rer gehörigen Ordnung und Verbindung zu
erlernen, so ist ihr Gebrauch nicht ohne Nu=
tzen der Katechumenen in die Katechese einge=
führet worden; wie in den Saganischen Schu=
len geschehen ist, denen wir die Tabelle über
den kleinen kanisianischen Katechismus zu dan=
ken haben.

t 3   e) Es

e) Es hilft auch etwas, wenn die Katechumenen während der Katehes den Katechismus
vor den Augen haben. Wenn sie dieß mit
Buchstaben abgedruckt sehen, was sie sagen,
erklären, und wiederholen hören, so kann es
wohl nicht anders geschehen, als daß es ihnen
tief in das Gedächtniß eingedrücket werde. Auf
diese Weise werden sie auch, wie man saget,
die Lokalmemorie der Dinge, welche im Katechismus vorkommen, erlangen, welche auch
dazu dienet, die Sache länger zu behalten.

f) Aus eben diesem Grunde geben viele den
Kindern, welche lesen lernen, statt eines andern Buches den Katechismus in die Hände.
Die Erfahrung bestättiget es, daß die Kinder
durch öfteres Lesen und Wiederholen vieles in
dem Gedächtniße behalten, ohne daß sie darauf
bedacht gewesen sind, sich etwas zu merken.
Es hat aber auch dieser Gebrauch seine Unbe-
quemlichkeiten; denn da die Kinder lesen lernen,
können sie nicht zugleich auf den Sinne der
Worte achtsam seyn; es ist ihnen auch nicht
gelegen, weil sie glauben aller ihrer Schuldigkeit ein Genüge gethan zu haben, wenn sie
nur die Buchstaben und Worte recht auszusprechen wissen; und so gewöhnen sie sich allmälig daran, auf den Sinn der Worte nicht
Achtung zu geben, sondern sie meynen alles
gethan zu haben, wenn sie nur die Worte
gut

gut wissen, durch die ein Lehrsatz ausgedrücket
wird. Es setzet also dieser Gebrauch nothwen=
diger Weise voraus, daß nachgehends die Er=
klärung der Worte die Unaufmerksamkeit auf
den Sinn dererselben wieder zurück führe. †

g) Es

† Es ist allerdings nöthig, daß eine vollständige
Erklärung dasjenige ersetze, was von den Ka=
techumenen während des Lesens nicht hinläng=
lich ist gefasset worden; allein man hat Mittel,
die Kinder gleich beym Lesen zur Aufmerksam=
keit anzuhalten, indem man sie nämlich durch
verschiedene Fragen über den Innhalt des Ge=
lesenen unterbricht, und sie den Augenblick wie=
der auf dasjenige zurück führet, was sie sogleich
gelesen haben. Ein Katechismus, worinne die
Materien in einer ordentlich verbundenen Re=
de abgehandelt sind, dienet für ältere Schüler
zugleich zu einem Lesebuche. Haben nun die
Katechumenen in einem solchen Buche einen
Satz, eine Periode, oder auch einen ganzen
Abschnitt vorgelesen, so kann der Katechet vie=
lerley Fragen anstellen, worauf die Antwort in
dem Gelesenen enthalten ist. Hier müssen nun die
Schüler nachdenken, und sich besinnen, was sie
gelesen haben; sie müssen die Worte manchmal
verändern, damit sich die Antwort genau zur
Frage schicke; Und so können sie nun nicht blos
das Gedächtniß brauchen, oder maschienenmäßi=
ge Antworten hervor bringen, sondern sie müs=
sen auch den Verstand anstrengen, sich zugleich
über eine Sache ausdrücken, und auf den Sinn
der Worte Achtung geben lernen. Zum Besten
dererjenigen, welche in der Kunst zu fragen nicht

t 3   ge=

g) Es bleibt auch alles fester in dem Gedächtnisse hangen, was unter Begleitung eines
angenehmen oder unangenehmen Affekts darein
ist gebracht worden. Wenn der Katechet dergestalt die Religionswarheiten vorzutragen
weis, daß zugleich die Gemüther gerühret werden, daß sie bisweilen von der Hoffnung der
ewigen Glückseligkeit eingenommen, einen Vor-
schmack von den Freuden empfinden, welche
den Gläubigen ·bereitet sind; ein andersmal
wieder sich über ihre Sünden und die vielfälti-
gen Beleidigungen Gottes betrüben; jtzt in
Betrachtung der göttlichen Eigenschaften sich
erfreuen und frolocken, so werden diese Wahrheiten sicherlich sehr tief in das Gedächtniß
eingedrücket werden.

h) Letztens ist noch zu erinnern, daß die
Dinge, welche oft sind gesagt und gehört
worden, auch tiefer in das Gemüth eindringen. Es wird also der Katechet diejenigen
Wahrheiten, welche vor andern in den Gemüthern der Katechumenen einzuprägen sind,
besonders durch welche die Liebe nnd Furcht
Got-

geübt genug sind, hat man im dritten Katechismus der saganischen Schulen, unten auf jeder
Seite, eine Menge Fragen beygesetzt, und sie
mit Nummern versehen, welche zugleich im Texte der Abhandlung stehen, und anweisen, wo
die Antwort auf jede Frage zu finden sey.

Gottes soll erreget und befestiget werden, niemals zu oft, und zu nachdrücklich vortragen
können. Es hilft auch etwas, wenn er die
von den Katechumenen gegebenen Antworten
von einem und von vielen andern, bisweilen
von der ganzen Klasse zugleich, oder von denen, welche auf einer Bank sitzen, wiederholen
läßt; er mag sie selbst noch einigemal wiederholen,
und die darauf passenden Fragen verändern;
Endlich so viel als sich thun läßt, zergliedere er
die Antwort in alle ihre Theile, und stelle über
jeden derselben Fragen an, so muß die Sache
in das Gedächtniß eindringen, und auch hängen bleiben. Vornehmlich verfahre man auf
diese Weise mit den Anfängern, und führe
man dieselbe in die Schulen ein.

Der

Der achte Abschnitt,

Wie sich der Katechet in Absicht auf die Verschiedenheit der Katechumenen zu verhalten hat.

§. 77. Der Katechet soll sich nach der Fähigkeit der Katechumenen richten. §. 78. 79. Was ihm alles hieben dienen kann. §. 80. Wie er mit jeder Klasse verfahren soll. §. 81, 82, 83. Wie die erste Klasse in der Glaubenslehre soll unterrichtet werden. §. 84-88. Wie in der christlichen Sittenlehre. §. 89. Was in Absicht auf das Gedächtniß zu thun. §. 90. Wie mit der zweyten Klasse soll verfahren werden. §. 91. Wie mit der dritten. §. 92. Von dem Privatunterricht in der Religion.

§. 77.

Der Katechet soll in der Katechese selber dieses Gesetz immer vor Augen haben, daß er sich nach der Fähigkeit der Katechumenen richte; und wie sie an Gaben sehr verschieden sind, also sollen auch ihre Seelenkräfte, der Verstand, der Wille, und das Gedächtniß verschiedentlich bearbeitet werden.*

* Daß

* Daß die Menschen an Fähigkeiten einander nicht gleich sind, ist jedermann bekannt; diese Ungleichheit mag herrühren, woher sie immer will, so ist es gewiß, daß sie sich gar zeitlich äussert, und daß unter den Kindern von einerley Alter und Erziehung ein sehr grosser Unterschied sey. Hiezu kömmt auch die Ungleichheit des Alters bey den Katechumenen, worauf auch muß gesehen werden, weil diejenigen, wie man muthmassen kann, besser unterrichtet sind, welche länger die Kateches besuchet haben; denn die Religion ist in diesem Stücke nicht von einem andern Unterrichte unterschieden. Es ist bey Erlernung der Religion, wie bey Erlernung anderer Sachen, Aemsigkeit, Fleiß, und Aufmerksamkeit nöthig, und nach Verschiedenheit dererselben ist auch die Erkenntniß der Katechumenen verschieden, und nach Zerschiedenheit ihrer Erkenntnisse kann man auch von einem viel, vom andern aber nur wenig verlangen, wie es jedermann von sich selber einsieht. Von daher kam es, daß die Apostel schon einigen Milch, andern aber starke Speise mittheilten, welches schon oben ist gemeldet worden.

§. 78.

Damit der Katechet aber dieses Gesetz beobachten möge, so ist nichts so nothwen-

dig,

dig, als daß die Katechumenen nach ihrer
Fähigkeit und Erkenntniß in gewisse Klassen eingetheilet seyn.

1) Es müssen also die Klassen gemacht
werden; in der ersten z. E. befinden sich
diejenigen, welche erst angefangen haben, die Kateches zu besuchen, und in
den allerersten Wahrheiten der Religion sollen unterrichtet werden. In der
zweyten Klasse diejenigen, welche schon
weiter gekommen sind, und zu den heiligen Sakramenten der Firmung, und
zu der heiligen Beichte vorbereitet werden. In der dritten die, welche sich zu
der ersten Communion vorbereiten. In
der vierten endlich die Uebrigen. Die
Klassen selber mögen wieder größerer
Bequemlichkeit wegen in kleine Haufen abgetheilet werden, so wie die Fähigkeit, und die Einsichten der Kinder es
fodern. Jeder Haufe und jede Klasse müssen ihre besonders angewiesene
Orte und Stellen haben. An diesen
bleibet jeder Katechumen nach Verschiedenheit seines Fleißes und Fortganges. *

* Der erste Vortheil dieser Klassen ist schon
Kap. 3. §. 12. angemerket worden, daß man
näm-

nämlich dadurch zu der nöthigen Erkenntniß
der Katechumenen gelanget. Der zweyte Vortheil ist die Erleichterung des Examinirens.
Obschon zwar immer nur einer vornehmlich
soll examiniret werden, so ist es doch rathsam,
daß die Fragen manchesmal an die ganze Klasse,
oder einen Theil derselben gemachet werden.
Man lasse auch die richtigen Antworten einigemal von der ganzen Klasse wiederholen, wie
nicht weniger die vornehmsten Texte und Wahrheiten, die man vor allen andern den Katechumenen tief einprägen will. Der Katechet muß
aber nicht immer und allemal alle Katechumenen
auf einmal antworten lassen, denn so würde er
nie wahrnehmen können, ob ein jeder insbesondere die Antwort gehörig hersagt, oder ob sich
nicht etwa dieser oder jener Schüler darauf verlassen möchte, daß man ihn unter der Menge
nicht so genau bemerken dürfte.

Es würde eine grosse Verwirrung entstehen,
wenn bey der Antwort, die von einer ganzen
Klasse zugleich gegeben wird, einer diese, der
andere jene Worte brauchen wollte. Wo aber
mit den auswendig gelernten Worten des Katechismus geantwortet wird, da kann eine ganze Klasse ohne alle Verwirrung zugleich reden,
und sich in Ansehung des Tons und Absetzens
dererjenigen Regeln bedienen, die man zu befolgen hat, wenn 20 bis 30 Kinder zu gleicher

Zeit

Zeit ganze Seiten und Abſchnitte leſen müſſen.
Der dritte Vortheil der Klaſſen iſt dieſer, daß
die Katechumenen dadurch zur Nacheiferung
ermuntert werden; denn dadurch, daß die Trägen in der erſten Klaſſe zurücke bleiben, da die
Fleißigen in die zweyte auffſteigen, werden die
meiſten zum Fleiße ermuntert, damit ihnen
nicht etwas Aehnliches begegne. Ja ſelbſt die
Aeltern werden ermuntert dafür zu ſorgen, daß
ihre Kinder gut lernen, damit ſie nur nicht dieſe
Schande, welche auf die Aeltern zurücke fällt,
leiden dörfen.

§. 79.

Damit es von dieſer Seite an nichts
mangeln möchte, ſo haben Leute, welche
in der Kunſt zu katechiſiren erfahren ſind,
dafür gehalten, daß nach Verſchiedenheit
der Klaſſen auch verſchiedene Katechiſmen
von groſſen Nutzen ſeyn würden; * Dieſe
aber müßten, damit ſie nicht etwa mehr
Schaden anrichten, als Nutzen ſchaffen,
von einerley Innhalte ſeyn, ſowohl was
die Ordnung der Sachen, als auch die
Worte ſelber betrifft. **

* Unter andern Katechiſmen, welche nach
dieſem Vorſchlage abgefaſſet ſind, will man nur
jener von Montpellier, Rochelle ꝛc. gedenken,

ken, und desjenigen, welcher neulich für die saganischen Schulen herausgekommen ist, von denen wir in der katechetischen Geschichte schon Meldung gethan haben. Es mangelt gar nicht an Gründen, die diese Sache unterstützen: 1) Ein einziger Katechismus für alle Klassen und Kinder ist den Anfängern zu schwer, den Gröstern aber zu leicht, und zu geläufig; dieß sieht jedermann ein. Wer kann wohl von einem fünf- oder sechsjährigen Kinde verlangen, daß es eben so viel fassen soll, wie ein Schüler, der viel älter, und auch viel länger in die Schule gegangen ist, folglich die nämlichen Sachen viel öfter hat erklären gehöret. 2) Die Verschiedenheit der Katechismen dient zugleich den Fleiß der Katechumenen zu erwecken. Die Menschen sind so beschaffen, daß ihnen eine Sache nicht lange gefällt, sondern sie verlangen immer etwas Neues, wenn es gleich nichts ganz neues und anders seyn kann, wenn es nur wenigstens etwas Erneuertes ist. Wer verläßt denn nicht gern dasjenige Buch, das man so oft mit Thränen benetzet, wenn die Unbescheidenheit eines unerfahrnen Schulmanns, oder die natürliche Abneigung vom Lernen dergleichen herausgepresset hat? Folgt auf dieses ein ander neues Buch, so ergreifen sie es mit Freuden, und lernen desto fleißiger darinnen. Hiezu kömmt noch der im vorigen §. angeführte Grund, die Nacheiferung der Katechumenen,

wel-

welche sich befleißen werden, den größern Katechismus als einen Beweis einer größern Erkenntniß zu bekommen, und sie werden sich schämen, das erste Katechismusbüchlein lange herum zu tragen.

Allein diejenigen, welche das Gegentheil
behaupten, wenden hiewider ein, wenn auch
bey vielen der vorgegebene Nutzen zu hoffen
stünde, so würden doch aber auch viele sich an
dem kleinen Katechismus genügen lassen, und die
andern gar nicht achten; und andere würden aus
Geiz die größeren als entbehrlich nicht kaufen wollen. Aber wie? wenn sie weder den ersten lernen,
noch sich anschaffen, wie können sie dazu angehalten werden? Können sie nicht auf die nämliche
Weise zur Anschaffung der größeren Katechismen
angehalten werden? Man könnte dieser Besorg-
niß dadurch entgegen gehen, wenn man die
Katechismen nicht einzeln verkaufen, oder so
abdrucken ließe, daß sie müßten zusammen
gebunden werden.

Sie sagen ferner: Wenn die Katechumenen
nur einen Katechismus haben, so werden sie vollkommen zur Lokalmemorie gelangen, vermöge
der sie sich leicht aller Dinge erinnern können,
die im Katechismus vorkommen, welcher Vortheil, wenn man ihnen einen neuen in die Hände giebt, verloren geht. Ist gleich der
Ka-

Katechismus den Anfängern zu schwer, so werden sie ihn doch in das Gedächtniß bekommen,
und mit der Zeit auch in den Sinn desselben
eindringen. Allein dem mag seyn wie ihm
wolle, so ist der erste Vortheil gewiß nicht so
erheblich, daß er den obigen Vortheilen, welche aus der Verschiedenheit der Katechismen entstehen, die Wage hielte. Nebst dem entstehet
eben dieser Vortheil auch aus dem zweyten
Katechismus, wenn ihn die Katechumenen nur
einige Zeit brauchen. Das Gedächtniß wird
durch den zweyten nicht so sehr ermüdet, wenn
er nur in Sachen und Ausdrücken, wie wir
vorgeschrieben haben, mit dem ersten genau
übereinstimmet. Was den zweyten Theil anlanget, so betrügen sich diejenigen, welche sich
einbilden, daß die Katechumenen, wenn sie den
Katechismus nur erst im Gedächtniße haben,
auch in den Sinn desselben mit der Zeit eindringen werden. Es kann in Ansehung vieler
zwar geschehen, daß sie durch eine gründliche
Auslegung, wenn sie darauf aufmerksam sind,
den Katechismus verstehen lernen, den sie bis
daher nur im Gedächtniße gehabt haben; alleine
in Ansehung sehr vieler wird die Erfahrung das
Gegentheil zeigen, wenn der Katechet es ihrem
eigenen Fleiße, und Fähigkeit überlassen will.
Die meisten Menschen sind zu träge, und
scheuen die Anstrengung des Verstandes, besonders die Ungelehrten, welche nicht gewohnt
sind

sind nachzudenken; ehe als sie sich derselben un-
terziehen, lassen sie sich an Worten genügen,
diese vertreten bey ihnen die Stelle der Sachen,
und so oft sie an die Sachen selber denken sollen, beschäftiget sich ihr Gemüth blos mit
den Worten derselben.

Wer hat endlich je eine andere Sache angefangen auf diese verdrüßliche Weise zu lehren,
daß er mit den Regeln das Gedächtniß seines
Schülers überladen hätte, welche dieser zu
verstehen nicht im Stande war? Müßte man
die Sache nicht auf eben diese Weise anfangen,
wenn man dem Schüler die Kunst, welche er
lernen sollte, gleich vom Anfange verhaßt machen wollte? Soll dieses nicht um so vielmehr
bey Erlernung der Religion vermieden werden?
Was ist trauriger, als wenn die Katechumenen gleich anfänglich einen Eckel, und einen
geheimen Haß wider die Religion bekommen,
die sie von Kindesbeinen an lieben, und nach
welcher sie als nach der Quelle ihrer einzigen
Glückseligkeit streben sollen?

** Wenn die Katechumenen sich niemal daran gewöhnet haben, gewisse Dinge mit gewissen und bestimmten Worten auszudrücken, so
wird man ihnen schwerlich dieses abgewöhnen;
ja man wird Gefahr laufen, ihnen den Begriff
selbst, welchen sie einmal mit gewissen Worten

ten verknüpft haben, zu benehmen, da man
ihnen nur jene Ausdrucke abgewöhnen will;
auch in Sachen, die den Verstand angehen,
äussert die Gewohnheit eine bewundernswürdige Macht. Allein es schadet nichts, wenn
gleich neue und weitläufigere Auslegungen und
Beweise zu einer Sache hinzugethan werden,
oder gefodert wird, daß die Katechumenen die
vorseyende Sache mit andern Worten erklären
sollen, als die in dem Katechismus gebrauchet
werden, ja es ist vielmehr nothwendig wegen
der schon oft angeführten Ursachen. Dieß allein halte ich für nützlich, daß die vornehmsten
Lehrsätze allemal, wo sie immer vorkommen,
mit den nämlichen Worten sollen vorgetragen
werden, und was hinzu gethan wird, daß soll
nur allein zur Erklärung dieser Worte dienen.

§. 80.

Nun müssen auch die Klassen in Betrachtung gezogen und überleget werden,
von was, und wie eine jede derselben soll
unterrichtet werden, wie man nach ihrer
Verschiedenheit den Verstand, den Willen,
und das Gedächtniß bearbeiten soll. Allein
nun ist noch die Frage zu entscheiden: ob
man schon mit Kindern den Unterricht in
der Religion anfangen könne, welche noch
nicht das Vermögen haben, die Sachen

u   ge-

genugſam zu beurtheilen und zu unterſcheiden?*

* Es haben ſich in unſern Tagen Leute gefunden, welche ſich, ich weis nicht aus welchem Grunde, Philoſophen nennen. Dieſe haben behaupten wollen, daß man den Unterricht in der Religion bis in dasjenige Alter verſchieben müſſe, in welchem die Kinder ſelber
fähig ſind die Religion zu unterſuchen, zu prüfen, und aus freier Wahl anzunehmen, damit ihr Glaube nicht ein blindes, und blos zu-
fälliges, ſondern wohlbedachtes und überlegtes
Werk ſey. Allein es läßt ſich leicht abſehen,
wohin dieſe Leute zielen. Wie? Weil die Kinder noch nicht das Vermögen zu urtheilen haben, und alles ohne Unterſchied glauben, was
ſie von ihren Aeltern und Lehrmeiſtern hören,
ſo ſollte aus dieſem Grunde ihnen nichts von
ihrem Schöpfer, von dem erſten und beſten
Vater, nichts von ihrem Urſprunge, und letz-
tem Ziele, nichts von den Mitteln daſſelbe zu
erlangen, nichts von ihrem Erlöſer, und dem
koſtbaren Löſegelde, mit welchem ſie ſind er-
kauft worden, geſaget werden? Könnten es
wohl die Aeltern, welche ſelbſt von dieſen Wahrheiten überzeuget ſind, und glauben, daß von
denſelben nicht allein ihr eigenes, ſondern auch
das Heil aller Menſchen abhängt, verantwor-
ten, wenn ſie ihre Kinder hievon nicht unter-
richt-

richten; die Aeltern, welche ihre Kinder von
den erſten Jahren an, von allem dem zu unterrichten bemühet ſind, was zu ihrer künftigen zeitlichen Glückſeligkeit gehöret, obſchon
die Kinder ſelbſt noch nicht urtheilen können,
ob alles dieſes ihnen mit der Zeit nützlich, oder
ſchädlich ſeyn wird? Uebrigens iſt es den Kindern nicht verbothen, wenn ſie den völligen Gebrauch ihrer Vernunft werden erlanget haben,
die Gründe zu prüfen, auf welchen die chriſtliche Religion beruhet. Die chriſtliche Religion ſcheuet keineswegs eine ſolche Unterſuchung
und Prüfung, ſondern ſie verabſcheuet nur die
Unwiſſenheit des Verſtandes und das Verderbniß des Herzens.

Der Beweis iſt eben ſo ſeichte, welchen dieſe
Leute von daher holen, daß die chriſtliche Religion viele Geheimniſſe vorträgt, welche den
Verſtand der Kinder weit überſteigen; müßte
denn nicht aus dieſem Grunde die ganze geoffenbarte Religion über den Haufen geworfen
werden? Denn welcher erwachſene Menſch iſt
im Stande, die Geheimniſſe der Religion zu
begreifen, welche eben deßwegen, weil es Geheimniſſe ſind, unbegreiflich bleiben?

Indeſſen räumen wir gern ein, daß man
ſich in dieſer Sache nicht übereilen, und gleich
anfänglich die größten Geheimniſſe vortragen
dür-

dörfe. Die Religion enthält auch viele deut‐
liche und angenehmere Wahrheiten; von diesen
kann man Schritt für Schritt zu den dunkle‐
ren und höheren Wahrheiten fortgehen.

§. 81.

In Ansehung der ersten Klasse ist zu über‐
legen, 1) worinne sie soll unterrichtet wer‐
den, oder was für Gegenstände ihr Kate‐
chismus begreifen soll. 2) Ob es genug
sey, dieselbe blos in das Gedächtniß der
Katechumenen zu bringen, oder ob der Ka‐
techet auch Rücksicht auf ihren Verstand
nehmen müsse. Was das erste anlanget,
so muß ihr Katechismus nicht weitläuftig
seyn; es ist genug, wenn er die ersten Be‐
griffe der ganzen Religion geschickt ent‐
wirft. * Was das zweyte betrift, so hal‐
te ich dafür, daß der Katechet den Ver‐
stand der Katechumenen, so bald als es
möglich, bearbeiten solle; und daß er we‐
nig gethan habe, wenn die Katechumenen
bloshin die Fragen zu beantworten wissen,
ohne daß sie einen Begriff von den Din‐
gen haben, von welchen gehandelt wird.**

* Es müssen nicht viele Dinge auf einmal,
sondern ein Ding vielmals gesagt, und öf‐
ters wiederholet werden. Man muß nicht,

wer

wer weiß wie sehr, ausschweifen, sondern sich
an die ersten Grundsäße halten, aber diese müssen oft und nachdrücklich eingepräget werden.
Wenn man in ein Gefäß, welches einen sehr
engen Hals hat, viel Wasser auf einmal schüt-
ten will, so wird wenig darein kommen, das
meiste wird darüber weg fließen; im Gegentheile
aber, wenn man nur wenig auf einmal darein
träufeln läßt, so wird das Gefäß allmälich
voll, ohne daß etwas darneben wegflöße, eben
so muß man mit diesen zarten Gemüthern verfahren.

** Mir scheint die Gefahr allezeit vorhanden
zu seyn, daß die Katechumenen sich auch hin-
führ an den blossen Worten werden genügen
lassen, wenn sie nicht bey der ersten Unterweisung Begriffe damit zu verbinden gelernet haben. Braucht man denn eben so mit Kindern
zu eilen, als es gemeiniglich geschieht? Der
Hauptgrundsäße der Religion sind wenig, z. E.
das Daseyn Gottes, die Erlösung, die zukünftige Belohnungen oder Strafen. Wenn
sie auch ganze Jahre an einem lernen, denselben
aber fassen, wie es seyn soll, so ist die Mühe
genugsam belohnt, und allezeit besser gethan,
als wenn sie viel Worte ohne Sinne im Kopf
haben.

u 3 §. 82.

§. 82.

Beym Unterrichte selber muß man vornehmlich auf die natürliche Fähigkeit der
Kinder sehen. Diese wird die Anleitung
dazu geben, wie den Katechumenen die ersten Begriffe, von welchen in dem vorhergehenden §. ist gehandelt worden, sollen
beygebracht werden. *

* Wenn wir die Kinder näher beobachten,
so werden wir sehen, daß, obschon sie sonst
Feinde aller Bemühung sind, sie dennoch von
einer starken Begierde alles zu wissen, oder
von einem natürlichen Fürwitze getrieben werden, welcher sich bey allen Gelegenheiten, wie
die Funken aus dem Kieselsteine, blicken läßt.
Dieser äussert sich zuerst in Ansehung der Gegenstände, die um sie herum sind. Diese möchten sie gerne genauer kennen lernen; daher die
verschiedene, und oft bewunderungswürdige
Fragen, die sie darüber anstellen. Wie leicht
kann man nun Anlaß nehmen, sie auf ihren
Schöpfer, auf Gott, zurücke zu führen! Es
ist schon längst bemerkt worden, daß der näch-
ste und für alle Menschen bequemste Weg,
zur Erkenntniß Gottes zu gelangen, dieser sey,
wenn man nämlich Betrachtungen über die
uns vorkommenden Gegenstände, über die Absichten erschaffener Dinge, über ihre bewun-
derungs-

berungswürdige Einrichtung und Uebereinstimmung anstellen.

Ferner hat man angemerket, daß die Kinder sich gar sehr an den Geschichten ergötzen,
ja an Mährchen, wenn sie sonst nichts zu hören
bekommen ; es ist aber auf eine besondere
Verfügung der göttlichen Vorsehung geschehen,
daß fast die ganze Religion sich auf Begebenheiten gründet, und beziehet. Dem Katche-
ten liegt es ob, davon Gebrauch zu machen.
Dem Abt Fleury hat dieses so wichtig ge-
schienen, daß er dadurch vornehmlich ist bewogen worden, seinen historischen Katechismus
darnieder zu schreiben. Das bey den Alten diese Lehrart gewöhnlich und vielleicht am meisten
sey gebrauchet worden, sieht man schon zur
Genüge aus der Abhandlung des heiligen Augustin de catechizandis Rudibus.

Welche reizende und ergiebige Gelegenheit
biethet sich hier dem Katecheten dar, seine Katechumenen auf eine nützliche und zugleich angenehme Weise zu unterrichten! Aus diesen Begebenheiten wird es ein leichtes seyn, die All-
macht, Weisheit, Vorsehung, Gerechtigkeit,
und Barmherzigkeit Gottes zu zeigen. In der
ganzen heiligen Schrift kömmt keine Begebenheit vor, welche uns nicht unterrichten und er-
bauen könnte; der Katechet muß auch keine an-

u 4   füh-

führen, ohne entweder einen Begriff von Gott
daraus zu ziehen, oder denselben dadurch noch
mehr aufzuklären, oder auch die Sitten der Katechumenen zu bilden, und ihnen die Liebe und
Gottesfurcht einzuflößen.

Das zweyte Hauptstück der Religion, die
Erlösung des menschlichen Geschlechts, beruhet
ja auch meistentheils auf Begebenheiten. Welche Materie zum Erzählen ist nicht der Fall
unserer ersten Aeltern, die Verheissung des Heilandes, desselben Vorbilder, seine Sendung,
sein über allen Tadel erhabener Lebenswandel,
seine fürtrefliche, unsrer eifrigster Nachahmung
würdigste Tugenden und Beyspiele, und sein
Tod für die Sünden des ganzen menschlichen
Geschlechtes!

Auch die Belohnungen der Heiligen im Himmel, und die Strafen der Sünder in der Hölle,
werden in der heiligen Schrift unter allerley
Bildern vorgestellet, welche nicht über den
Verstand und die Einbildungskraft der Kinder
sind. Wenn man dieß alles überleget, so wird
man mir einräumen müssen, daß nicht alle
Mühe vergebens sey, welche man auf die Be-
arbeitung des Verstandes bey den Kindern
verwendet.

§. 83.

§. 83.

Die Auslegung kann der Katechet, vornehmlich wenn sie historisch ist, in kleine
Theile zerlegen, indem er über alles das,
was merkwürdig ist, Fragen anstellet.*
Am meisten aber muß er sich angelegen seyn
lassen, durch wohl angebrachte Fragen die
Schüler aufmerksam über die vorseyende
Grundlehre zu machen, zu deren Erklärung
er die Geschichte anführet, oder welche er
auf die im vorigen §. beschriebene Art lehren
will; er muß die Fragen vervielfältigen,
wenn sich die Erklärung tief in das Gemüth der Katechumenen eindrücken soll.**
Hiezu kömmt noch die Zergliederung des
Satzes in alle seine Theile, über derer jeden, Fragen angestellet werden, wie §. 19.
gemeldet worden; dieß ist besonders bey
den Anfängern zu befolgen.***

* Da jede Kateches schon gebrochenes Brod
seyn muß, so müssen diese Brocken, wenn man
die Anfänger vor sich hat, noch kleiner gebro-
chen, ja sie müssen, nach der Redensart des
heiligen Augustin, gar zerkäuet werden, damit die kleinsten Katechumenen sie besser ver-
dauen mögen, und das, was gesaget worden, desto fester hängen bleibe. Es schadet auch nicht, daß man die Antwort, wenn

u 5   sie

sie mit derselben nicht recht heraus wollen, weil
sie sich nicht gleich aller Umstände zu erinnern
wissen, in jene Frage einkleide, die sie nur
mit Ja oder Nein beantworten dörfen, z. E.
Geschahe nicht auch das und das? Verdienet
nicht auch dieses angeführt zu werden? Gehöret nicht etwa auch dieses dazu? Sind diese
Sachen nicht etwa so geschehen? 2c. daß nur
die Katechumenen durch das Leichte angereizet
werden, und sich nicht etwa die Kateches als
eine allzuschwere Sache vorstellen.

** Sonst könnte es sich zutragen, daß sie
sich zwar die Geschichten einigermassen merk-
ten, aber die Sache vergäßen, welche sie aus
der Geschichte lernen sollen; allein durch die
wiederholten Fragen wird die daraus zu neh-
mende Lehre ins Licht gesetzt, und gleichsam
den Katechumenen vor die Augen gestellet. Da
der Katechismus der Anfänger nur aus wenig
Säzen bestehen soll, auf deren Erklärung alles
dasjenige, was da ist gemeldet worden, abzielen muß; so ist nichts leichter, als diese wenige Säze durch Fragen und Wiederholungen
dem Gedächtniße und dem Verstande der Katechumenen einzuprägen.

*** Am meisten ist bieß von den Anfängern zu verstehen, was §. 19. ist gesaget worden. Nach der allda angegebenen Lehrart muß
über

über jedes Wort des Satzes eine Frage gemachet werden, welches dazu dienet, daß der Satz
tief in das Gedächtniß eingedrücket, und auch
der Verstand einigermassen geschärfet werde.
Dieses ist auch nöthig; man kann es kaum glauben, wie wenig die Katechumenen, wenn sie
sich selber überlassen werden, sich ihres Verstandes gebrauchen, und wie wenig sie sich desselben zu gebrauchen wissen. Je eher aber das
Vermögen zu denken geübt wird; desto glücklicher nimmt es zu, und um so weniger wird
der Katechet Mühe haben, wenn es um andere
Sachen, die schwerer zu verstehen sind, zu
thun seyn wird.

§. 84.

Mit den moralischen Begriffen darf der
Katechet die Katechumenen nicht sehr plagen, * aber deßwegen muß er die Sittenlehre nicht vernachläßigen, sondern die Katechumenen praktisch zur Lehre Christi anführen, damit sie selbige mit den Sitten, und
Gesinnungen ausdrücken.**

* Es könnte scheinen, als wenn die christliche Sittenlehre zu hoch wäre, als daß sie auch
die Kinder angehen sollte, besonders in dem
Alter, wo die Vernunft zu schwach ist, und
wo sie vielmehr von den Sinnen und den Trie-

ben

ben regieret wird, als daß sie den Menschen
regieren sollte; folglich scheint alle Mühe vergeblich zu seyn, die auf die Sittenlehre bey
den Kindern verwendet wird. Ich lasse es
gern zu, daß, wenn von den Kindern der ersten Klasse die Rede ist, man eben nicht darauf bestehen darf, daß ihnen die ganze christliche Sittenlehre in ihrem völligen Zusammen-
hange vorgetragen werde, oder daß der Katechet sich bemühen solle, ihnen deutliche Begriffe von allen Pflichten und einzelnen Tugenden
beyzubringen, denn diese haben nebst dem, daß
sie abstrakt und allgemein sind, noch ihre besondere Schwierigkeiten, wie Abschn. 4. §. 40. ist
gemeldet worden; aber deßwegen muß man die
Kinder in diesem Stücke nicht gänzlich ihren
Leidenschaften und Trieben überlassen, sondern
vielmehr zeitlich mit ihnen anfangen diese Sache zu treiben. Es betrügen sich diejenigen gar
sehr, welche sich die Kinder gar so unschuldig
vorstellen, als wenn sie keines Gegenmittels
wider die Laster nöthig hätten. Der heilige
Augustin schreibt a): „Die Schwachheit der
„Glieder ist an den Kindern unschuldig, nicht
„aber das Gemüth der Kinder;„ obschon man
ihnen dieses aus Mangel der Vernunft nicht
eben anrechnen kann, wie es den Erwachsenen
geschieht; so äussert sich doch das aus der
Sünde entstandene Verderbniß der Natur
ge-

a) Confess. l. 4. c. 7.

genugsam an den Kindern, welches, an statt mit der Zeit abzunehmen, täglich immer zunimmt, wenn es nicht frühzeitig geschwächet wird.

Aus eben diesem Grunde halten einige dafür, daß die Gebothe des Evangeliums die Kinder nicht angehen, weil sie weder Häuser, noch Aecker, noch Weingärten besitzen ꝛc., an die sie ihre Herzen zu fest anhängen, wegen welcher sie rechten, und die Gesetze der Gerechtigkeit und Liebe verletzen könnten; dem sey wie ihm wolle., auch sie haben ihre Welt, der sie mit eben der Ergebenheit anhängen, auch sie haben ihre Anläße zu zanken, zu betrügen ꝛc. Die Gegenstände machen blos den Unterschied aus. Ludimus nos maiora, hat ein Alter gesagt: Wir spielen mit größeren Dingen, die Kinder mit kleineren. Der Affekt ist bey beyden einerley.

** Es schickt sich sehr wohl auf die Kinder, was der ehrwürdige Thomas von Kempen sagt: b) „Ich will lieber Reue und Andacht „empfinden, als wissen auszulegen, was die „Reue sey.„ Die Kinder sollen nämlich vielmehr praktisch zur Liebe und Gottesfurcht angeführet, als in den Definitionen der Liebe und Furcht unterrichtet werden; die christlichen Sit=

b) L. 1. de Imit. Christ. c, 1.

Sitten sollen in ihnen vielmehr durch das Beyspiel anderer, als durch Erklärungen der Pflichten und Vernunftschlüsse gebildet werden; ihre
guten Triebe muß man suchen zu erhalten, zu
erregen, und zu erhöhen; dieß geschieht, wenn
man das, was sie denselben gemäß handeln,
lobet, und gut heißet, die moralische Schönheit solcher Handlungen durch kurze Betrachtung über dieselbe, und über das eigene bey
Hervorbringung derselben gehabte angenehme
Gefühl sie empfinden macht, ihnen auch Gelegenheit verschaft solche öfters auszuüben.
Und gerade auf eine entgegengesetzte Art kann
er ihnen das Verabscheuungswürdige der bösen
Handlungen zeigen.

§. 85.

Da der Grund von der ganzen christlichen Sittenlehre die Liebe, und die Furcht
Gottes ist, so muß der Katechet in den
Katechumenen vornehmlich diese zween Affekten zu erregen suchen; dieß geschieht,
wenn er ihnen die hohen Wahrheiten, aus
derer Vorstellung sie zu entstehen pflegen,
oft und nachdrücklich einprägt.*

* Das die Menschen von ihren Affekten regieret werden, ist schon oben erinnert worden.
Von diesen muß also der Unterricht ohne alle
Widerrede angefangen werden.   Wer weis
aber

aber nicht, daß auch die Kinder ihre Affekten
haben? Ja um so viel die Vernunft bey ihnen
schwächer ist, um so viel ist auch die Herrschaft der
Affekten bey ihnen stärker. Man hat nur nöthig,
ihre Affekten auf den gehörigen Gegenstand
zu leiten, damit sie das am meisten fürchten,
was unter den Uebeln das größte ist, und
dieß am meisten lieben, was unter den
Gütern das größte ist. Und was ist billiger,
als daß das Herz, welches so verschiederer Bewegungen und Affekten fähig ist, und welches
auch erschaffen worden, daß es Gott lieben,
und fürchten soll, diesen vorzüglichen Affekten
geweihet, und Gott gewidmet werde, so bald
als es nur eines Affekts fähig ist? Gewißlich,
wenn eine Maschine plötzlich mit Vernunft und
Einsicht begabt würde, was würde vor allen
andern Dingen ihr erstes Geschäft anders seyn,
als ihrem Meister ihre Dankbarkeit zu bezeugen.

Da aber die Kinder nicht fähig sind, die
gehörige Aufmerksamkeit und das nöthige Nachdenken auf diejenigen Bewegungsgründe zu
verwenden, aus deren reiflichen Beherzigung
diese Affekten zu entstehen pflegen, so muß
der Katechet diesen Mangel dadurch ersetzen,
daß er oft und nachdrücklich dieselben vortrage,
die unendliche Güte Gottes und seine uns er-
zeigte Wohlthaten mit lebhaften Farben ab-
schil-

schildere, dergleichen auch die göttliche Gerechtigkeit sammt den Strafen, welche den Sün-
dern bereitet sind, geschickt entwerfe.

Auf die nämliche Weise kann er ihnen auch
die ersten Grundzüge der Buße, und Rechtfertigung beybringen. Mit weitläuftiger Erklärung, was die Reue, Rechtfertigung 2c. seye,
wie sie entstehen, was ihre Bestandtheile sind 2c.
wird er bey diesen Kleinen nicht viel ausrichten: Vielmehr muß er nämlich diese Reue selbst
in ihnen öfters erregen, durch eindringende Vorstellungen dererjenigen Uebel, derer sie sich
durch die Sünden schuldig machen, besonders
wenn er auf einen kömmt, welcher sich einer
Sünde schuldig gemacht hat, z. E. einer Un-
ehrbarkeit in der Kirche; er muß sich Mühe
geben, ihn zu überzeugen, daß er undankbar
gegen Gott handelt, daß er seinem Schöpfer
und Erlöser unrecht thut, daß er zugleich unvernünftig verfährt, wenn er in dessen Gegenwart unehrerbietig sich aufführet, dem er von
allen seinen Gedanken und Handlungen dermaleinst wird müssen Rechenschaft geben. Alsdenn muß er auch zeigen, zu wem er seine
Zuflucht nehmen solle, daß er seiner Sünden Verzeihung erlangen möge; wer der sey,
welcher uns mit seinem kostbaren Blute erlöset,
und die Gnade, durch die wir sollen gerechtfertiget werden, verdienet hat 2c.

§. 86.

§. 86.

Uebrigens kann alles, was von den Pflichten gegen den Willen ist gesaget worden, gewissermaßen auch auf die jüngsten Katechumenen angewendet werden. Auch diesen muß er es einprägen, daß ihr ganzes Heil hievon abhängt, wenn sie Gott fürchten und lieben, und seine Gebothe halten. Er muß ihnen auch die feyerlichen Verheissungen, welche sie in der Taufe gethan haben, zu Gemüthe führen, deßgleichen die Beyspiele der Heiligen, vornehmlich unsers Herrn und Heilandes Jesu Christi; dessen Gehorsam gegen die Aeltern, Sanftmuth, Demuth ꝛc. wird er ihnen nicht genug einprägen können. Und da die Kinder, wie die Erwachsenen, Hindernisse zu überwinden haben, weil auch in ihnen die unordentliche Liebe der sinnlichen Güter und Eigenliebe zu käumen anfängt, so muß der Katechet frühzeitig dieser Liebe die Grundsätze des Evangeliums entgegen setzen.*

* Es kann alles den Kindern durch öfteres Vorsagen eingedrücket werden; wenn sie auch nicht alles, was gesaget wird, sogleich merken, so wird es doch bey ihnen Eindruck machen, wenn es nämlich ihnen vielmals vorgesaget wird;

und sie werden es desto fester glauben, je öfter
sie es hören werden. Ihr Verstand und Gedächtniß ist wie ein reines Papier, auf welches man alles schreiben kann. Denn woher
kömmt eine so grosse und fast unglaubliche
Verschiedenheit der Urtheile unter den Menschen anders, als weil jeder glaubet, was ihm
von Kindheit ist beygebracht worden. Und da
die Menschen, ja ganze Erdstriche in nichts
so weit von einander unterschieden sind, als
in ihren Urtheilen; so ist kein Wunder, daß
auch ihre Kinder so beschaffen sind. Eben so
leicht wäre es, nicht nur ihren Gemüthern die
christliche Sittenlehre einzudrücken, sondern
auch in ihre Sitten einzuführen; wenn alle diejenigen, welchen dieß obliegt, übereinkämen,
auf solche Art zu reden, wie es die christliche
Sittenlehre fodert, ihre Grundsäze einzuführen, das zu loben, uud das zu tadeln, was
sie lobet oder tadelt, und auch nach ihr alle
Handlungen einzurichten, so würde in kurzem
die christliche Welt lauter gute Bürger haben,
ja die ganze Welt würde christlich seyn. Allein da die meisten, welches nicht genug zu
beklagen ist, ihrer Pflicht kein Genüge thun,
so soll wenigstens der Katechet dieß um so viel
genauer beobachten, seine Ermahnungen ver-
doppeln, darauf dringen, und ohne Unterlaß
die Gebothe des Evangeliums den Katechumenen
einprägen, und dieß seine größte Sorge seyn
laß-

laſſen, ihnen den Weg der wahren Glückſeligkeit ernſtlich zu zeigen, ſie zu ermuntern, und
anzutreiben, auf dieſem Wege lebenslang zu
wandeln. Er ſoll ihnen zu Gemüthe führen,
was ſie ehedem ſchon in der Taufe, obſchon
durch andere, verſprochen haben, daß es ſchänd-
lich ſey, wenn ſie das gegebene Wort nicht
halten, und wieder zu demjenigen übergehen,
dem ſie abgeſaget haben. Den Beyſpielen der
Welt, müſſen die Beyſpiele der Heiligen entgegen geſezet werden, vornehmlich die Beyſpiele
unſers Heilandes; dieſe ſollen ihnen vor den
Augen ſchweben, dieſe ſollen ſie mit ihren
Werken ausdrücken, ſonſt werden ſie nicht aus
der Zahl dererjenigen ſeyn, die ſeiner ewigen
Geſellſchaft genüßen werden. Aber nichts iſt
ſo nützlich, als daß von Kindheit auf die un-
mäßige Liebe der ſinnlichen Güter und ſeiner
ſelbſt, in Ordnung gebracht werde; in dieſer
Abſicht ſollen den Kindern die Grundſätze des
Evangeliums, welche der zweyfachen unordentli-
chen Liebe entgegen ſind, und gleichſam den
Grund der ganzen evangeliſchen Sittenlehre
ausmachen, nicht nur tief in die Gemüther,
ſondern auch auf eine unauslöſchliche Weiſe in
ihre Herzen geſchrieben werden. Was hilft es
dem Menſchen, wenn er die ganze Welt gewinnet, aber an ſeiner Seele Schaden leidet ꝛc.?

§. 87.

Es wird auch viel dazu beytragen, den Katechumenen die christliche Sittenlehre noch tiefer einzuprägen, wenn der Katechet sie anhält, daß sie den äusserlichen Pflichten der Religion das gehörige Genüge leisten; wenn er sie unterrichtet, wie sie der heiligen Messe beywohnen, die Predigt anhören sollen 2c. wie sie den Tag christlich anfangen, die während desselben vorkommenden Geschäfte verrichten, und ihn endlich heilig beschlüssen sollen. Vornehmlich soll er sie zu dem sogenannten Gebethe aus dem Herzen anführen.*

* Die wahre Gottseligkeit wird gar sehr durch diese äußerlichen Werke beförbert; besonders aber durch das Wort Gottes, welches geradezu die Gottseligkeit erreget, und nähret; alle äußerliche Religionshandlungen sind entweder Zeichen, oder Früchte der Gottseligkeit oder Antriebe zu derselben. Es können also die Kinder nicht zeitlich genug zur Ausübung dieser äußerlichen Religionspflichten angeführet werden. Die Aeltern nehmen gemeiniglich ihre Kinder sehr zeitlich mit sich in den öffentlichen Gottesdienst, damit sie einigermassen ihrer Pflicht ein Genüge thun; allein weil die Kinder in dieser Zeit noch nicht das Geistliche

von

von dem Weltlichen zu unterscheiden wissen,
noch auch verstehen, was diese Geheimnisse
auf sich haben, so gewöhnen sie sich allmälich ohne Geist und Andacht beyzuwohnen,
auch nachher, da sie dessen fähig wären. Es
ist also nicht genug, daß man sie in den Gottesdienst schicke, sondern man muß ihnen auch
zeigen, wie sie demselben beywohnen sollen.
Zuerst müssen sie unterrichtet werden, wie sie
die heilige Messe anhören sollen, welche das
heiligste und herrlichste in der Religion ist;
damit sie aber derselben gehörigermassen beywohnen mögen, sollen sie wissen, was dieses
Opfer zur Absicht hat, warum es eingesetzet
worden, warum es alle Tage in der Kirche
dargebracht wird, damit sie auch mit der Kirche, und dem Priester ihre Absicht und Meynung zu vereinigen lernen. Sie müssen auch
verstehen, welches die Haupttheile der heiligen
Messe sind, und was sie bey jedem derselben
zu beobachten haben ꝛc. So müssen sie auch
von dem Predigthören unterrichtet werden, damit sie einen Nutzen davon haben mögen. Warum anders schaffen die in unsern Tagen so
häufigen Predigten so wenig Nutzen, als weil
die meisten mehr aus Gewohnheit darein gehen,
als um gebessert zu werden; und weil sie nicht
einmal wissen, mit was für einer Gemüths-
fassung man Predigten hören soll, oder weil
sie dieses wenig achten?

Es

Es ist aber auch sehr nothwendig, daß die
Kinder angeführet werden, den Tag christlich
anzufangen, und zu vollenden; der Katechet
soll es hierinnen an sich nicht mangeln lassen,
weil meistentheils von einem guten Anfange
die Heiligkeit des ganzen Tages abhängt. Was
ist billiger, als daß, da sie erwachen, sie alsogleich ihr Gemüth zu Gott dem Herrn
ihrem Schöpfer erheben, und was kann man
hievon nicht für Segen für den ganzen Tag
hoffen? Was ist löblicher, als daß, da sie
sich zur Ruhe begeben wollen, sie demjenigen
Dank sagen, durch dessen Güte sie den Tag
überlebet haben?

Eben so soll auch mit den Werken, welche
den Tag über zu verrichten sind, verfahren werden. Ach der elenden Menschen! Selten sind
sie mit ihrem Schicksale zufrieden, sie loben
immer die Umstände, in denen sich andere befinden; darum thun sie, was sie thun sollen,
manchesmal mit Verdruß, oft gar mit grossen
Unwillen, nicht ohne offenbare Beleidigung der
göttlichen Vorsehung. Was ist einem Christen wohl nöthiger, als daß er von der göttlichen Vorsehung die besten Gesinnungen hege;
daß er mit dem Posten, welchen Gott ihm in
dieser Welt angewiesen hat, zufrieden sey, die
damit verknüpften Pflichten treulich erfülle,
und die vollkommene Glückseligkeit nicht in die-

ser,

fer, sondern in der andern Welt zu erlangen
hoffe?

Allein alles dieses wird wenig helfen, ohne
das sogenannte Gebeth aus dem Herzen; es ist
freylich etwas leichtes, die Kinder an gewisse
Gebethsformeln zu gewöhnen, die sie Frühe
und Abends und den Tag über sprechen sollen,
und die auch meistentheils den Katechismen bey-
gefüget sind; allein wenn sie dieselben bloshin
aus dem Gedächtniß hersagen, ohne Achtsam-
keit des Verstandes und Andacht des Herzens,
so wird man den gewünschten Nutzen nicht erlangen; hier muß man von demjenigen Gebrauch machen, was oben ist gemeldet worden, da wir von dem Willen der Kinder gehandelt haben.

§. 88.

Da den Kindern nichts so schädlich ist,
als die bösen Sitten der Erwachsenen, besonders in dem Alter, in welchem sie das
Gute von dem Bösen noch nicht genau unterscheiden können, so muß der Katechet
ohne Aufhören ihnen zureden, und sie
remahnen, daß man der Menge nicht
nachfolgen und das, was andere thun, nicht nachahmen solle, sie
thäten denn recht; daß der Weg zum Him-

F 4   mel

mel enge sey, und daß wenige nur auf
demselben wandeln; daß aber der Weg,
welcher zum Untergange führet, breit sey.*

*Sieh da, was am meisten hindert, daß
die evangelische Sittenlehre an den Kindern
nicht die gehörigen Früchte bringet! Sie sind
nicht so sehr verdorben, daß sie nicht glauben
sollten, was ihnen der Katechet vorsaget; sie
sind aber so beschaffen, daß sie demjenigen
mehr Glauben beymessen, was sie sehen, als
was sie hören; so unerfahren als sie sind, so
wissen sie doch gewiß, daß der Menschen Handlungen mit ihren Gesinnungen enger zusam-
menhängen, als ihre Reden. Wie selten sind
aber nicht Beyspiele wahrer Tugend? Wie
weit muß oft man sie nicht herholen, wenn
man einige vorstellen will? Die Beyspiele der
Laster aber fallen beständig in die Augen, und
die meisten Menschen folgen ihren Leidenschaften ungestraft. Diese Beyspiele sind um so
viel schädlicher, wenn sie diejenigen geben,
welche von den Kindern geliebet und hochge-
schätzet werden. Weil sie selber noch nicht von
den Merkmaalen der Wahrheit urtheilen können,
so glauben sie denjenigen am meisten, die sie
vor allen andern hochachten, woher auch immer diese Hochachtung entstehen mag. Der
Katechet ist selten so glücklich, daß er bey den
Katechumenen oben anstehen sollte, sehr oft
steht

steht er allen übrigen nach; weil sie von ihm
zur Arbeit angestrenget und gestraft werden,
so scheuen sie ihn, ja sie hassen ihn wohl vielleicht gar; darum ist es nicht Wunder, wenn
die Katechumenen dem Katecheten nicht so viel
Glauben beymessen als andern, besonders
wenn hiezu derselben Beyspiele kommen. Der
Katechet muß sich Mühe geben, den Katechumenen das ihnen nachtheilige Urtheil zu benehmen. Er muß es ihnen ernstlich einschärfen,
daß sie nicht dem grossen Haufen nachlaufen,
besonders in einem so wichtigen Geschäfte, als
das Geschäft des Heils ist; man soll so gar in
weltlichen Geschäften nicht allemal auf den
grossen Haufen sehen; denn er ist zu verän-
derlich, und bleibt niemals sich selber gleich,
selten folget er der Vernunft, fast immer den
Vorurtheilen, und Leidenschaften; wer solchen
Führern nachfolget, wird weder von der Welt
den Namen eines Weisen verdienen, noch viel
weniger aber sein Leben nach der höchsten
Richtschnur der menschlichen Handlungen, nach
der Sittenlehre des Evangeliums einrichten.

§. 89.

Da das Gedächtniß nicht darf vernachläßiget werden, damit die Kateches nicht
wieder verschwinde, so wird der Katechet
vornehmlich dasjenige bey den Katechume-

X 5

nen

nen der erſten Klaſſe, und bey den jüng-
ſten beobachten, was §. 70. iſt gemeldet
worden. Er kann nämlich, damit er ihr
Gedächtniß nicht überlade, kleine Stücke
zum Lernen aufgeben, oder vielmehr durch
wiederholte Fragen ihnen das ins Gedächtniß bringen, was er will, daß ſie vor andern Dingen wohl behalten mögen. Er
ſoll ihnen oft Geſchichten erzählen, ihnen
ſelbige, wenn es ſeyn kann, auf Bildern
ausgedrückt zeigen; und kann er ſonſt in
einer Sache die Sinnen zu Hülfe nehmen,
ſo ſoll er es nicht unterlaſſen. Weil dieß
alles am angezogenen Orte ſchon iſt abgehandelt worden; ſo wäre es überflüßig,
ein mehreres hievon zu melden.

§. 90.

Wenn der Katechet die zweyte Klaſſe der
Katechumenen vornimmt, ſo muß er ſchon
mehr auf den Verſtand ſehen; vor allen
andern aber müſſen hier die Begriffe auseinander geſetzet werden, welche ihnen ſonſt
ſchon ſind beygebracht worden, ſie mögen
von Glauben-oder Sittenlehren ſeyn, und
die dunkeln müſſen klar und deutlich gemacht werden.* Es müſſen auch die allgemeinen Beweiſe der chriſtlichen Religion
über-

überhaupt, und der katholischen insbesondere hinzugethan werden.**

  * Da die ersten Begriffe, welche das Vor-
stellungsvermögen sich von den Dingen macht,
selten mehr enthalten, als was von den Sinnen
dahin gebracht worden ist, oder etwa ein allgemeines Prädikat, durch welches eine Sache von der
andern nicht genau genug kann unterschieden
werden; so darf man auch von den Anfänge-
ren in der Christenlehre kaum etwas mehreres
erwarten. Jene nun, welche in die zweyte
Klasse übergehen, und der Abhandlung der
nämlichen Materie einigemal beygewohnet haben, gehet eigentlich an, was §. 23. u. f. ist
gesaget worden. Es müßen aber die Abwech-
selungen der Fragen, von welchen §. 18, 19,
20. Meldung geschehen ist, nicht vernachläßiget werden; sie sind von einem beträchtlichen
Nutzen, weil die Katechumenen dadurch lernen sich ihres Verstandes zu gebrauchen,
in dem Gebrauche und der Uebung desselben
gestärket werden, und immer eine größere Fertigkeit erlangen.

  ** Diese Beweise sind nicht so gar schwer,
daß nicht auch denenjenigen, derer Verstand
nicht eben der geübteste ist, dieselben könnten
beygebracht werden. Wenn sie gleich nicht
vom Anfange derselben ganze Stärke fühlen,
so

so werden sie diese dennoch mit der Zeit, in der sie öfters wiederholet werden, einsehen. Diese Beweise können ihnen nicht oft genug eingepräget werden, weil von ihnen gar zu viel abhängt.

§. 91.

Wenn der Katechet die dritte Klasse vor sich nimmt, soll er sich bestreben, daß alle Begriffe sowohl von den Glaubens = als Sittenlehren, so viel als möglich ist, die genaueste Richtigkeit haben, und viele Begriffe, z. E. von den besondern Pflichten, die bey den vorigen Klassen nicht mitgenommen werden könnten, müssen nachgeholet werden, deßgleichen auch die Beweise von den Glaubenslehren, und den einzelnen Pflichten.* Bey beyden Klassen ist in Absicht auf den Willen dasjenige zu beobachten, was Abschn. 6. ist gelehret worden.

* Wenn da und dort eine Lücke aus Unachtsamkeit oder Unfähigkeit der Katechumenen geblieben ist, so muß sie angefüllet werden. Es ist gewiß, naß die Begriffe immer zu einer höheren Stufe der Klarheit gebracht werden, je öfter und aufmerksamer man sie betrachtet, daher kann man sie auch nicht oft genug erklä-

ten, aus einander setzen, und wiederholen.
Damit die Katechumenen derselben Gebrauch
deutlicher einsehen mögen, kann der Katechet
zugleich das, was aus jedem Lehrsatz folgt,
oder daher gefolgert werden kann, weitläuftiger erklären; auch dasjenige, welches in den
ersten Katechismen ausgelassen worden, soll er
nachholen, vornehmlich müssen die Beweise der
Glaubenslehren, und der besondern Pflichten
ernstlich getrieben werden. Um ihren ganzen
Nachdruck zu empfinden, wird schon ein ge-
setzter und geübter Verstand erfodert, darum
muß der größte Theil der Beweise für die dritte Klasse aufgehoben werden. Wie aber dabey zu verfahren ist, kann aus dem fünften
Abschnitte dieses Kapitels ersehen werden.

§. 92.

Hier wird es vielleicht am rechten Ort
seyn, wenn wir noch einige Anmerkungen
über den Privat Unterricht in der Religion
beyfetzen. Es läßt sich zwar das meiste
von dem, was bereits ist gesagt worden,
auch hier mit Nutzen anwenden, doch hat
er noch seine besondern Vortheile.

1) Man hüte sich nur, daß er nicht Lek-
tionsmäßig betrieben werde, noch mehr aber
vorm Zwang. So bald einmal abgemessene
Stun-

Stunden dazu verwendet werden, sobald es
nur gelernt heißt, oder der Unterricht der
Schulmiene an sich hat, wird das Herz wenig Antheil mehr daran nehmen, noch weniger
werden die Sitten dadurch gebessert werden.
Der Zwang aber verderbt vollends alles, indem er die Sache selber gehäßig macht. Das
Schädlichste, was der Jugend begegnen kann!
Deßwegen wäre wenigstens beym Anfang rath-
samer, auch den Katechismus gar weg zu lassen.
Die Katechismen haben überhaupt eine ähnliche
Wirkung mit den Schulkompendien der Theologen, daß die meisten, die sie durchstudiret
haben, glauben, sie seyen vollkommen in ihrer
Religion unterrichtet, und besser, als wenn
sie die Bibel und Väter durchstudirt hätten,
weil solche nicht systematisch abgefaßt wären;
so sind gewiß auch die Katechismen wenigstens
zum Theil Ursache, daß Erwachsene sich so wenig um Religionsunterricht bekümmern, ja sich
nicht einmal beyfallen lassen, daß ihnen solcher
nöthig sey. Entweder glauben sie, daß mit
dem Katechismus alles gethan sey, oder denken
sie durch eine nur zu gemeine Täuschung und
Selbstbetrug, so wie ihre übrigen Kenntnisse
indessen gewachsen, seyen auch die Religions-
kenntnisse gestiegen. Bey den kleinsten Kindern aber macht es nur zu leicht den gehäßigen
Eindruck, als wenn die Erlernung der Glaubenswahrheiten etwas beschwerliches wäre.

2) Der

2) Der Katechet fasse den ganzen Religionsunterricht in diese drey Hauptpunkte zusammen: a) daß ein Gott sey, der das Gute belohnt, das Böse bestraft; b) daß wir einen Erlöser und Mittler haben; c) daß unsere Seelen unsterblich, und zu einem bessern Leben nach diesem geschaffen seyn.

3) Diese Wahrheiten mache er ihnen, so bald sie nur einige Begriffe davon haben, liebens = und wünschenswerth. Soll es dem Menschen nicht angenehm seyn, daß er noch einen Vater im Himmel hat, der für ihn sorgt, der um alle seine Schritte und Tritte weis, ohne dessen Zulassung oder besondere Schickung ihm nichts begegnen kann, der ihm dasjenige noch belohnen will, wozu er ohnehin schon verbunden ist, einen Vater, der alles kann, dessen Macht unbegrenzt ist?

Der erste Stolz der Kinder sind meistens die Vollkommenheiten und Güter ihrer Aeltern; sollte man nicht auch im Stande seyn, bey ihnen das Selbstgefühl durch diesen Gedanken zu erhöhen, daß sie einen Vater im Himmel haben, und zwar den Weisesten, den Mächtigsten, den Größesten, und Gütigsten aller Väter, wenn er ihnen nur lebhaft genug eingedrückt wird, und sollte es ihnen hernach nicht leid seyn, wenn dieser Gedanke nicht auch wahr wäre? 4)

4) Mit dem zweyten Punkt kann man eben so leicht fortkommen. Bey Kindern kann man leicht, besonders in einzelnen Fällen, das Gefühl rege machen, daß sie gefehlt haben, daß sie etwas gethan haben, daß sie nicht hätten thun sollen, und also auch Gott, von dem die ganze Einrichtung der Natur herrührt, beleidiget haben. Ein Gedanke, der sie niederschlagen wird, so bald sie nur eine mittelmäßige Kenntniß von Gott werden erlangt haben! Wie angenehm muß es ihnen hernach seyn, wenn man sie auf einen Erlöser und göttlichen Mittler hinweisen kann, der sich für uns zum Bürgen dargestellt hat, dessen Genugthuung und Verdienste unendlich sind, nicht zwar, daß wir fortfahren sollen zu Sündigen, sondern damit wir, wenn wir gesündiget haben, nicht in Verzweiflung gerathen!

5) Der dritte ist an sich schon angenehm und wünschenswerth. Alle Menschen fühlen ohnehin schon einen Trieb in sich, ihr Daseyn zu verlängern, so viel als ihnen möglich ist. Was sollte ihnen mehr Vergnügen machen als die Versicherung, daß es sich noch über den Rand des Grabes erstrecken wird, daß es eine Ewigkeit durch dauern wird, und zwar unter weit größerm Vergnügen, als jetzo?

6)

6) Diese Punkte suche er ihnen nach uub nach so deutlich zu machen, als es ihre Natur gestattet. Zum Glücke ist die Vorstellungs- art davon einer unendlichen Mannigfaltigkeit fähig, so daß er nicht zu befürchten hat, daß er seinen Lehrling ermüdet, wenn er geschickt zu Werke zu gehen weis. Um das Daseyn Gottes ihnen zu zeigen, wird ihm die Natur der Dinge Stoff genug darbieten, deren Be- trachtung die angenehmste und lehrreichste Be- schäftigung des Menschen auch in seinen ersten Jahren ist, wenn sie nur der Lehrmeister so einzurichten weis, daß sie seine Fähigkeit nicht überschreitet. Die Fürsehung Gottes und des- sen Gerechtigkeit wird er genug zeigen können durch die Geschichte des alten Testaments. Er lasse nur niemals diesen Gesichtspunkt ausser Augen, um alles zurück zu führen auf diesen ersten Satz. In der nämlichen Geschichte liegt auch schon die Vorbereitung zu dem grossen Er- lösungswerk, und der nähern Offenbahrung Gottes durch seinen Sohn. Und dieß ist der zweyte Gesichtspukt, aus welchem sie sich be- trachten läßt. Wenn er sie nicht auf diese Art behandelt, so wird sie lange nicht so interessant für den Lehrling seyn, besonders die von ihrem Ort und Stelle abgerissene Stücke werden das Lehrreiche und Angenehme nicht haben. Bos- suet scheint in seinem Discours sur la Religion den wahren Gesichtspunkt, in welchem die Ge-

y   schich-

schichte des alten und zum Theil des neuen
Bunds sollte betrachtet werden, am besten gekannt zu haben. Es wäre zu wünschen, daß
nach diesem Plan eine Geschichte zum Gebrauch
der Kinder abgefasset würde. Indessen können die historischen Geschichtspiegel des Herrn
von Royaumont, und der Auszug der bib-
lischen Geschichte, der für die schlesischen Schulen ist verfertiget worden, gute Dienste leisten.
Bey mäßiger Aufmerksamkeit wird der Katechet wissen den Stoff, so er darin findet, zu
gedachtem Endzweck zu brauchen.

7) Die Erlösung und das Mittleramt Jesu
Christi, wie überhaupt der Zweck seiner Menschwerdung, wird sich eben so gut aus der Geschichte des neuen Testaments erklären lassen.

8) Er kann ihnen dabey auch zu Zeiten die
historische Gewißheit desjenigen, was ihnen
erzählt wird, zeigen; was er aber hievon redet,
muß Grund haben, faßlich seyn, und vernünftig angebracht werden. Wenn er selbst aus
wahren und den ächten Gründen überzeugt ist,
so braucht er ihnen nicht vorzuenthalten, daß
es Leute gebe, die das Erzählte in Zweifel
ziehen wollen, denn sie werden es doch zu seiner Zeit erfahren; nur muß er ihnen die Glaubwürdigkeit so vortragen, daß sie selbst erkennen, daß sie vernünftiger Weise keine andere

Par-

Parthie wählen können, zumalen diese als die Vernünftigste an sich so wünschenswerth ist, und die gegenseitige allezeit mit der größten Gefahr verbunden ist.

9) Alle übrige Glaubenssäze suche er auf diese zurückzuführen. Je einfacher der Plan ist, den er zum Grund legt, um so besser ist es. So bald er etwas verwickelt aussieht, bekömmt die Religion schon ein finsteres Aussehen. Und in der That, wenn wir die übrigen Glaubenssäze näher betrachten, finden wir, daß sie entweder zur Geschichte der nur berührten Punkten gehören, oder die Mittel andeuten, uns der Erlösung theilhaftig zu machen.

10) Sein Vortrag bey diesen Säzen muß so eingerichtet seyn, daß er auch auf das Herz wirke, das ist, daß auch diejenigen Gemüthsbewegungen, die natürlicher Weise durch die Vorstellung dieser Wahrheiten bewirkt werden sollten, auch wirklich erfolgen. Ohne Empfindung im Herzen werden sie wenig fruchten. Die fürnehmsten davon sind Liebe, Dankbarkeit, Hoffnung, kindliche Furcht c. Einige haben angerathen, um diesen Zweck um so eher zu erreichen, daß man die Kinder bey gewissem Alter auf eine feyerliche Art zu Gottesverehrern, oder Christen annehmen solle.

y 2   Daß

Daß auf eine solche Art, wenigstens auf eine
Zeit lang, die Vorstellung von Gott und einem Erlöser einen lebhaften Eindruck machen
müsse, bleibt außer Zweifel. Und hierzu möchte, bey der Vorbereitung zur Firmung und
zur ersten Communion, die schicklichste Gelegenheit seyn. Ich habe dabey anderwerts schon
bemerkt, daß man bey der Beybringung des
ersten Begriffes von Gott meistens unschicklich
verfahre, welches in das ganze Leben einen
Einfluß haben kann.

Andere rathen, daß Aeltern ihre Kinder
zuweilen mit zu ihren Privatandachten ziehen
sollen. Ein Vorschlag, der ebenfalls nicht zu
verwerfen ist. Für ein Kind kann gewiß kein
rührender Anblick seyn, als wenn es seine
Aeltern von Andacht durchdrungen und eingenommen sieht. Ein solches mehr durch Sym-
pathie als durch gründliche Unterweisung er-
zeugtes Gefühl kann aber freylich auch Folgen
haben, die nicht die besten sind. Es kann
leicht geschehen, daß das Kind in die sinnliche
Andacht das ganze Christenthum setzt, und so
wie diese entweder aus natürlichen Ursachen,
oder nothwendiger Zerstreuung wegen anderer
Geschäften bey heranwachsendem Alter, oder
wegen Neigung zu äußern sinnlichen Vergnügungen, wovon es nach und nach die Erfahrung bekömmt, abnimmt, oder vielleicht gar

ver-

verſchwindet, alſo damit das ganze Chriſten-
thum zugleich verſchwinde, welches um ſo eher
zu beſorgen iſt, da ſie, wenn ſie einmal an
eine ſolche Andacht gewöhnt ſind, nicht mehr
auf die Beweiſe des Chriſtenthums aufmerkſam ſind, und nur gar zu oft auch vergeſſen
ihre Sitten zu beſſern, weil bey ihnen die Empfindung alles ausmacht; wozu noch kömmt,
daß der Stolz nur gar zu leicht an dieſe Empfindungen ſich anſchließt, indem ſie ſich durch
einen ſo vertrauten Umgang mit Gott, den ſie
zu haben glauben, leicht verleiten laſſen, ſich
für deſſen erſte Freunde anzuſehen, und alle
übrige, beſonders die, die andächtige Miene
nicht haben wie ſie, als Verworfene zu betrachten. Zu geſchweigen, daß es hart ſey,
bey Kindern eine ſinnliche Andacht ohne ſinnlichen Vorſtellungen zu erzeugen, welche nur
gar zu oft mit dem wahren Geiſt des Chriſtenthums nicht übereinſtimmen, und die die mehr
aufgeklärte Vernunft zu ſeiner Zeit als irrig
und manchmal lächerlich aufgeben muß. Kann
aber da nicht die Religion ſelber Gefahr laufen, daß man wenigſtens mistrauiſch gegen ſie
wird? Jedoch durch gründlichen Unterricht können auch dieſe Ausartungen der Andacht ver-
hütet, und das Gute beybehalten werde.

11) Es

11) Es müßen also Verstand und Sitten zugleich bearbeitet werden, wenn diese Empfindung ihren Nutzen haben soll.

12) Nebst der Empfindung, die bey dem Lehrlinge durch die Vorstellung der obigen Punkten hervorgebracht wird, muß auch das Herz geneigt gemacht werden, die Pflichten eines wahren Christen genau zu erfüllen. Eben in jenen Punkten liegen schon die Hauptbeweggründe, die der christlichen Sittenlehre eigen sind, die er entwickeln, und rührend vortragen muß.

13) Bey dem Unterricht in den Pflichten und der Sittenlehre vermeide er wieder, wie bey der Glaubenslehre, so viel möglich, alle Formalitäten, und abgemessenes Wesen, besonders förmliche und lange Predigten oder Discurse. Sie werden schwerlich zu etwas anders dienen, als zuletzt den Lehrling viel von Sitten schwatzen zu machen, und um so weniger zu thun. Da die Lebensregeln allgemeine Sätze sind, müßen sie nothwendiger Weise von besondern Fällen abstrahirt werden, wenn etwas anschauend dabey soll gedacht werden. Diese Fälle müßen vornehmlich bey dem Privatunterricht wohl benutzet werden. Bey solchen Gelegenheiten muß er erstlich suchen, das moralische Gefühl bey ihnen rege zu machen, so
daß

daß sie aufmerksam gemacht werden auf den
innern Beyfall, der ihre rechtschaffene Handlungen zu begleiten pflegt, und auch auf das
innere Misfallen bey bösen Handlungen. Sieh
1. Th. Kap. 4. Abschn. 3. §. 20.   Er zeige ihnen noch dabey die guten Folgen der rechtschaffenen Handlung, und die schlimmen der bösen
Handlung.   Alsdann lasse er sie den Schluß
fürs künftige selber machen, und sage ihnen,
daß dieser Schluß eine Lebensregel sey, die er
noch mit andern Gründen bestärken kann.
Bey entscheidenden Gelegenheiten aber, wenn
er den Lehrling für genugsam überzeugt, und
wohl gestellt hält, suche er einen Hauptspruch
aus der Bibel hervor, wo die nämliche Lebensregel ausgedrückt ist.   Sie wird dadurch um
so tiefere Wurzel in ihm fassen, und der Lehrling bey Zeiten überzeugt werden, daß dasjenige, was das Christenthum von ihm fordert, ganz in der Vernunft gegründet sey, und
daß ihm die vernünftige Selbstliebe schon an-
treibe, dasjenige zu thun.

14) Eine Hauptsache, worauf er bey allem
Unterricht in den Sitten zu sehen hat.   Denn
so wie er ihnen die Lehrsätze liebens = und wünschenswerth machen muß, so noch mehr die
Sittenlehre des Christenthums, eben weil sich
das Herz mehr dagegen zu sträuben pflegt,
als gegen theoretische Wahrheiten.

y 4   15)

15) Seine Ermahnungen sollten überhaupt kurz und rührend, und zu rechter Zeit angebracht seyn, dabey aber allezeit durch sein Beyspiel, und eigene Sitten unterstützt, welche lebendige Muster der Tugenden, besonders jener seyn sollten, so die Charakterischen des Christenthums sind, als z. B. ein sanftes und wohlthätiges Betragen. Das übrige wird sich aus dem bereits an andern angeführten Orten genugsam an Tag legen.

16) doch muß das Ganze allezeit nach einem Plan gerichtet seyn, den er allezeit vor Augen haben muß, wie bey den Lehrsätzen. Er muß auch auch eben so einfach seyn. Das Hauptgeschäft muß allezeit auf die Grundpflichten, woraus die übrigen von selbst fließen, gehen; und so muß er eben auch jenen entgegen arbeiten, was diesen meisten entgegen steht. Sieh oben 86. §. f. f.

17) Noch eins will ich nur bemerken. Warum geschiehts denn, daß es noch immer in Ansehung der Sitten so wenig wahre Christen giebt, daß in besondern Fällen so wohl das moralische Gefühl als die Vorschriften des Christenthums den Leidenschaften so oft aufgeopfert werden, daß meistens sinnliche Güter oder Vergnügungen der Hauptgegenstand ihrer Begierden sind, und was noch mehr ist, daß diese

se Begierden meistens ins unendliche gehen, und nie zu sättigen sind?

Es ist ganz unleugbar, daß die Errichtung der bürgerlichen Gesellschaften, und deren besondere Verfassung hiezu erstaunlich viel beyträgt. Der Mensch hat eigentlich eine dreyfache Erziehung; als Mensch, als Christ und als Bürger. Die erste bekommt er von der Natur, und der Philosoph sucht sie mehr auszubilden; die zweyte aus dem Religionsunterricht; die dritte aus der besondern Lage der Gesellschaft, in der er lebt. Der Christ verträgt sich leicht mit dem Menschen, aber nicht so leicht mit dem Bürger, und was das schlimste ist, müssen meistens beyde erste dem Bürger vt sic nachstehen. Nicht zwar als wenn an sich das Christenthum mit der bürgerlichen Gesellschaft nicht wohl bestehen könne, wie uns Baile und Rousseau vorspiegeln wollen, denn gerade im Gegentheil würden alsdenn die bürgerlichen Gesellschaften die glücklichsten seyn, wenn sie aus lauter rechtschaffenen Christen bestünden; indem sie alle Vortheile des gesellschaftlichen Lebens empfinden würden, ohne die Beschwernisse davon zu stark zu fühlen. Die Philosophen haben auch hierinn dem Christenthum nichts vorzuwerfen, als wenn sie es mit ihrer Sittenlehre weiter gebracht hätten, denn ein paar Maximen des

y 5   Evan=

Evangeliums haben auch mitten in der bürgerlichen Gesellschaft in Ansehung der Mäßigung der Begierden nach zeitlichen Gütern mehr
Helden hervorgebracht, als alle ihre noch so
weitschichtige Kommentarien.

Der Mensch an sich nimmt meistens seine
Bedürfnisse zum Maaßstabe seiner Begierden,
bey dem Bürger aber verhält es sich ganz anders. Der Grund davon enthält die durch die
bürgerlichen Gesellschaften eingeführte Ungleichheit der Stände sowohl als Güter, woran sich,
so bald sie von einzelnen Menschen wahrgenommen wird, sogleich der Stolz anschließt,
der den menschlichen Begierden und Neigungen
einen ganz andern Schwung giebt. Nichts
ist natürlicher, als daß der Mensch, so bald
er bemerkt, daß er äußere Güter und Vorzüge
habe, die andere nicht haben, sich eingebildet,
daß es eben so habe seyn müßen, oder daß er
glaubt, seine eigene Verdienste und innere Vortreflichkeit haben solchen Vorzug und Unterschied erfordert. So bald dieser Gedanke bey
ihm eingewurzelt ist, wird er Anspruch an alles machen, was ihm vorkömmt. Er wird
sich allzeit für den Vollkommensten halten,
weil er seiner Vollkommenheiten mehr bewußt
ist, als frember; seine Begierden müssen also
ins Unenbliche gehen und nie zu sättigen seyn,
weil ihm allezeit neue Gegenstände vorkommen
wer-

werden, die er noch nicht besitzt, und weil er seiner inneren Vortreflichkeit keine Grenzen setzt.

Die erste Tugend also des gesellschaftlichen Menschen ist die Demuth Man wird seinen Begierden keine Schranken setzen können, wenn man nicht den Begriff von Hoheit, den er mit den äußerlichen Gütern verbündet, wieder davon trennt. Wie ungegründet er sich einigen Vorzug deßwegen von andern anmasse, haben wir schon oben von dem Willen §. 70. ersehen. Gleichwie aber Gefühle durch andere Gefühle am besten gehoben werden, so ist freylich der kürzeste Weg, wenn er die wahren Vorzüge und Hoheit eines Christen fühlen lernt. Alsdann wird er nicht brauchen von den äußern und zufälligen Gütern einen falschen Schimmer abzuborgen. Sein Geschäft wird ihm noch sehr erleichtert werden, wenn er den Lehrling fühlen macht, daß es noch andere, obschon nicht geistliche Vorzüge gebe, welche viel mehr Achtung verdienen, als die Glücksgüter, nämlich vorzügliche Verstandseigenschaften oder des Herzens. Hierdurch wird er wenigstens den darauf sich gründenden Stolz schwächen, und die Neigung dazu um so eher in die rechtmäßigen Schranken zurück bringen können.

Die

Die durch die geſellſchaftliche Verfaſſungen
zu ſehr vervielfältigten Bedürfniſſe ſind der andere Grund, warum die Begierden, ohnerach-
tet alles Unterrichtes, ſo unmäßig ſind. Dieſe Bedürfniſſe nöthigen ihn auf Mittel bedacht
zu ſeyn, denſelben abzuhelfen. Die gar zu ge-
ſchäftige Einbildungskraft vervielfältigt noch
und vergrößert die zukünftigen Bedürfniſſe,
mehr als ſie es in der That ſind. Endlich
kömmt die Gewohnheit dazu, welche macht,
daß, wenn auch die Abſicht wegfällt, der
Menſch doch fortfährt, die Mittel wie zuvor
zu gebrauchen. Hier iſt kein anderer Weg,
als ihn auf die Fürſehung hinzuweiſen. Nichts
entehrt den Chriſten mehr, als die gar zu groſſe Sorgfalt für das Zeitliche. Nichts giebt
klärer an Tag, als daß er den wahren Geiſt
eines Chriſten nicht habe. Er zeige noch dabey das Lächerliche, wenn ſich der Menſch zu
ſehr wegen des Zukünftigen bekümmert, und
das Gegenwärtige darüber nicht benutzt. Dieſe Vorſtellungen kurz und nachdrücklich abgefaßt, aber um ſo öfter wiederholt, können
unmöglich ohne alle Frucht verbleiben.

Der

Der neunte Abschnitt,

von dem

Unterrichte dererjenigen, welche sich zum Empfang der heil. Sakramenten vorbereiten.

§. 93. Was überhaupt bey dem Unterricht von den Sakramenten zu beobachten sey. §. 94. Was von der Firmung zu merken. § 95. Wie nöthig es sey, diejenigen wohl zu unterrichten, welche das erstemal zu der heiligen Beichte gehen wollen. §. 96. Wie sie sollen unterrichtet werden. §. 97. Wie nützlich es sey, wenn der Katechet selbst die von ihm unterrichteten Katechumenen Beichte höret. §. 98. Welchen Fleiß man auf die verwenden soll, welche das erstemal zur heiligen Communion gehen wollen. §. 99. Was für eine Erkenntniß überhaupt dieselben besitzen sollen. §. 100. Was sie insbesondere lernen sollen. §. 101. Was von der Sittenlehre zu merken. §. 102. Was für ein Mittel dienlich, die Katechumenen von aller Sünde zu reinigen. §. 103. Was ihnen von der Erneuerung der in der Taufe abgelegten Gelübde kann angerathen werden.

§. 93.

Da diejenigen auch in die zweyte, und dritte Klasse gehören, welche das erstemal die heiligen Sakramenten empfangen

wol-

wollen, so wird es nicht undienlich seyn,
etwas von dem Unterrichte zu melden, welcher denen zu ertheilen ist, die zur Firmung, zur Beichte, und zur Communion
verbreitet werden. wenn aber ein Theil
des Katechismus besondern Fleiß erfordert,
so ist es der, welcher von den Sakramenten handelt, weil es diejenigen Mittel sind,
durch welche Gott den Menschen seine Gnade mittheilen will. Der Unterricht von
den Sakramenten, wenn er ordentlich seyn
soll, muß nach dem Gebothe des römischen
Katechismus a) dahin abzielen, daß die
Gläubigen 1) es einsehen, welcher Ehre
und Hochschätzung diese göttliche und himmlische Geschenke werth sind; 2) und daß sie
dieselben, weil sie von dem unendlich barmherzigen Gott zum Heile aller Menschen
sind eingesetzet worden, auch gottselig und
andächtig gebrauchen. Diese Regeln muß
der Katechet beym Unterrichte dererjenigen
befolgen, welche zum Empfang der Sakramenten der Firmung, der Buße und des
Altars vorbereitet werden. *

* Damit die Katechumenen würdige Gesinnungen von diesen Geheimnissen der christlichen
Religion hegen mögen, so müssen sie freylich
ihren Ursprung, Einsetzung, Absicht, und
Wir-

a) L. 2. C. 6.

Wirkung einsehen. Wissen sie dieß alles, so
werden sie gewiß nicht selbige aus blosser Gewohnheit empfangen, sondern sie werden sich
allemal zuvor in die bestmöglichste Gemüths-
verfassung setzen. Der richtige Begriff von
der Sakramenten Hoheit und Nutzen ist die
Quelle aller Vorbereitung und Andacht, mit
der sie sollen empfangen werden. Derowegen
soll der Katechet diesen Begriff vor allen andern
den Katechumenen beybringen, ohne welchem
alle Vorbereitung nichts heissen würde, weil
sie keinen festen Grund hat. Wenn man das,
was oben von den Affekten ist gesaget worden,
gefasset hat, so wird man auch diese Lehre verstehen; weil die wirkliche Andacht, mit welcher
die Sakramenten sollen/ empfangen werden,
meistentheils aus Affekten besteht. Es hat gewiß die sehr schlechte Vorbereitung, mit welcher viele die hochheiligsten Geheimnisse empfangen, keinen andern Ursprung, als weil
ihnen dieser Begriff mangelt, welches vornehmlich bey dem Sakramente der Firmung zu sehen ist, zu welchem, was leider zu klagen ist,
die jungen Leute hinlaufen, ohne im geringsten
an die Wichtigkeit dieser heiligen Handlung zu
gedenken. Damit dieses vermieden würde,
hat billig der römische Katechismus b) erinnert,
daß es nicht gut sey, den Kindern das Sakrament der Firmung zu ertheilen, ehe als sie

Ge-

b) L. 2. de Conf. Sacr. C. 4.

Gebrauch von ihrer Vernunft machen können;
er wünſchet daher, daß die Jugend vor erreich-
ten zwölften Jahre nicht möchte zu dieſem heil.
Sakrament zugelaſſen werden. Wenn ſie aber
auch dieſen Gebrauch machen können, ſo wird
noch immer nöthig ſeyn, ihnen einen beſondern Unterricht zu ertheilen, damit ſie wiſſen,
wie ſie ſich in einer Sache von ſolcher Wichtigkeit betragen ſollen.

§. 94.

Wenn wir die Natur und das Weſen
des Sakraments der Firmung genauer betrachten, ſo werden wir finden, daß es
nicht nur nützlich, ſondern der Abſicht dieſes Sakraments höchſt gemäß ſey, wenn
diejenigen, welche wollen geſirmet werden,
nicht nur überhaupt von der Abſicht und
Wirkung dieſes Sakraments, ſondern
auch dergeſtalt unterrichtet ſind, daß ſie
von dem Glauben, *in welchem ſie durch
die Gnade dieſes Sakraments geſtärket
werden, Rechenſchaft geben, und denſelben aus eigener Wahl bekennen mögen.**

Wenn die Menſchen im Glauben beſtä-
tiget werden, ſo iſt es auch billig, daß ſie dieſen Glauben erkennen, und daß ſie die Wahrheiten, derer Bekenntniß beym Empfange der

Tau-

Taufe andere statt ihrer abgeleget haben, nun
bey der Firmung selbst bekennen, damit sie
künstighin freywillig und aus ihrer eigenen
Wahl Christen seyn mögen, da sie ehedem
ohne ihre Mitwirkung der christlichen Kirche
sind einverleibet worden. Aus dem Grunde
sollen sie die in der Taufe statt ihrer gethanen
Verheissungen erneuern, da sie im Begriffe stehen, die Firmung zu empfangen; denn die
Firmung ist gleichsam die Vollendung der Taufe, sie ward auch vor Alters, wo die mehre-
sten Täuflinge schon erwachsene Leute waren,
gemeiniglich mit der Taufe zugleich ertheilet;
darum soll mit gutem Fug den Katechumenen
von dem Katecheten, wenn sie wollen gefirmet
werden, dasjenige zu Gemüthe geführet werden, was mit ihnen ist vorgenommen worden,
da sie sind getaufet worden, damit sie dasjenige bey der Firmung selbst genehmigen, und
durch eigenen Beyfall bestättigen, was in ihrem Namen bey der Taufe von den Pathen geschehen ist.

** Unter den zu diesem Sakramente gehörigen Vorbereitungen ist die Reinigkeit und
Unschuld des Lebens die nothwendigste. Daraus mag man schliessen, wie sehr der Seelsorger es sich soll angelegen seyn lassen, damit er
seine junge Heerde dem Bischof wie Jesu Christo selber rein und unbefleckt darstellen möge.

z   Wel-

Welche Unordnung wäre nicht dieses, wenn
diejenige Gnade, die durch die Firmung soll
vermehret werden, schon verlohren gegangen
wäre? Wenn die Katechumenen kämen, damit sie sich in der Firmung Kräfte wider die
Feinde Christi zu streiten holten, da sie schon
selbst durch die Sünde, Feinde des Heilandes
geworden wären? Es könnte in diesem Falle
die Firmung nichts nutzen, weil es ein Sakrament ist, welches nur die Gerechten gerechter
machet, nicht aber die Sünder rechtfertiget.
Der berühmte Opstraet redet von der Vorbereitung zu diesem Sakramente also: a) Die
beste Vorbereitung zu den übrigen Sakramenten ist, daß die in der Taufe erlangte Unschuld in den Kindern erhalten werde. Und
dieß ist die erste Mühe, die sie auf diejenigen,
welche sie zum Sakramente der Firmung vorbereiten, verwenden. Sie ermahnen auch deßwegen die Aeltern, damit diese für die Unschuld ihrer Kinder wachen mögen, dergleichen
Ermahnungen lassen sie auch an derselben Pathen ergehen.

Die guten Hirten sind nebst diesem auch
besorgt, damit die jungen Leute wenigstens
des Monats einmal beichten, und sie weisen
denselben hiezu eine bequeme Zeit an = = =
Es wird in einigen Pfarreyen für diejenigen,
wel-

a) Paſt. bon. part. vlt. p. 517. Ed. Rotomag.

welche sollen gefirmet werden, eine besondere
Kateches gehalten, und von Rechtswegen sollte ein solcher genauer und sorgfältiger Vorbe-
reitungsunterricht, nirgends unterlassen werden,
die an einigen Orten nur durch die Fasten, an
andern aber durch das ganze Jahr gehalten wird.

In dem Erzbischofthum Mecheln ist von
Alphonso von Berghes verordnet worden, daß
niemand zum Sakrament der Firmung zugelassen werde, der nicht ein Zeugniß von seinem
Pfarrherrn mitbringet, daß er genugsam unterrichtet sey. Es ist nicht zu sagen, wie viel
Gutes diese Verordnung geschaffet hat. Seit
dem geben sich die Pfarrherrn unglaubliche Mühe, die Kinder zu unterrichten, und wohl
vorzubereiten; die Aeltern werden ermuntert,
sich in diesem Stücke der Kinder besser anzunehmen, und sie des Unterrichts wegen dem
Pfarrherrn zuzuführen; vielem unwürdigen
Gebrauche dieses Sakraments wird vorgebeu-
get; viel Erwachsene bedauern, daß sie die
Firmung so leichtsinniger Weise angenommen
haben, und sind froh, daß ihre Kinder sowohl
unterrichtet werden. Wie sehr ist doch zu
wünschen, daß auch andere Bischöfe dieses Beyspiel nachahmen, und solche Verordnungen
machen möchten! Indessen wenn auch die Pfarr-
herren durch keine ausdrückliche Verordnung zu
diesem Unterrichte von ihren Bischöfen ver-

bun-

bunden werden, so verpflichtet sie doch schon ihr Hirtenamt, daß sie, so viel als an ihnen ist, dafür sorgen, damit ihre Schäflein das Sakrament nicht unwürdig empfangen.

Es ist wahr, daß manchesmal, wenn die guten Hirten den Katechumenen, weil sie noch nicht genug unterrichtet sind, das Zeugniß versagen, ein grosse Unzufriedenheit entsteht; allein sie gewöhnen sich daran, daß sie es nicht achten, weil der Nutzen, welcher aus der genauen Befolgung dieser Verordnung erwächst, sehr groß ist.

Ich habe einen gekannt, welcher beßwegen, weil er vielen dieß Zeugniß zu geben sich weigerte, unsägliche Schmach = und Schandreden ausstehen mußte, allein nachher haben Aeltern, Lehrer, und Lehrerinnen ihren Sinn geändert, ihre Knaben und Mägdchen willig zu ihm gebracht, und gebethen, sie zu unterrichten; seine Kateches hat seitdem erstaunlich zugenommen, und man hat an den Kindern eine sehr grosse Aenderung bemerken können. So weit Opstraet.

§. 95.

Es wird noch ein größerer Fleiß dazu erfodert, die Katechumenen zur Beichte zu un=

unterrichten, weil der Begriff von der Buße
an sich selbst schwer ist, sich auf viele Gemüthsbewegungen und Affekten beziehet,
und weil es nicht genug ist das zu wissen,
was der Katechismus von der Buße enthält, sondern weil es auch nöthig ist, dieses im Werke auszuüben. Vornehmlich
muß sich der Katechet Mühe geben, damit
die Katechumenen es wohl einsehen mögen,
worauf es eigentlich beym Sakramente der
Buße ankömmt; * wie auch, daß sie die
Begriffe, ohne welche man niemals verstehen wird, was die Buße sagen will,
wohl inne haben mögen. **

Der Katechet soll in dieser Angelegenheit es
um so viel weniger an seinem Fleiße ermangeln lassen, je näher sie mit dem Heile der
Katechumenen verknüpft ist. Die ersten Handlungen legen den Grund zu den Sitten und
Gewohnheiten; wie man einmal angefangen
hat, so fähret man auch fort, vornehmlich,
weil selten einer den Fehler erkennt, welchen er
oft begangen hat; und die Menschen hegen gemeiniglich von Jugend auf eine so thörichte Meynung von der Güte ihrer Handlungen, daß sie
eher alles glauben, als daß ihre Handlungen
mangelhaft seyn. Wenn sie sich einmal daran gewöhnet haben, daß sie es, da sie zur
Beichte gehen, blos bey den Formeln bewen-

Z 3 den

den laſſen, ſo wird es ſchwer halten, ihnen
dieſen Fehler zu benehmen; ſie werden dieſen
Fehler um ſo viel weniger fahren laſſen, je
leichter ſie mit den Formeln von der Bußübung
loskommen. Noch ſchlimmer iſt es, wenn ſie
ſich von Jugend auf gewöhnen, ungültige,
und gleißneriſche Beichten zu verrichten, ſich
nicht deutlich genug zu erklären, und freywillig die ſchwerſten Sünden zu verſchweigen.
Wenn ſie damals ſchon ſich nicht mehr ſcheu-
en, ungültige Beichten, und unwürdige Communionen anzuhäufen, was iſt nicht erſt zu
befürchten, wenn ihnen dieſes Laſter zur Gewohnheit geworden iſt? Denn die wiederholten
laſterhaften Handlungen benehmen den Schauer
und Abſcheu von der Sünde, und die Eigenliebe erfindet immer neue Entſchuldigungen, das
Laſter zu bemänteln. Wenn die Katechumenen nicht wohl unterrichtet werden, wen ſie
das nicht wohl einnehmen, was zum Weſen
der Buße gehöret, ſo iſt nichts leichter, als
daß ſie in viele Fehler fallen, weil unter allen
Sachen, die im Katechiſmus vorkommen, nichts
mehr zuſammengeſetzt, und in einander gefloch-
ten iſt, als der Begriff der Buße; und nirgends gewinnet die Eigenliebe ſo viel, als wenn
ſie ſich von der Buße einen irrigen Begriff machet.

** Es

** Es sind der Begriffe viel, welche die Buße voraussetzet: der wahre Büßer muß seine Sünden erkennen, wie wird er sie aber erkennen, wenn er nicht seine Pflichten und Schuldigkeiten kennet, besonders diejenigen, welche seinem Stande eigen sind? ꝛc. Wir Katholiken glauben, daß die Buße ein Sakrament sey, der Katechumen muß also vorläufig wissen, was ein Sakrament, wie groß die Kraft der Sakramenten seye, was für Vorbereitungen überhaupt zum Empfange der Sakramenten nöthig sind ꝛc.

§. 96.

Die Art, von dem Sakramente der Buße Unterricht zu ertheilen, ist eben diejenige, welche oben §. 42. u. f. ist angegeben worden, die jungen Leute müssen auf die nämliche Weise Buße thun, wie die Alten; ist aber die obige Art, von der Buße Unterricht zu geben, für die leichteste, und nützlichste angesehen worden; so kann man sie aus eben dem Grunde auch bey den Kindern gebrauchen. Die Fehler, vor denen man die Katechumenen, wie oben ist gemeldet worden, am besten verwahren muß, werden auf diese Weise am leichtesten vermieden; und dieß ist um so viel nöthiger, je länger die ersten Eindrücke sich erhalten.

§. 79

§. 97.

Den Katechumenen wird nichts ſo nützlich ſeyn, als wenn der Katechet ſelbſt diejenigen Beichte höret, welche er unterrichtet hat; denn ſo wird er leicht erkennen, ob ſie alles, was ihnen iſt geſagt worden, genugſam verſtanden haben; ob ſie das Weſentlichſte von der Buße einſehen; er wird auch in Stande geſetzet, wenn er wahrnimmt, daß ihre Erkenntniß noch da und dort Lücken hat, dieſelben auszufüllen.*

* Der Katechet wird wahrnehmen können, ob die Buße der Katechumenen nur in Formeln beſtehe, oder aus dem Herzen komme; denn nichts verräth ſich ſo leicht, und alles übrige läßt ſich eher bergen, als der Affekt. Der Mund, die Stirn, die Augen, alles ſtimmet wundberbar zuſammen, die Bewegungen des Herzens an Tag zu legen. Man braucht wenig Mühe, und Scharfſinnigkeit, dies zu erkennen, beſonders bey den Katechumenen, als welche ſich noch nicht zu verſtellen wiſſen. Sagen ſie die Formeln von der Reue gar zu eilfertig her; ſind ſie einzig und allein befliſſen, damit ſie nur kein Wort davon auslaſſen, ſo wird dieß und alles übrige gar bald anzeigen, ob die Reue im Herzen ſey, oder blos in Worten beſtehe. Da auch mit der Reue der Vor-

ſatz

faß sich zu beſſern genau verbunden iſt, ſo wird man aus der Reue ſchon genugſam ermeſſen koͤnnen, wie der Vorſaß ſich zu beſſern beſchaffen ſey, was fuͤr eine Beſſerung der Sitten und des Gemuͤths man hoffen koͤnne.

Aus der Beichte ſelber wird der Katechet erkennen, ob die Katechumenen das Gute von dem Boͤſen zu unterſcheiden wiſſen; ob ſie ihre Pflichten kennen; ob ſie den Zuſtand ihres Gewiſſens einſehen; was fuͤr Begriffe ſie von der chriſtlichen Sittenlehre haben; ob ſie mit Ernſt darauf bedacht ſind, dieſelbe im Werke zu vollziehen; ob ſie blos nach ihren natuͤrlichen Trieben leben; ob ſie Chriſti Geſetz lieb haben, eine herzliche Andacht und aͤchte Froͤmmigkeit beſitzen. Nachdem der Katechet dieß alles eingeſehen hat, ſo wird er kuͤnftig nach ſeinem Gutbefinden dasjenige erſetzen koͤnnen, was ſeinen Katechumenen ſo wohl an Einſichten, als am guten Willen mangelt; man hat es zwar ſchon erinnert, es kann aber nicht oft genug wiederholet werden, daß die Beichte hiezu die einzige und beſte Gelegenheit ſey. Dieſer Gelegenheit bedienet ſich der Katechet billig, und laͤßt die Katechumenen nach Befinden, ohne ſich an gewiſſe Zeiten zu binden, oft beichten.

Z 5

§. 98.

§. 98.

Eifrige Katecheten laſſen ſich nichts ſo
ſehr angelegen ſeyn, als den Unterricht dererjenigen, welche das erſtemal zu der heiligen Communion gehen ſollen, theils weil
es ſchwer iſt, die Katechumenen zu einem
ſo hohen Geheimniße vorzubereiten, theils
auch wegen des überaus groſſen Vortheils
oder Nachtheils, welcher aus der erſten
Communion, nachdem dieſe gut oder übel
verrichtet wird, zu erwachſen pflegt. *

* Warlich, eine überaus groſſe Schwierigkeit, leichtſinnige, flatterhafte, nur an ſinnliche Gegenſtände gewöhnte Gemüther von einem ſo hohen Geheimniſſe zu unterrichten.
Wenn es jemals nöthig iſt, daß der Menſch
die Sachen einſehe, und nicht bey den bloſſen
Worten des Katechiſmus ſtehen bleibe, ſo iſt
es gewiß zu der Zeit nöthig, wenn die Katechumenen das erſtemal communiciren wollen;
denn ſie müſſen Speiſe vor Speiſe, das Heilige von dem Unheiligen zu unterſcheiden wiſſen,
und ihre ganze Vorbereitung hängt allemal
von der größeren oder geringeren Erkenntniß
der Geheimniſſe ab; wenn der Katechet die
Unwürdigen zu der heiligen Communion gehen läßt, oder wenn ſie aus ſeinem verſchul-
den ohne Unterricht und Vorbereitung, an-
ber-

berwärts zur Communion gehet, so macht er
sich nothwendig allemal, des daraus entstehenden Sakrilegiums, zugleich mit theilhaftig.
Hiezu kömmt noch der überaus grosse Vortheil oder Nachtheil der Katechumenen; die
andern Communionen hängen gemeiniglich von
der ersten ab; die hierinnen einmal begangenen
Fehler werden nicht so wohl gut gemacht, als
verschlimmert, besonders, weil sie sich durch
den öftern Gebrauch dieses Geheimnißes an
dasselbe immer mehr und mehr gewöhnen.

Endlich ist auch keine Zeit gelegener, den
Katechumenen die christliche Lehre einzuflößen,
als die Zeit der ersten Communion. Zu keiner
Zeit bringen die Katechumenen so viel Bereitwilligkeit und Aufmerksamkeit zu lernen mit
als zu dieser; die alleinige Hoffnung, Theil
an diesem hochwürdigsten Sakramente zu nehmen,
überwindet ihre gewöhnliche Trägheit, und
machet ihnen die Anstrengung ihres Gemüths
angenehm.

Die Katechumenen haben in diesen Umständen auch den besten Willen. Selbst die Hoheit dieses Geheimnißes macht sie schon geneigt,
alles das zu thun, was man von ihnen fodern
wird; die Eindrücke, die zu solcher Zeit gemacht
werden, dauern am längsten, denn ihre Einbildungskraft ist über die Hoheit des Geheimnisses

nisses erstaunt, ihr Gemüth voll heiligen Schau=
ers, und voller Erwartung fürs künftige.
Wenn sie vernünftig sind unterrichtet worden,
werden sie niemals vergessen, was sie gelernet
haben; es wird sich ihnen alles zu seiner Zeit
gewiß wieder darstellen; und wenn auch der
Katechumen von der ersten Frömmigkeit nach=
lassen sollte, so wird das Erlernte von Zeit zu
Zeit ihn antreiben, den ehemaligen Vorsatz wie=
der zu ergreifen; er wird tausendmal wünschen,
daß er in den vorigen Stand möge zurück ge=
setzet werden.

§. 99.

Von den Katechumenen, welche zur hei=
ligen Communion vorbereitet werden, kann
der Katechet verlangen, daß sie, wenn es
ihnen nur sonst nicht an Mitteln gemangelt
hat, den ganzen Katechismus inne haben
sollen. Ein kräftiges Mittel, dieß zu be=
wirken, ist es, wenn er keinen zur heili=
gen Communion zuläßt, welcher den Ka=
techismus nicht in dem Gedächtniße hat,
und denselben auch nach seiner Fähigkeit
versteht.*

* Die gewöhnlichen und wenn die Katechu=
menen nicht gar zu ungelehrig sind, hinreichen=
den Mitteln sind das Besuchen der Kateches

und

und der Schule. Eines ist hier nur zu befürchten, nämlich das Murren der Aeltern,
wenn ihre Kinder nicht nach ihrem Gefallen
zur ersten heiligen Communion zugelassen werden. Allein dies schadet nichts, wenn der
Katechet nur ohne Ansehen der Personen verfährt. Die Aeltern selber, wenn sie wahrnehmen, daß dieß Mittel ihre Kinder angetrieben hat, besser und fleißiger zu lernen, erfreu-
en sich hernach, und haben einen desto größeren Trost, da sie ihre Kinder mit besserer Vorbereitung zur heiligen Communion gehen sehen;
oder die Aeltern werden dadurch, daß ihre Kinder von einer Zeit zur andern von der Communion zurück gehalten werden, bewogen, damit auch sie die Kinder zum bessern Lernen anhalten, daß sie nicht mit ihrem Kindern be-
schimpfet werden, und in Verdacht kommen
mögen, als wenn sie für ihre Kinder wenig
Sorge trügen. Damit aber die Katechumenen
nicht auf einmal überladen werden, so muß der
Katechet das Jahr über ihre Lektionen dergestalt abtheilen, daß sie den Katechismus bequem in das Gedächtniß bringen mögen.

§. 100.

Der Katechet muß die Katechumenen,
welche das erstemal zur heiligen Communion gehen sollen, während der Zeit ihrer
Vor-

Vorbereitug fleißig und vornemlich von
diesem Geheimniße unterrichten, damit sie
wissen mögen, was wir von dem heiligsten
Sakramente des Altars glauben sollen: *
welches die Absicht, und Wirkung dieses
Sakraments sey; ** und was für eine Vorbereitung der würdige Empfang desselben
verlange.***

* Es kostet Mühe, wie es die tägliche Erfahrung ausweiset, den Katechumenen verständlich zu machen, was unter dem Altars-
Sakramente begriffen wird. Die Kirche in den
ersten Zeiten trug aus erheblichen Ursachen die
Lehre von diesem Sakramente den Katechumenen nicht sogleich vor, als sie sich unter die
Christen aufnehmen ließen, sondern beobachte-
te in Ansehung ihrer eine strenge Verschwiegen-
heit, damit sie sich nicht etwa, ehe sie völlig
von der Wahrheit der christlichen Religion unterrichtet würden, an dieser Lehre mehr ärger-
ten als erbaueten. Und wenn wir die Sache
genauer betrachten, was ist wohl dem menschlichen Verstande schwerer zu fassen, als das
Jesus Christus, welcher Gott und Mensch zugleich ist, unter den Gestalten des Brods und
Weins gegenwärtig sey? Es muß also der
Katechet hier auf die Weise verfahren, wie
oben §. 25. ist gewiesen worden, daß die
Lehre von den Geheimnissen soll vorge-

ge-

tragen werden. Es muß nämlich der Bewegungsgrund des Glaubens den Katechumenen aufs fleißigste eingepräget, und ihnen zu
Gemüthe geführet werden, daß, wenn Gott
redet, der nicht trügen noch betrogen werden
kann, der menschliche Verstand glauben, und
die Sache für wahr halten müsse. Sie müssen
nebst diesem erinnert werden, daß Gott das
machen könne was dem Menschen unbegreiflich
zu seyn scheint, und dieß kann leicht mit Anführung allerley vor Augen liegenden Dingen
erwiesen werden; daß es aber Gott geoffenbaret habe, was die katholische Kirche von der
Gegenwart Jesu Christi im Sakramente des
Altars lehret, dieß kann der Katechet mit den
Einsetzungsworten alsogleich beweisen, weil die
Lehre der Kirche weit genauer mit dem natürlichen und eigentlichen Verstande dieser Worte
übereinstimmet, als je eine andere Auslegung,
welches die Protestanten selber nicht in Abrede
sind.

Es muß aber der Katechet, damit die Katechumenen nicht leicht in Irrthum verfallen,
dieselben belehren, daß, nachdem die Einse-
tzungsworte sind gesprochen worden, nicht mehr
Brod und Wein vorhanden seyn, sondern nur
die Gestalten dieser Dinge. Allein hier brauchts
vieler Mühe, ehe es die Katechumenen fassen,
was unter den Gestalten verstanden werde.

Die

Dieses Wort Gestalt, (lateinisch Species) muß billig beybehalten werden, weil es selber von der Kirche ist gebrauchet worden. Einige Katecheten, damit sie leicht weg kommen mögen, sagen: die Gestalten des Brods sind der Geschmack, der Geruch ꝛc. in diesem Stücke ahmen sie die Katechumenen nach, von welchen oben §. 34. ist geredet worden. Aber dies schadet nichts, wenn nur die Katechumenen wenigstens dieß behalten, daß sie wissen, es ist in dem Sakramente kein Brod und kein Wein mehr vorhanden; den Abstrakten Begriff von Gestalten können sie entbehren, man kann ohne ihn die Lehre der Kirche verstehen; indessen wird der Katechet nicht übel thun, wenn er, wie oben §. 35. u. f. ist gezeiget worden, verfährt, damit die Katechumenen wenigstens einen Begriff von den Gestalten erlangen. Aus dem angeführten Exempel und aus der Anführung noch anderer, wenn man einen allgemeinen Begriff abziehen will, wird erhellen, daß das Wort Gestalten, mit welchem man das lateinische Species übersetzet, vornehmlich alsdenn gebraucht wird, wenn man blos das Aeusserliche an einem Dinge, oder dasjenige an einem andern bemerken will, was davon in unsere Sinnen fällt. So sprechen wir in unserer Muttersprache: Was hat diese Sache, dieses Thier für eine Gestalt? ꝛc. So brauchen wir auch dieses Wort, wenn von Erscheinungen

gen die Rede ist, z. E. Christus ist erschienen
in der Gestalt eines Gärtners; Gott oder seine
Engel in der Gestalt eines brennenden Dorn-
busches; desgleichen, wenn eine Sache blos
vorgestellet wird, ohne daß dieselbe wirklich
vorhanden sey, hierüber ist ein Exempel im
Würzburger Katechismus: Die Gestalt des
Menschen ist in dem Spiegel, ohne daß der
Mensch wirklich im Spiegel sey. Die Gestalten sind also nichts anders als dasjenige von
einer Sache, durch welches sie in die Sinnen
fallen; den die Substanzen fallen nicht unter
die Sinnen, sondern nur die Modi und Ac-
cidentien. Wenn die Katechumenen dies gehörig einsehen, so halte ich die Katechumenen
für genugsam unterrichtet, obschon der Begriff
keine strenge philosophische Prüfung aushält,
und dies ist auch nicht nöthig, genug, wenn
die Katechumenen die Lehre hinlänglich fassen.

** Die Wirkungen dieses Sakraments sind
bewundernswürdig groß, die deswegen den Katechumenen um desto besser sollen erkläret werden, damit sie von diesem heiligsten Sakramente würdige Gesinnungen hegen, und ein
brünstiges Verlangen haben mögen, dasselbe
zu empfangen, man muß nichts vergessen anzuführen, was dienlich ist, den Katechumenen
die unermeßliche Liebe bekannt zu machen,
aus deren Antrieb unser Heiland dasselbe ein-

a a   ge-

geſetzet hat. Es iſt nämlich ein Liebesmahl,
ja ein Pfand und Andenken einer unendlichen
Liebe, daß er ſich ſelber hat den Gläubigen
unter Brods = und Weinsgeſtalten geben wol=
len; welche Gnade können ſich nicht diejeni=
gen verſprechen, welche würdig zu ihm, der
Quelle aller Gnaden, hinzugehen!

Die Abſicht dieſes Sakraments hat der Hei=
land ſelbſt bekannt gemacht, da er befohlen,
daß es ſolle zu ſeinem Gedächtniſſe genoſſen
werden, nämlich zum Andenken ſeines Leidens,
unſerer Erlöſuug, damit die Menſchen nie=
mals eine ſo groſſe Wohlthat vergeſſen möch=
ten.

*** Es iſt eine zweyfache Vorbereitung zur
heiligen Communion nöthig. Weil das Sa=
krament des Altars ein ſolches Sakrament iſt,
welches die Gerechten noch gerechter machet, ſo
muß man im Stande der Gnaden ſeyn, die
man entweder in der Taufe, oder durch die
Buße wieder erlanget hat; folglich müſſen die
Katechumenen von dem Sakramente der Buße
wohl unterrichtet ſeyn. Wenn der Katechet
ſelber die Katechumenen Beichte höret, ſo wird
er leicht urtheilen können, ob es ihnen an die=
ſer erſten Vorbereitung gebreche, oder nicht;
und wenn es ihnen daran gebricht, ſo wird er
dieſem Gebrechen mit einem Unterricht und

Er=

Ermahnungen leicht abhelfen können. Die zweyte Vorbereitung besteht in der wirklichen Andacht, und die Andacht besteht aus verschiedenen Gemüthsregungen und Anmuthungen; weil
aber die Affekten einige Vorstellungen und Betrachtungen voraussetzen, und sehr viel darauf
ankömmt, wenn die Erkenntniß lebhaft ist, so
wird der Katechet aus dem obigen wissen, was
ihm in solchen Fall zu thun obliegt. Wenn
man den Unterricht, welcher zu den ersten Zeiten in der Kirche denen gegeben wurde, welche
zur Taufe, und zu der gemeiniglich darauf folgenden Firmung und Communion vorbereitet
wurden, genau betrachtet, so wird man sehen,
daß dieß der Kirche Hauptabsicht war, den
Katechumenen einen sehr erhabenen und grossen
Begriff von der Hoheit dieser Geheimnisse beyzubringen, wie auch ein brünstiges Verlangen
in ihnen gegen dieselbe zu erregen; ein solches
Verlangen mußte nothwendiger Weise in ihnen
entstehen, weil ihnen die Größe dieser Wohlthat, die ihnen zu Theil werden sollte, sehr
oft zu Gemüthe geführet wurde. Und warlich,
diese beyden Vorstellungen von der Größe des
Geheimnisses, und von der Größe der Wohlthat sind die Quelle aller Andacht, die jemand,
wenn er zur heiligen Communion gehet, nur
haben kann. Es wird also der Katechet bey
Vorstellung der Größe deß Geheimnisses und
der Wohlthat, welche in dem Sakramente des

Al-

Altars vereiniget sind, niemals zu viel thun.
Es wird wenig Nutzen schaffen, wenn man es
bey einigen Formeln bewenden läßt, die man
den Katechumenen in das Gedächtniß gebracht
hat, so fern man nicht auch die Katechumenen
unterrichtet, wie sie die in solchen Formeln
enthaltenen Gemüthsregungen und Affekten
durch Betrachtung und Erwegung der Bewegursachen erwecken sollen, damit sie das im Herzen auch fühlen, was sie mit dem Munde hersagen.

Da unser Herr und Heiland selber schon
bey der Einsetzung dieses Sakraments die Apostel und alle Gläubige ermahnet hat, daß sie
dieß zu seinem Gedächtnisse thun sollen, so besteht ein grosser Theil der Andacht hierinnen,
daß die Christen, wenn sie zur Communion
gehen, sich die unermeßliche Wohlthat der Erlösung zu Gemüthe führen, und was sie deswegen Gott für Dank und Dienste schuldig
seyn. Das Osterlamm ward von den Israeli-
ten gegessen, zu einem Andenken, daß sie Gott
aus der egyptischen Dienstbarkeit errettet hatte;
izt hat sich Christus uns zur Speise geben wollen, damit das Andenken der Erlösung aus
der Dienstbarkeit des Teufels erhalten und erneuert würde. Dieser Theil der Andacht bey
der heiligen Communion ist den Katechumenen
um so viel mehr zu empfehlen, je genauer sie
mit

mit der Abſicht und der Einſetzung dieſes Sakraments übereinſtimmet.

§. 101.

Wie ſehr man in den erſten Zeiten der
Kirche den Unterricht der Katechumenen in
der Sittenlehre getrieben habe, ehe als
man ſie zu dem heiligen Geheimniſſe zugelaſſen hat, iſt in der katholiſchen Geſchichte gemeldet worden. Die Sittenlehre muß der Katechet denen, welche zur
heiligen Communion gehen wollen, aufs
beſtmöglichſte beybringen, ein wachſames
Auge auf ihre Aufführung haben, und ſie
im Werke ſelber zum Gebeth, zur Buße
und zur wahren Gottſeligkeit anführen.*

* Da dieß eines jeden Menſchen vornehm-
ſtes Geſchäfte, ſo bald er den Gebrauch ſeiner
Vernunft erlanget, ſeyn ſollte, daß er den
Willen ſeines Schöpfers erkenne, und ſich bemühe, alles zu erfüllen, wozu er ſich in der
Taufe auf das feyerlichſte verbunden hat; ſo
iſt dieß jedermann um ſo viel mehr zu thun
verpflichtet, wenn er zu den höchſten Geheim-
niſſen, derer ſich die chriſtliche Religion rühmen kann, gehen, und an ſelbigen Theil nehmen will. Wer darf ſich wohl unterſtehen,
hinzugehen ohne Liebe? und wer darf ſagen,

aa 3 daß

daß er liebe, wenn er die Gebothe nicht hält? und wer kann die Gebothe halten, von denen er nichts weis? Wo immer in der heiligen Schrift der Vereinigung mit Gott Meldung geschieht, da wird auch die Liebe vorausgesetzet, und wo immer von der Liebe gehandelt wird, da wird auch die Beobachtung der Gebothe Gottes als ein wesentliches Stück derselben angeführet. Wer wahrhaftig liebet, der läßt dieß seine erste Sorge seyn zu wissen, was dem Geliebten gefällig ist; das thut er, das ist auch ihm gefällig, er ist vollkommen mit dem Geliebten eines Sinnes und Willens; was ist nun nöthiger, wenn jemand nach der genauen Vereinigung mit Gott, welche in der Communion geschieht, sich sehnet, als daß er Gott aus ganzem Herzen liebe, welcher dieses Sacrament als ein Pfand und ewiges Denkmaal seiner Liebe eingesetzet hat?

Soll man jemals rein seyn, so ist es gewiß alsdenn, da man sich der Quelle aller Reinigkeit nahen will. Wie besorgt die Kirche in den ersten Zeiten gewesen sey zu verhüten, damit niemand unwürdig die heilige Communion empfange; welchen strengen Prüfungen sie die Beständigkeit der Katechumenen unterworfen habe; wie sie derselben Gesinnungen untersuchet, und welche feyerliche Verheisungen sie sich habe thun lassen, daß die Katechumenen ein der Chri-

Christen anständiges Leben führen wollten, ersehen wir zur Genüge aus der Kirchengeschich-
te. Da auch jzt die nämliche Ursache noch vorhanden ist, sollte sie nicht die nämliche Wirkung nach Verschiedenheit der Zeiten und Personen hervorbringen? Da es noch das nämliche Geheimniß ist, sollten wir uns nicht auch
bemühen, dasselbe mit der nämlichen Vorbereitung zu Empfangen? Vornehmlich soll der
Katechet alle Kräfte anwenden, damit er den
Katechumenen einen grossen Schauer und Abscheu vor der unwürdigen Communion beybringe; er muß ohne Aufhören bitten, flehen, ermahnen, damit sie es niemals wagen zur Communion zu gehen, wenn sie sich ihrer Unwür-
digkeit, und einer schweren Sünde bewußt sind,
die sie noch nicht gebeichtet haben; er muß es
ihnen vorstellen, was für eine schreckliche Sache es sey, sich des Leibes und Blutes des Herrn
schuldig machen, wie der Apostel 1 Kor. 11.
V. 27. von den unwürdig Communicirenden
schreibt rc.

§. 102.

Das kräftigste Mittel, das Gemüth der
Katechumenen von allen Mackeln zu reinigen, vor den Sünden fürs künftige zu verwahren, und sie zur Ausübung der christlichen Sittenlehre, besonders während der

Zeit

Zeit ihrer Vorbereitung zur ersten Communion, anzuführen, ist öfters beichten, vornehmlich, wenn der Katechet sie Beichte höret. *

* Man schlage nach, was wir Th. 1. Kap. 3. Abschn. 3. §. 4. gesagt haben, und bemerke, was wir bey dem Beschlusse aus dem Opstract von dem sehr rühmlichen und nachahmungswürdigen Gebrauche der Pfarrer zu Mecheln anführen werden. Wenn der Nutzen so groß, so gewiß, und so bewährt ist, welcher aus einer gewöhnlichen Beichte geschöpfet wird, was kann man nicht von einer solchen Beichte hoffen, welche zu der Zeit verrichtet wird, da die Gemüther wegen der bevorstehenden ersten Communion viel besser vorbereitet sind, als irgend zu einer andern Zeit? Was steht nicht erst zu hoffen, wenn diese Beichten öfters wiederholet werden? Wie leicht kann der Katechet dadurch das Vertrauen der Katechumenen für die übrige ganze Lebenszeit gewinnen? Was müssen die wiederholten Ermahnungen des Katecheten zu einer Zeit, zu welcher sich die Katechumenen ganz und gar seiner Führung überlassen, und wo sie selber ihr Herz und dessen Heimlichkeiten vor ihm ausschütten, für Eindruck machen? Was kann er nicht ausrichten, wenn er sich gegen sie als Freund und Vater bezeugt? Wenn man keine

ne Gelegenheit, in welcher den Katechumenen
etwas Gutes kann beygebracht werden, soll
vorbeygehen lassen, so soll man am wenigsten
eine so gelegene, so günstige, und die lebenslang nicht wieder kömmt, außer Acht lassen.

§. 103.

Endlich stimmet mit der Einsetzung des
Altarssakraments nichts so genau überein,
nichts ist auch kräftiger, die Katechumenen
in dem heiligen Vorsatze zu bestättigen,
als die Erneuerung der bey der Taufe abgelegten Gelübde; damit sie diese Erneuerung aus ganzen Herzen machen, muß
der Katechet dieselben hiezu nachdrücklich
ermahnen, und allenfalls, wenn es nöthig
ist, ihnen eine Formel davon vorlegen,
nach welcher sie diese Gelübde erneuern. *

* Christus selber nennet dieses Sakrament
in den Einsetzungsworten a) das neue Testament, das ist, den neuen Bund, nämlich das
Zeichen des zwischen Gott und dem Menschen
errichteten Bundes. Da der alte Bund geschlossen ward b), besprengte Moyses das Volk
mit dem Blut der Opferthiere, und sprach:
Dieß ist das Blut des Bundes, den der
$$a a 5$$ Herr

a) 1 Kor. 11. V. 25.
b) 2 B. Mos. 24. V. 8.

Herr mit euch aufgerichtet hat. Es war
auch der Gebrauch der morgenländischen Völker, daß sie, wenn Bündnisse geschlossen wurden, Thiere opferten, und derselben Blut tran-
ken, wodurch sie Gott zum Zeugen des Bundes anruften, und bezeugten, daß sie des Todes sterben wollten, welcher dem Opferthiere
war angethan worden, so fern sie nicht den
Bund halten würden. Diesen Gebrauch hat
unser Heiland auf eine bewundernswürdige
Weise nachgeahmet, da er nicht das Blut eines Thieres, sondern sein eigen Blut zum
Zeichen des mit den Menschen errichteten Bundes hergegeben hat. Was ist nun dieß für
ein Bund? Kein anderer, als daß er es auf
sich genommen hat, dem Menschen Theil an
seinem Reiche nehmen zu lassen, wenn er das,
was ihm zu thun obliegt, thun wird. Wenn
der Mensch das Altarssakrament als das Zeichen dieses Bundes empfängt, so verspricht er
zugleich alles zu erfüllen, was von Seiten seiner gefodert wird, damit er der Verheißungen
Christi theilhaftig werde; es wird aber nichts
anders von Seiten seiner gefodert, als was
ehedem von den Pathen statt seiner ist versprochen worden, nämlich die Beobachtung der
Gebote Gottes; unter dieser Bedingniß ist er
in die Kirche eingelassen, und in die Zahl der
Heiligen aufgenommen worden; so oft als er
die heilige Communion empfängt, so oft erneuert.

neuert er auch diesen Bund, wenn gleich nicht
mit ausdrücklichen Worten, so ist doch die
Communion an sich selber schon so viel als ei=
ne Erneuerung dieses Bundes; er wird dafür
angesehen, daß er aufs neue alles wieder ver=
spreche, und den ganzen Bund genehmige, des=
sen Zeichen der Genuß des Sakraments des
Altars ist.   Dieser Absicht nahet sich derjenige
um destomehr, welcher mit ausdrücklichen Wor=
ten seinen Taufbund erneuert, und mit neuen
und wiederholten Verheißungen bestättiget.
Dieß wird für ihn ein kräftiger Antrieb seyn,
daß er dasjenige, was er so oft, und zwar
mit so vieler Feyerlichkeit, versprochen hat,
auch heilig und unverletzt beobachte.

Zum Beschluß mag dienen, was der be=
rühmte **Opsträet** von dieser Sache anführet
c): „ Die guten Hirten halten dafür, daß sie
für nichts so sehr zu sorgen verbunden sind,
als daß sie die Katechumenen wohl zur heiligen
Communion vorbereiten mögen; es ist kaum
glaublich, wie viel sich einige derselben deswe=
gen Mühe geben, weil sie es einsehen, daß von
der ersten Communion der übrige ganze Le=
benslauf abhängt. “

„ Ein

c) **Past. bon. Praxi Past. §. 8. p. 530. Ed. Rotomag.**

„ Ein Pfarrer stellte gleichsam ein Noviziat mit den Kindern an, und setzte ihnen Lehrmeister vor, welche einen jeden unterrichten, und seine Aufführung beobachten müssen; alle Tage durch die Fasten und sonst oft das Jahr über werden sie unterrichtet. “ ; ; ,

„ Zu dieser äußerlichen Besorgung der Kinder kommt noch die innere Führung; denn alle Montag durch die Fasten begeben sich alle Beichtväter in dem Beichtstuhl, die Beichte dererjenigen anzuhören, welche sich zu der ersten Communion vorbereiten. Ein jegliches Kind erwählet sich einen Beichtvater, zu dem es nachher immer zur Beichte gehet, und eine Generalbeichte ableget. “

„ Es war erbaulich anzusehen, was jüngst in unserer Metropolitankirche zu Mecheln geschahe. Man hatte schon einige Monathe hindurch sich unermüdet sowohl im Beichtstuhle, wohin die Kinder durch die Fasten alle Wochen kommen, als auch außer demselben täglich beeifert, die Kinder im Glauben sowohl zu unterrichten, als auch zu ermahnen, damit sie von den Fehlern, welchen sie unterworfen sind, abstünden, und gereiniget würden. Man hat sich vornehmlich angelegen seyn lassen, damit sie im christlichen Wandel und im Geiste Christi, das ist, im Geiste des Gebeths, der

Ab-

Abtödtung, der Buſſe, und des Gehorſams
gebildet würden; wer aus ihnen von dieſem
Geiſte nicht belebet wurde, der ward zu der
Communion nicht zugelaſſen.   Das Feſt der
Erfindung des heiliges Kreuzes ward den Kindern zu dieſer Communion feſtgeſetzet.   Es er-
ſchienen ohngefähr fünfzig Knaben und Mägdchen in Begleitung ihrer Aeltern und Anver-
wandten, ſammt einer groſſen Menge Volks;
der Pfarrer bey dieſer Kirche hielt das hohe
Amt, und als er die Communion genoſſen
hatte, wendete er ſich zu den Kindern, den
Leib des Herrn in den Händen haltend; nachdem er ſie eifrig ermahnet hatte, reichte er ihnen die heilige Communion, welche die Kinder
mit einer Andacht und Sittſamkeit empfiengen,
die man von Kindern gar nicht erwartet hatte.
Die Umſtehenden vergoſſen Thränen, einige
für Freuden, daß der Herr über die Kinder
eine ſo groſſe Gnade ausgegoſſen hatte, andere aus Traurigkeit, daß nicht auch ſie dieſer
Glückſeligkeit theilhaftig geworden wären; am
allermeiſten aber erfreueten ſich die jungen Com-
munikanten und ihre Aeltern, welche nach ge-
endigter Andacht ihren Hirten mit Freuden-
thränen für die Mühe dankten, welche ſie auf
ihre Kinder verwendet hatten.   Dieß iſt noch
im friſchen Andenken ꝛc. "   Hieraus ſiehet
man, wie viel Nutzen nicht nur für die Kinder,

ber, sondern auch für die Erwachsenen daraus
entstehet, wenn die guten Hirten sich bemühen, die Katechumenen zur ersten Communion
wohl zu unterrichten.

Ende des zweyten Theils.